Das Verschwinden im Bild

Dieter Wellershoff

Das Verschwinden im Bild

Essays

Kiepenheuer & Witsch

Umschlag Hannes Jähn
unter Verwendung eines Bildes von René Margritte
Gesamtherstellung Bercker Graphischer Betrieb, Kevelaer

ISBN 3 462 01405 6

Inhalt

Vorbemerkung

Die Aufsätze dieses Bandes stehen in einem weitläufigen Zusammenhang. Ihr übergreifendes Thema, das sich mir in den letzten Jahren an wechselnden Gegenständen verdeutlicht hat, ist die Phantasiearbeit als ein Hauptkriterium menschlicher Existenz. Einige ihrer Antriebe und Strategien wollte ich zeigen, auch ihre möglichen Gefahren. Mein Hauptbeobachtungsfeld ist die Literatur. Doch habe ich die Aufsätze nicht aus einem abgelösten literatur- oder kunsttheoretischen Interesse geschrieben, sondern fasziniert von den schöpferischen und verrückten imaginären Leistungen, mit denen wir unser Leben erfinden.

D. W.

Zukunft und Tod

1974

Seit einigen Jahren ist die Werbung dazu übergegangen, die Fortschrittlichkeit von Produkten und die Modernität neuer Designs durch die Zahl 2000 zu signalisieren. Es gibt ein Bier, das sich Pils 2000 nennt und in einem auffallenden schlanken Kelchglas serviert wird, es gibt einen Knigge 2000, ein Möbelprogramm 2000, ein Schmuckdesign 2001 – die Jahrtausendwende ist näher gerückt und eine immer noch phantastische Zahl wird für viele der heute lebenden Menschen zu einem Datum ihrer realen Zukunft. Ich werde im Jahr 2000 fünfundsiebzig Jahre alt. Mein Vater ist jetzt 78 Jahre. Also (ein problematisches, leichtfertiges, unerlaubtes »also«) gehe ich jetzt einmal davon aus, daß ich die Jahrtausendwende noch erlebe. Wer werde ich dann sein, wie werde ich mich befinden? Werde ich durch das Fenster meiner Rentnerwohnung nach draußen blicken oder auf den Balkon eines Altersheims treten, um das Jahrtausendfeuerwerk platzen zu sehen? Was wird mir das flüchtige Lichtzeichen in der Nacht bedeuten? Zukunft? Erinnerung? Die Nähe des Todes und das eigene wartende Beiseitestehen?

Der feine Riß, den jeder in sich trägt und der der Preis der Individuation ist, die immer unabweisbarere Unterscheidung der eigenen, kleiner werdenden Zukunft von der Zukunft der anderen, diese Trennung des eigenen Lebens vom Leben der Gattung muß dann schon sehr tief und unüberbrückbar sein. Man gehört nicht mehr dazu, ist nicht mehr in der Geschichte der Menschen aufgehoben, ist schon ganz an den Rand gerückt, wo die Zeit und die Wirklichkeit endet, die im eigenen Bewußtsein vorübergehend eine flüchtige Spiegelung fand. Was gibt es noch zu hoffen? Das Frühstück des nächsten Morgens, ein warmes Zimmer, nicht allein sein?

Als ich vor einigen Jahren aufgefordert wurde, etwas über meine Vorstellung von der Zukunft zu schreiben, entdeckte ich meine Unlust an diesem Thema. Die Zukunft – was bedeutete sie für mich? Diese Fragestellung, die das Thema so eng an meine persönlichen Erwartungen band, aktualisierte in mir einen Widerspruch, der mich bisher wohl unbewußt davon abgehalten hatte, ausführlich und inhaltlich über Zukunft zu schreiben: meine Zukunft und die Zukunft der Gesellschaft waren nur für einen kurzen Zeitraum miteinander verbunden, dann, in absehbarer Zeit, würde ich für immer aus dem Zusammenhang ausscheiden durch den Tod.

Doch die Entzweiung würde schon früher beginnen als eine unmerkliche Summation enttäuschender Erfahrungen, die irgendwann als unwiderrufliche Verschlechterung der eigenen Lage bewußt werden mußte. Das Sterben war ja ein langsamer Prozeß, und seine erste unübersehbare Phase war das Altern. Man konnte es bekämpfen, konnte es vorübergehend aufhalten, konnte es leugnen, aber nicht aus der Welt schaffen, obwohl freilich vorzeitige resignative Absonderung vom Leben der anderen bedeutete, daß man das Altern zu früh und zu passiv hinnahm.

Die übliche Abwehrstrategie gegen das Altern lautet: nicht alt werden. Sie hat also einen kontrafaktischen Zug, der gegenüber dem Fatalismus widerstandsloser, vorgreifender Anpassung an den erwartbaren Abbau bis zu einem gewissen Grade realistisch ist, dann aber umschlägt in Realitätsleugnung. Denn der Kampf gegen das Altern bleibt eine Rückzugsschlacht mit befristeten Teilerfolgen und absehbarer völliger Niederlage, und der detailfreudige Optimismus mancher alternder Leute erinnert an die Kriegsberichte geschlagener Armeen, die die Unumkehrbarkeit des Gesamtgeschehens durch Meldungen von scheinbar gegenläufigen Einzelereignissen zu verschleiern trachten. Für alle anderen ist das sichtbar. Auch der jugendliche Greis macht kürzere Schritte, auch seine Merkfähigkeit läßt nach, sein Denken wird stereotyper, seine Zellen verlieren die Fähigkeit der Erneuerung, sein Kapillarbaum verdorrt, sein ganzer Lebensablauf verlangsamt sich, und allzu angestrengt verleugnetes Alter führt vielleicht in einen plötzlichen Zusammenbruch.

Doch das Sterben ist nicht ein ausschließlich biologischer Prozeß. Das ist es nur in der utopischen Vorstellung des »natürlichen Todes«, den es nach Auffassung der Mediziner gar nicht oder nur annäherungsweise gibt. Sein Modell ist das ruhige Erlöschen einer vollständig niedergebrannten Kerze. Ohne Einwirkung von außen, etwa durch einen Windstoß oder das Abknicken des Dochtes oder das Ersticken der Flamme, würde sie so lange brennen, bis ihre Substanz völlig verbraucht wäre. Sie hätte damit alle ihre Möglichkeiten ausgeschöpft. Ein anderes Beispiel ist die Spieluhr, deren nachlassende Federspannung die Melodie immer langsamer, schleppender ablaufen läßt, bis die wachsenden Pausen die Musik zerfallen lassen und das Ganze stehenbleibt. Auf der Ebene höheren organischen Lebens haben vielleicht wohlgepflegte, von allen Daseinsnöten entlastete Haustiere oder wenige begünstigte Menschen die Möglichkeit, ihr biologisches Potential bis zum allmählichen Erlöschen auszuleben. Aber welches Durchschnittsalter die Gattung Mensch unter optimalen Bedingungen erreichen könnte, ist nicht bekannt. Manche Forscher vermuten, es könnten ungefähr 150 Jahre sein.

Daß der natürliche Tod eine allgemeine Utopie ist, zeigen die vielen verklärenden Todesanzeigen, die vom sanften Entschlafen sprechen. Was dabei den letzten Stunden zugeschrieben wird, ein angstfreies, kampfloses Schwinden der Lebenskraft und des Bewußtseins, würde beim natürlichen Tod schon den ganzen langfristigen Prozeß des Alterns bestimmen. Es verliefe krisenlos, ohne Krankheiten, Teilzusammenbrüche und Spannungen als ein fast unmerklicher Schrumpfungsprozeß, der die Expansionstendenz des wachsenden Lebens allmählich umkehrt und annulliert. Es wäre eine gleichmäßige Strukturveränderung, die schon deshalb keine Angst auslöst, weil mit dem körperlichen Abbau auch die Affekte nachlassen. Der Energieschwund, der das Altern und das Sterben zu einem Rückzug aus der Welt macht, wäre eben auch ein sich selbst verschleiernder Prozeß fortschreitenden Informationsentzuges. Innen- und Außenwelt verblassen und verarmen gleichzeitig, die Existenz verdünnt sich und wird kaum noch ihrer selbst inne, das Bewußtsein ist schon leer, bevor es erlischt. Diesen Nullzustand vor dem natürlichen Tod drücken die Worte des

französischen Schriftstellers und Philosophen Fontenelle aus, der, als er fast hundertjährig starb, vor sich hinmurmelte: »Ich fühle nichts als eine gewisse Schwierigkeit zu existieren.«
Sicher ist das keine verlockende Aussicht. Vom Standpunkt der Kraft und des entfalteten Bewußtseins aus muß dieser Prozeß der Verminderung schwer annehmbar erscheinen, und seine sanfte, langsame Unmerklichkeit zudem als beleidigender Betrug, der einen in den Augen der anderen, Jüngeren zu einem Getäuschten macht, der zu schwach ist, die Wahrheit seines Zustands zu erkennen, und nun angewiesen ist auf rücksichtsvolles Verschweigen und Duldung. Menschen, die eine anspruchsvolle Identität aufgebaut haben, sagen deshalb auch oft, daß sie es vorzögen zu sterben, bevor sie durch Altersschwäche sich selbst entfremdet würden.
Gleichwohl ist der natürliche Tod eine Idee von utopischer Potenz. Sie enthält, in gesellschaftliche Praxis umgedacht, die Forderung, daß alle Menschen die Bedingungen haben müßten, ihre Lebensmöglichkeiten voll zu verwirklichen, kritisiert also die lebensfeindliche Gewalt, die in der Gesellschaft überall wirksam ist, sei es direkt als Krieg, Terror, körperliche Strafen, als Arbeits- und Verkehrsunfall, oder in den zahlreichen Formen verschleierter Gewalt, die die Lebenskräfte beschädigen, hemmen, verschleißen und körperlich und seelisch den vorzeitigen Zusammenbruch vorbereiten. Gesellschaft, das System kollektiver Lebenserhaltung, zeigt unter diesem Anspruch ihren Widerspruch, daß sie nämlich im Namen der Lebenserhaltung Leben unterdrückt und beschädigt und vielleicht um seinen Sinn betrügt.

War es das, was mich gegenüber der Zukunft skeptisch machte, kam daher der Vorbehalt, den ich gegen weitreichende Geltungsansprüche der Gesellschaft machte? Ich wollte sie zunächst einmal auf ihre Begründbarkeit prüfen. Rational schienen sie mir nur, solange eine praktische Gemeinsamkeit der Interessen bestand, solange irgendeine Art der Teilnahme am gesellschaftlichen Prozeß, an der Lebensgeschichte der Gattung für mich möglich war. Und dieses Bündnis würde ja nichtig werden durch den Tod, wenn es nicht schon vorher, nicht von mir, sondern von den anderen stufenweise gekündigt wurde. Denn lange vor dem körperlichen Tod begann schon das soziale Sterben, das Altern als ein Prozeß sozialer Disqualifikation. Man wurde aus der gesellschaftlichen Tätigkeit abgedrängt in eine Entzugssituation, eine ereignisarme, abgesonderte, verminderte Welt, die schon die Stille des Sterbezimmers vorwegnimmt, in das in den überfüllten Kliniken die Todkranken abgeschoben werden.
Es muß nicht so sein, doch es kann so sein. Tendenziell ist es das zu Erwartende. Die anderen bringen einem bei zu sterben. Diese Angst ist in einer komplexen, sich schnell verändernden Gesellschaft sicher weit verbreitet, aber in der exponierten, ungesicherten Situation eines Schriftstellers, der sich nicht nur der Irrationalität des Marktes ausgeliefert sieht, sondern auch dem schleichenden Tod der Literatur, ist es noch schwieriger und auch nicht realistisch, sich in der gesellschaftlichen Zukunft aufgehoben zu fühlen. Das Alter hat bedrohliche Züge. Armut, Einsamkeit sind wahrscheinliche Möglichkeiten, und natürlich würde es schwierig werden, eine Identität aufrechtzuerhalten, die von der Gesellschaft nicht mehr bestätigt wird.

Aber das Thema hatte eben auch seine Umkehrung: wenn das so war, wenn die Gesellschaft keine gesicherten, sinnerfüllten, langfristigen Perspektiven bot, wenn sie das Individuum nicht erst als körperliche Leiche, sondern schon als Sozialleiche irgendwo liegen ließ, dann hatte sie auch keinen Anspruch auf Konformität. Man konnte die Verneinung umwenden und aus der Entfremdung eine trotzige, wenn auch unglückliche Individualität gewinnen. Man konnte die eigene Identität und die Gruppenidentität deutlich unterscheiden und gegenüber der gesellschaftlichen Zukunft das Recht auf die eigene Gegenwart zur Geltung bringen, allerdings mit einer nunmehr verschärften Einsicht in die Ungelöstheit der eigenen Probleme und die zunehmende Verringerung der Besserungs- und Veränderungschancen eines möglicherweise verfehlten oder nicht voll entfalteten Lebens, dessen Alternativen prospektiv begrenzt sind durch die begrenzte Lebensdauer und dessen Entwicklungslinien abgeschnitten werden durch den Tod. Ich schrieb folgendes Gedicht:

Die Gesellschaft der Zukunft
soll ich beschreiben –
oh dann werden wir
          werden wir...
wir werden alles haben
was wir wollen
wir werden lange leben
und glücklich sein.
Vorher wird man uns allerdings erledigen
auf die zivilisierte Art
durch Herztod, Krebs und Verkehrsunfälle.
Danach werden alle glücklich sein

der Himmel wird wieder blau werden
denn die Industrie verdaut alle ihre Abfälle
und baut daraus bunte Kunststoffstädte
und der Verkehr saust auf unterirdischen Fließbändern
  durch Kunststofftunnel
und überall haben wir das gesunde Kunstklima.
Aber wir werden tot sein
  ein verworfenes Projekt
  eine verfehlte Anstrengung.
Und dann werden alle glücklich sein
bei den elitären Vergnügungen
die man uns heute verbieten möchte:
lauter Künstler Philosophen und Gammler
lauter Dichter lauter Musiker
lauter Tänzer lauter Angler
lauter Feinschmecker
die sich gegenseitig unterrichten
dort in ihren Solarien an ihren Swimmingpools.
Und natürlich lachen sie über unsere Trauerspiele
über unsere Schwierigkeiten unsere Widersprüche
denn sie haben die Auslagerung der Probleme
in die problemlösenden Maschinen
sie haben diese kybernetische Wissenschaft
sie sind Embryos nach Wahl
mit den verbesserten Erbinformationen
sie haben die echte Verjüngung
die echte künstliche Intelligenz
die lebenslängliche Impfung
die biochemische Balance
und das Programm der Unsterblichkeit.
Wir aber werden gestorben sein
auf die alte Art –
nicht blind vor Glück.

In der Abschlußzeile »nicht blind vor Glück« kulminiert das Gedicht. Sie ist der Zielpunkt des Verdachts gegen die mögliche Zukunftgesellschaft, die von einer weit fortgeschrittenen Technologie beherrscht wird. In ihr, so wird vermutet, können die Menschen total fremdbestimmt werden durch glücks- und wahrscheinlich leistungssteigernde Eingriffe. Sie haben völlig neue Möglichkeiten der Balance und der Problemlösung, aber dieser weitere Schritt der Naturbeherrschung könnte mit dem Verlust des individuellen Selbstbewußtseins, der persönlichen Identität verbunden sein. »Nicht blind« sein wird dagegen mit der Wahrnehmung des größten und unvermeidlichen Unglücks, des eigenen Todes, oder richtiger, der eigenen Sterblichkeit, verknüpft.
Der auftrumpfende Heroismus dieser Zeile, der aus dem größten Negativum einen Vorteil machen möchte, veranlaßt mich weiterzufragen: kann man in aussichtsloser Position leben? Es gibt ein eindrucksvolles Beispiel dafür, daß die bloße Wahrnehmung von Aussichtslosigkeit tödlich sein kann: der Voodoo-Tod der Primitiven. Das ist ein psychogener Tod ohne jede äußere Gewalteinwirkung, der in Berichten aus Zentralafrika, Australien, Polynesien, Melanesien und vielen anderen Weltgegenden belegt ist. Er tritt ein bei schwersten Tabuverletzungen, auf die nach Auffassung des Stammes unweigerlich die tödliche Rache der Geister folgt und bei Verfluchung und Verbannung durch den Medizinmann und den Stamm. Ist ein Individuum durch die Tabuverletzung, den Fluch, die Verhexung zum Tode bestimmt, dann wird es aus allen menschlichen sozialen Bindungen ausgestoßen. Auch Verwandte und Freunde ziehen sich von ihm zurück.

Man zelebriert die Rituale, die den Verurteilten ins Schattenreich befördern sollen und mit denen sich der Stamm gegen seine Wiederkehr schützt. So führt man ihm mit der ganzen Autorität der Stammesmagie vor Augen, daß er für alle schon tot ist, und schickt ihn fort. Der Auflösung der sozialen Person folgt der psychische und physische Zusammenbruch oft in wenigen Stunden. Der Verurteilte realisiert seine aussichtslose Situation und erfüllt die gegen ihn verhängten Strafen, indem er stirbt.

Der amerikanische Arzt und Anthropologe W. B. Cannon hat verständlich gemacht, wie der tödliche Prozeß durch Selbststimulierung immer weiter fortschreitet. Die ungeheure Angst, die das hilflose Opfer der Todesriten empfindet, wird von einer extremen Erregung des sympathischen Nervensystems begleitet. Das ist eine Notfallreaktion des Organismus, die sich umsetzen müßte in Handlungen, mit denen sich das Individuum seiner neuen Lage anpaßt, wodurch dann wieder Beruhigung eintreten könnte. Aber in dieser Situation gibt es weder instinktiv noch traditionell eine Möglichkeit zu reagieren und einen Umschwung einzuleiten. Die Aussichtslosigkeit macht im Sinne einer sich selbst erfüllenden Prophezeiung das Opfer passiv, und so schlägt die Angstenergie ungemindert nach innen und setzt die Destruktion fort. Die extreme Erregung des Sympathikus führt zur Entwässerung des Organismus und zur zunehmenden Durchlässigkeit der Kapillargefäße, das wiederum bedingt eine dramatische Verringerung des Blutvolumens und ein rapides Absinken des Blutdrucks mit dem Ergebnis, daß die Kreislauforgane irreversibel geschädigt werden. Das Sterben kommt in Gang, und indem das Opfer das wahrnimmt, steigert sich seine Angst, wird der Sympathikus weiter stimuliert, bis der tödliche Kollaps eintritt.

Der Voodoo-Tod ist in seinen kulturellen Voraussetzungen eine fremdartige Szene. Aber das Phänomen des psychogenen Todes in aussichtslosen Situationen ist auch in anderen gesellschaftlichen Zusammenhängen beobachtet worden. Zum Beispiel bei zum Tode Verurteilten, die schon vor der Hinrichtung starben, oder sogar als epidemischer Angsttod vieler Menschen in Kriegszeiten: aus dem Spanischen Bürgerkrieg ist eine Angstepidemie bezeugt, bei der 97 von 100 Betroffenen meist im Laufe einer Woche oder später an fortschreitender Angst gestorben sind. – Ein markantes Beispiel ist jener Verladearbeiter, der in einem Kühlwaggon eingeschlossen wurde und den man am nächsten Morgen tot auffand mit Aufzeichnungen, die er über sein allmähliches Erfrieren gemacht hatte. Es stellte sich aber heraus, daß das Kühlaggregat gar nicht angestellt war. – Weniger dramatische Reaktionen auf Aussichtslosigkeit sind das allmähliche Absterben von Gefängnisinsassen, die nicht mehr an ihre Befreiung glauben, oder die erhöhte Sterblichkeit vereinsamter Menschen, die sich in einer deprimierenden, hoffnungslosen Lage fühlen, und der schnelle Zusammenbruch unheilbar Kranker, die über ihre Krankheit unterrichtet werden.

Aber es gibt natürlich auch die gegenläufigen Prozesse: Heilung, Reorganisation des Lebens, neues Wachstum. Die Tendenz des physikalischen Kosmos auf Zunahme der Entropie, also die Auflösung aller Strukturen in Richtung einer gleichmäßigen Verteilung der Materie oder der Energie, die einem spannungslosen, ereignislosen Ruhezustand entgegenstrebt, wird durch den Lebensprozeß immer wieder umgekehrt. An Stelle des primitiven Gleichgewichts der vollendeten Entropie tritt durch die progressive Organisation der Materie ein dynamisches Gleichgewicht reagierender Organismen, die sich im Laufe der Evolution immer höher strukturieren und dabei neue Fähigkeiten der Informationsverarbeitung, Selbststeuerung und Anpassung und schließlich sogar der Naturbeherrschung und planenden Umgestaltung der Wirklichkeit gewinnen. Es entsteht ein immer vielfältigerer Austausch zwischen dem Organismus und seiner Umgebung und eine immer differenziertere Wechselwirkung zwischen seinen Teileinheiten, und je höher sein Organisationsniveau ist, desto größer ist seine Realitätsmächtigkeit.

Die Fähigkeit des Organismus, immer neue Informationen von außen und innen aktiv zu integrieren, kann natürlich gestört und beschädigt werden. Ein verletztes Bein behindert die Fortbewegung, es ist ein Mangel an organischer Integration, der die Realitätsmächtigkeit des Organismus herabsetzt und vielleicht andere körperliche und seelische Schäden nach sich zieht, aber auch durch Anpassung aufgefangen werden kann. Manchmal ist Heilung möglich, manchmal lebt der Organismus auf einem niedrigeren Organisationsniveau weiter, in einer geronnenen Notfallsituation. Schwere Formen von Kontrollverlust und Desintegration wie die Psychose und das regellose Zellwachstum des Karzinoms gefährden sein Überleben.

Das fließende Gleichgewicht ist immer prekär, versucht sich aber auf allen Stufen wiederherzustellen, wobei oft der vorübergehende Rückzug auf ein niedrigeres Niveau durch die damit verbundenen Entlastungsgewinne die neue Integration des Systems und sein neues Gleichgewicht mit der Umwelt vorbereiten. Alltägliche Belastungen werden in der Regel mit kleinen Ausgleichshandlungen ausbalanciert. Man entspannt sich durch Bewegung, durch Zärtlichkeit, Sich-Aussprechen, Weinen, Lachen, Fluchen, Trinken, Rauchen, Schlafen, Träumen, Phantasieren, Durchdenken der Lage und Handeln und stellt so das Gleichgewicht wieder her. Aber es kann auch sein, daß die Reaktionsfähigkeit beeinträchtigt wird und es nicht gelingt, die Spannung befriedigend zu lösen. Dann verzerrt sich die Person, wird reizbar, stimmungslabil, starr oder aggressiv, es kommt zu Fehlhandlungen, und wahrscheinlich stellen sich auch organische Funktionsstörungen ein.

Der amerikanische Psychosomatiker Karl Menninger hat diese Störungen des fließenden Gleichgewichts, die von leichten Spannungszuständen bis zum totalen körperlichen und seelischen Zusammenbruch reichen, als stufenweises Versagen der Selbstregulierungsfähigkeit beschrieben. Der Organismus fällt durch sie auf ein tieferes Niveau der Anpassung an seine Umwelt zurück. Zuerst sind nur die Ichfunktionen gestört, das höchste Integrationsniveau menschlichen Lebens. Am Ende der Skala zwischen Gesundheit und Krankheit, Glück und Unglück, Leben und Tod, fallen die Basisfunktionen der Atmung und des Herzschlags aus. Bei diesem Abbauprozeß wird der Organismus immer realitätsunfähiger und dinghafter, seine Perspektive wird immer kurzfristiger. An Stelle des planenden und schöpferischen Verhaltens tritt ein bloß reagierendes. Schließlich bleibt nur die punktuelle Gegenwart von

Herzschlag zu Herzschlag, von Atemzug zu Atemzug, bis auch diese Rhythmen zerfallen und zum Stillstand kommen.
Erstaunlich aber sind die plötzlichen oder allmählichen Richtungsänderungen, die Wendepunkte des Krankheitsverlaufs, die paradoxen Heilungen, die unerwartet einsetzen, und die fast auf jedem Niveau der Desorganisation wieder beginnen können. Menninger schildert auch diese Prozesse der Reorganisation des Lebens und die kleinen Ereignisse, die geringen Hilfen, die sie manchmal einleiten. Es ist dann, als fasse das kranke Individuum etwas Ferneres ins Auge, beginne über seinen Zustand hinauszusehen, es vertraut, es gewinnt Zeit, es richtet sich auf, es interessiert sich wieder für seinen weiteren Umkreis, arbeitet bei den therapeutischen Bemühungen der Ärzte mit und verstärkt sie dadurch, verstärkt sich selbst durch Erfolgserlebnisse, entwickelt Hoffnung, Zuversicht, konstituiert neue Zukunft.
Zukunft ist der Projektionsraum der Lebensbewegung, Hoffnung ihr geistig-seelischer Ausdruck, ein vorgreifendes inneres Erfüllen künftiger, noch undeutlicher Möglichkeiten, die vielleicht zunächst nur innen wahrgenommen werden als Antrieb, Motivbildung, Potentialität oder auch außen als Reiz, Herausforderung und Ziel, doch immer noch mit einer gewissen Unbestimmtheit: man kann gewinnen und man kann verlieren, das ist nicht etwa nur eine gradweise bessere Aussicht als die Aussichtslosigkeit, sondern ihr Gegenteil. Denn Aussichtslosigkeit bedeutet Tod, während noch ein kleiner verschwindender Rest von Offenheit Leben bedeutet und wieder stimulieren kann, oder ihm zumindest einen imaginären Schutz gewährt.

Interessant sind in diesem Zusammenhang die Bemerkungen des Internisten Herbert Plügge über das Verhalten unheilbar Kranker. Im gleichen Maße wie sie zu wissen scheinen, daß sie dem Tod verfallen sind, hören diese Kranken auf, ihrem Arzt direkte Fragen über ihren Zustand zu stellen. Nur allgemein und relativierend wollen sie noch darüber reden. Um leben zu können, müssen sie der Hoffnung einen unbestimmten Raum lassen. Sie leben immer noch nach vorne, scheinen aber nicht auf den Tod zuzugehen, sondern auf ein Ziel, die Überwindung der nächsten und vielleicht letzten Krise, zum Beispiel die bessernde Wirkung einer Therapie, eines Medikaments, der schöneren Jahreszeit, und vage spielt immer wieder die Idee der Wiederherstellung hinein. Aber sie setzen sie nicht mehr der Realitätsprüfung aus. Sie leben auf zwei verschiedenen Ebenen, dem abgeblendeten, aber nicht ausgelöschten Bewußtsein, daß sie sterben müssen, und zugleich in einer davon abgetrennten unklaren Hoffnung auf Leben, die sie vor der ungeminderten Todesangst und Verzweiflung einer Ichkatastrophe bewahrt.

Aber leben nicht die meisten Menschen mit solchen Vermeidungstaktiken an ihrem Sterblichkeitswissen vorbei? Die Frage hat sich mir immer bei alten Menschen gestellt, deren Lebenserwartung nur noch wenige Jahre beträgt. Wie leben sie mit dieser begrenzten Aussicht, wie ertragen sie die tägliche Verringerung ihrer Möglichkeiten, das Schwinden der Zeit, ihre Verwandlung in Vergangenheit? In der Regel scheinen sie ihre Situation nicht voll zu realisieren. Noch immer haben sie Zukunft, richten sich Erwartungen auf den nächsten Tag, die nächsten Wochen und Monate, vielleicht auch das nächste Jahr. Doch das geschieht schon seltener, zögernder. Der Zeithorizont scheint auf das tägliche Leben einzuschrumpfen, frühe Erinnerungen können darin wieder lebendig werden, aber was bevorsteht, wird kaum ausdrücklich bedacht. Natürlich weiß man, daß man bald sterben muß, doch so, als sei man nicht völlig überzeugt davon. Die Unbestimmtheit des voraussehbaren Endes genügt, um lähmende Aussichtslosigkeit zu vermeiden. Vor allem der schleichende Fortgang des Alterns erleichtert die Selbsttäuschung. Geht es wirklich abwärts? Heute war es besser als gestern, und wenn es morgen wieder schlechter ist, kann es übermorgen wieder besser gehen. Außerdem gibt es ein relatives Gesundsein, einen relativen Erfolg im Kampf gegen das Altern, denn man sieht bei anderen, daß sie dem Ende näher sind, und kann sich einbilden, dem Verfall selbst noch lange entzogen zu sein. »So kunstreich entzwirnen die Parzen unser Leben«, schreibt Montaigne, nachdem er die Tricks geschildert hat, mit denen er sich die Einsicht zu ersparen versucht, daß seine Sehkraft nachgelassen hat. Er fährt fort: »So bin ich auch im Zweifel, ob mein Gehör Anstalten macht, sich zu verhärten, und man wird sehen, wenn ich es halb verloren habe, daß ich noch immer die Schuld auf die Stimme der Leute schiebe, die mit mir sprechen. Man muß die Seele sehr anspannen, um ihr begreiflich zu machen, daß sie zur Neige geht.«

Auch Unübersehbarkeiten wie schwere Gebrechen und hohes Alter scheint der vitale Kern der Person noch abzuwehren, manchmal indem man sie zugibt als Probleme, Schwierigkeiten, Leiden, doch so, als könne man damit rechnen, könne sie eingrenzen und kontrollieren, sich daran gewöhnen und sei nicht völlig von ihnen eingenommen. Gerade hinter der lauten Klage über die Beschwerden des Alters kann sich die Uneinsichtigkeit in den eigenen Zustand verstecken. Man sagt sich dann, daß man ein wenig übertreibe, und vielleicht übertreibt man wirklich, um sich das sagen zu können. Vielleicht kauft ja der eigene Realismus der Realität etwas von ihrem Anspruch an uns ab, und man kann ihr entkommen, indem man ihr vorwegkommt. Immerhin beweist es einigen Lebensmut, so kühn und rücksichtslos vom eigenen Verfall zu sprechen. Wer so spricht, kann noch nicht völlig gebrochen sein. Es ist so, als beweise man seine Seelenstärke: Hier schaut her, ich ertrage das Alter, ohne mich zu täuschen.

Doch offenbar kann man das Schreckliche sagen, ohne es erfahren zu müssen, als seien die Erfahrung und das Darüberreden etwas prinzipiell anderes, oder als könnten die Worte an die Stelle des Wissens treten. Es ist ein Bescheidwissen, dem die emotionale Energie entzogen ist, es ist jene Kälte, die manche alten Männer so gefährlich und böse erscheinen läßt. Die provozierende Selbstdarstellung und der Schock der anderen verdecken ihnen den traurigen Inhalt ihrer Mitteilung, und münzen sie um in einen kurzfristigen Triumph. Staunen und heimliches Auftrumpfen, aber offenbar keine Angst, keine Verzweiflung sind im Spiel, wenn der 81jährige Voltaire über sich selber schreibt: »Es stimmt, ich bin etwas taub, etwas blind, etwas impotent, und das Ganze wird von drei oder vier abscheulichen Gebrechen gekrönt, doch nichts hindert mich zu hoffen.«

Zwei Jahre später war er tot. Dank seines Reichtums und seines Ansehens hatte er ein privilegiertes Alter, er hätte sonst so souverän nicht sprechen können. Doch nicht seine Privilegien, sondern seine Hoffnung schützte ihn letzten Endes davor, die volle vernichtende Erfahrung des Verfalls zu machen. Hoffnung, die er selber als eine vitale Uneinsichtigkeit in sein allmähliches unleugbares Sterben versteht, ließ ihn weiter nach vorne blicken, wo kaum etwas zu erwarten war außer dem Tod. Ist also Hoffnung einfach Täuschung und Lebenslüge, wie er es selber andeutet, ohne dieser Skepsis Geltung zu verschaffen gegen die Hoffnung? »Nichts hindert mich zu hoffen« – hatte er in seiner Lage noch Recht dazu? War es nicht eine erkenntniswidrige Illusion? Und ist nicht umgekehrt die Lähmung mancher depressiver Kranker eine angemessenere Reaktion auf den Tod?

Von Gebsattel hat in einer Studie über »Zeitbezogenes Zwangsdenken« eine junge depressive Frau zitiert, die sich diese Frage stellt. Sie sagt unter anderem: »Das Grausige besteht darin, daß mit jeder Bewegung, mit allem, was ich tue, die Strecke, die mich vom Tod trennt, kürzer wird. Darum habe ich Angst vor allem was ich tue, aber auch vor dem Denken. Wenn zum Beispiel jemand sagt, er freue sich auf den Frühling, auf die Blumen im Garten usw., so kann ich das nicht verstehen, denn ich muß immer denken, daß, wenn der Frühling gekommen ist, die Strecke wieder ein Stück kürzer geworden, der Tod wieder ein Stück näher herangekommen ist. Wie kann man sich darüber freuen? Dabei fürchte ich mich gar nicht vor dem Tod, ja ich denke ihn mir sehr schön, aber der Gedanke, daß alles vergeht und daß das Leben immer kürzer wird, macht mir Angst. Auch wenn ich zum Beispiel häkle, liegt der Nachdruck nicht darauf, daß die Decke wächst, die ich

häkle, sondern darauf, daß durch die Decke die Lebensstrecke immer kürzer wird. Das finde ich furchtbar. Diese Gedanken sind fortwährend in mir. Auch wenn ich sie nicht ausdrücklich denke, sind sie als Gefühl in mir. Ich denke oft, daß ich nicht krank bin, sondern daß ich etwas erkannt habe, was die anderen nicht erkannt haben; daß ich mir nur eine so unglückliche Weltanschauung gebildet habe, die die anderen nicht teilen, die aber ganz logisch ist; ich verstehe überhaupt nicht, daß man anders denken kann.«
Kann man anders denken, ohne sich die condition humaine zu verschleiern, die Tatsache, daß wir zum Tode verurteilt sind, ohne Todesart und Todeszeitpunkt zu kennen, und ohne die Chance einer Begnadigung? Sind das annehmbare oder unannehmbare Bedingungen, oder woran liegt es, daß die begrenzte vergehende Lebenszeit für die einen eine Dimension des Wachsens ist und für die anderen eine des Sterbens?

Nur vorsichtig, mit einem ungeheueren Aufwand an magischen Hilfsvorstellungen und Praktiken und später mit religiösen Tröstungen hat sich die Menschheit der Erkenntnis genähert, daß es die natürliche Bestimmung des Lebens ist zu sterben. Es ist offenbar ein unfaßlicher Gedanke, sonst hätte er nicht viele hunderttausend Jahre gebraucht, um sich durchzusetzen. Denn natürlich hatten die Menschen der Ur- und Frühgeschichte den Tod vor Augen, und ihre Bestattungsriten und Totenkulte beweisen, wie sehr er sie beeindruckte und erschreckte. Aber daraus läßt sich nicht schließen, was die Kulturkritik so gerne behauptet, sie hätten ein realistischeres Verhältnis zum Tod gehabt, als der moderne Mensch, der das Sterben aus seinem Alltag verbannt und in die aseptische Stille der Kliniken abgeschoben hat. Im Gegenteil, sehr einleuchtend hat Werner Fuchs in seinem Buch ›*Todesbilder in der modernen Gesellschaft*‹ nachgewiesen, daß die Denkformen, mit denen auch heute noch das Sterblichkeitswissen relativiert und verleugnet wird, Relikte des archaischen Bewußtseins sind.

Gerade die ständige Todesbedrohtheit des archaischen Menschen, der mit unzulänglichen Mitteln und Kenntnissen sich in einer feindlichen, übermächtigen Natur behaupten mußte, gerade seine hohe Sterblichkeit, seine geringe Lebenserwartung haben sein Sterblichkeitswissen eingeschränkt. Der frühzeitige, gewaltsame Tod verdeckte das natürliche Sterben, der konkrete Einzelfall das biologische Gesetz. Ob jemand durch ein wildes Tier oder einen Feind getötet wurde, durch Blitzschlag oder irgendeine andere Naturgewalt, ob er verunglückte oder an einer Krankheit starb, immer erschien der Tod als Folge äußerer Gewalteinwirkung. Daß dies immer wieder geschah, bewies zwar, daß das Leben durch zahllose feindliche Kräfte bedroht war, aber es ließ nicht den Gedanken aufkommen, der Tod könne etwas prinzipiell Unvermeidliches, nämlich ein Gesetz des Lebens selber sein.

Das wäre strukturell auch ein völlig fremder Gedanke gewesen. Das Weltbild des urgeschichtlichen Menschen ist konkretistisch. Für ihn sind alle Ereignisse durch jemanden bewirkt. Auch in der Wiederholung bleiben sie Einzelfälle, die eine besondere anekdotische erzählbare Erklärung verlangen. Der Anthropologe Felix Boehm schreibt dazu: »Soweit bei den Wilden Naturgesetze unbekannt sind, können sie sich keine natürliche Ursache für eine Erkrankung oder den Tod vorstellen, sondern es muß eine Persönlichkeit dafür verantwortlich gemacht werden; ein Tier oder ein böse gesinnter Mensch, ein Zauberer oder eine Hexe, ein böser Geist oder ein Verstorbener, der nach seinem Tode nicht richtig behandelt worden ist.«

Der Tod eines Gruppenmitglieds ist immer eine Bedrohung der kollektiven Identität, denn er beweist, daß die Abwehrkräfte der Gruppe gegen ungünstige und feindliche Einflüsse nicht stark genug waren. Je wichtiger das Gruppenmitglied ist, um so tiefgreifender ist der Schock. Man fühlt sich schutzlos und mitbetroffen, man fürchtet, daß sich die Kräfte des Toten jetzt gegen die Gruppe wenden, daß er sich für seinen Tod an den Hinterbliebenen rächt. Deshalb muß er mit langwierigen Ritualen aus der Welt der Lebenden in die Welt der Toten überführt werden. In der Abweisung des Toten erholt sich die Gruppe vom Schock des Todes, erneuert ihren Zusammenhalt und ihre Abwehrkräfte. Aber die Toten bleiben anwesend und wirken weiter auf das Leben ein. Man muß sie günstig stimmen und sich gegen ihre Wiederkehr schützen. Eigentlich sind es keine Toten, sondern nur vermindert Lebende, und der Tod ist die Fortsetzung des Lebens in einem anderen Zustand, doch in durchaus vergleichbaren Formen, Sterben wird als Übergang in eine andere Dimension verstanden, aber nicht als endgültiges Ende erfaßt.

Die archaische Vorstellung eines Fortlebens nach dem Tode wird in den Hochreligionen festgehalten und zugleich spiritualisiert. Man beginnt unbestimmter, metaphorischer, weniger konkret vom Leben nach dem Tode zu sprechen, und es wird weiter in die Transzendenz gerückt. Der Graben des Todes wird tiefer, das Leben vorher und das nachher werden entmischt. Doch der Tod ist noch nicht unwiderrufliches Ende, sondern weiterhin Durchgang in ein anderes Sein. Nach buddhistischer Vorstellung gelangt die Seele allerdings über eine Kette neuer Verkörperungen und neuer Tode schließlich in das erlösende Nichts. Im Christentum gibt es vor der Auferstehung des Fleisches beim Jüngsten Gericht eine lange Phase wirklichen Totseins.

Im Rahmen fortbestehender metaphysischer Leugnungen wird so der Tod immer deutlicher wahrgenommen. Gegen Ende des europäischen Mittelalters scheint eine Schreckwelle überschritten zu werden. Tod, Verwesung und Verfall werden zu dominierenden Themen der zeitgenössischen Kunst. Doch was zunächst gedacht ist als Mahnung, sich nicht an das vergängliche irdische Leben zu hängen, verdeckt durch seine grauenhafte Gegenwart schließlich die verblassende Erlösungshoffnung. Vor allem im Motiv der Totentänze zeigt sich der Tod als eine alles gleichmachende universelle Macht, der niemand entkommen kann, und das Versprechen der Auferstehung wird formelhaftes rituelles Anhängsel dieser durchdringenden Erfahrung.

Die Exponierung der Leiche ist ein weiterer Schritt der Annäherung an die Erfahrung des natürlichen Todes. Die Toten verlieren ihre unheimliche Macht über das Leben, wenn ihre Depotenzierung zum Ding, zum seelenlosen, verwesenden Körper allgemein akzeptiert ist. Kulturelles Indiz ist die Zulassung der Leichensektion zu wissenschaftlichen Zwecken, die im 17. Jahrhundert auf niederländischen Tafelbildern erscheint.

Da wird wirklich das Ende gezeigt, ohne die archaische Angst vor der Rache des Toten oder irgendeiner anderer Sanktion. Die Behauptung, daß die unsterbliche Seele im Augenblick des Todes den Körper verlassen habe, hat diese Profanierung des Toten zur Leiche zwar ermöglicht, nämlich mit religiöser Todesdeutung versöhnt, ist aber nun nur noch eine vage Rückzugsposition, die von der fortschreitenden Naturerkenntnis zum Aberglauben degradiert wird. Die Seele, der Geist sind selber Erscheinungen des biologischen Lebens, wandeln sich mit ihm und löschen mit ihm aus. Irgendeine körperlose personale Substanz, ein spirituelles Agens, das nach dem Tod selbständig fortbestehen könnte, gibt es nicht.
Das weiß heute selbst die Theologie. In mühsamen Entmythologisierungsprozessen hat sie die Jenseitsvorstellungen und den Unsterblichkeitsglauben so gut wie getilgt. Nur die Seelsorge bedient damit weiter die schrumpfende Zahl der Gläubigen und kann dafür die pragmatische Begründung anführen, daß die Menschen diese Tröstungen brauchen. Daran ist richtig, daß der Tod als unwiderrufliches Ende des Lebens nur ertragen werden kann, wenn das Leben selber lebenswert ist und nicht Leiden, Ungerechtigkeit und Elend ein tiefes Bedürfnis nach dem Ausgleich eines zweiten, besseren, ewigen Lebens entstehen lassen. Noch immer schürt die Herrschaft des gewaltsamen frühzeitigen Todes in allen seinen Formen die Todesangst, und nur die Verwirklichung der Utopie des natürlichen Todes für alle Menschen, erst die Möglichkeit der vollen biologischen und personalen Selbstverwirklichung in einer gewaltlosen Gesellschaft, in der nach der Marxschen Zielformel der Mensch naturalisiert und

die Natur humanisiert wäre, könnte das aufgeklärte Todesbewußtsein einlösen, das Groethuysen im Artikel ›*Mort*‹ der Encyclopédie im sanften Ton eines vernünftigen überlegenswerten Vorschlags formuliert hat: »Da nun einmal der Tod etwas Natürliches ist wie das Leben, warum denn sich so sehr vor dem Tode fürchten?«

Diese Empfehlung, angstlos hinzunehmen, was nicht zu ändern ist, erscheint angesichts der Unvermeidlichkeit des Todes als eine vernünftige moralische Forderung. Aber sie wird abstrakt, wenn man sich damit über die ungleichen Lebensbedingungen der Menschen hinwegsetzt. Das Annehmen des Todes setzt ein erfülltes Leben voraus, sonst ist es nur Resignation oder Verzweiflung. Es wäre zynisch, wenn auch im Grenzfall erfolgversprechend, Menschen mit dem Tod versöhnen zu wollen, die im Elend, in Unterdrückung und im Leiden leben. Der Tod, verstanden als das Ende aller Hoffnungen, gibt dem Unglück erst sein volles unerträgliches Gewicht und macht es zur Vorgestalt seines Schreckens. Wenn es nicht mehr zu erwarten gibt als das einmalige begrenzte, zufällige Leben, dann verkürzen sich alle Hoffnungen auf diese Spanne und werden konkret enttäuschbar. Es entsteht ein neuer realistischer Ernst, eine größere Empfindlichkeit und Ungeduld. Alle Widersprüche zwischen Individuum und Gesellschaft verschärfen sich, alle Beeinträchtigungen und Verstümmelungen des Lebens treten provozierend hervor, und es ist nicht mehr möglich, ihnen durch metaphysische Erklärungen dauerhaften Sinn zu verleihen. Nehmen wir die Idee der gerechten Gesellschaft. Der amerikanische Philosoph John Rawls versteht in seinem Buch ›*A Theory of Ju-*

stice‹ darunter eine Gesellschaft, in der man blind jede beliebige Rolle übernehmen würde, nachdem einem vorher alle in ihr vorkommenden sozialen Rollen und die ihnen entsprechenden Lebensformen genau beschrieben worden sind. Es ist klar, daß es keine Gesellschaft gibt oder gegeben hat, die diesem idealen Anspruch genügte. Doch das ist immer wieder legitimiert worden durch Vorstellungen von einer späteren ausgleichenden Gerechtigkeit oder durch die Aufhebung des irdischen Lebens in einem gedachten größeren Zusammenhang, der Zufälle, Unterschiede, Irrationalität und Leiden verständlich machte. Das eindrucksvollste Beispiel ist der Seelenwanderungsglaube, der die schreienden sozialen Unterschiede der indischen Kastenordnung mit der Idee einer gerechten Weltordnung metaphysisch versöhnt, indem jede Kaste, jedes Lebensschicksal als Stufe eines langen Läuterungsweges verstanden wird, auf dem die Seele durch Tod und Wiedergeburt in immer neuen Verkörperungen auf- und absteigen kann. Jeder hat also den Platz inne, der ihm zukommt, er lebt das Leben, das er sich durch sein Verhalten in einem früheren Leben verdient hat. Und wo er auch angelangt ist, immer kann er noch tiefer sinken oder wieder aufsteigen. Der Paria, der Unberührbare, kann noch zu einem niederen Tier werden. Aber er kann im nächsten Leben auch aufsteigen zum Krieger oder zum Bramahnen, wenn er seine Kastenpflichten genau erfüllt und sich nicht des schwersten Vergehens schuldig macht, im Leben die Kastengrenzen zu übertreten.

Solche Rechtfertigungs- und Stabilisierungssysteme müssen zusammenbrechen, sobald der Tod als definitives Ende des Lebens anerkannt ist. Dann richten sich die Glückserwartungen der Menschen unvermindert und unvertröstbar an die Gesellschaft. Weil sie diese Ansprüche nicht erfüllen kann, gerät die Gesellschaft unter Veränderungsdruck und in ein ständiges Legitimierungsdefizit. Alle Einschränkungen der individuellen Selbstentfaltung müssen sich als notwendige vor dem Glücksanspruch rechtfertigen, und das heißt natürlich auch vor unterschiedlichen Werten, Erwartungen und Interessen.

Die Vermittlung der eigenen Lebensgeschichte mit der Geschichte der Gesellschaft wird jetzt zunehmend schwieriger. Auch die Utopie der befreiten und gerechten Gesellschaft gerät in Legitimationsnot, wenn Menschen im Namen dieser besseren Zukunft heute auf Glück verzichten sollen. Utopie könnte schließlich auch eine Struktur der Entfremdung und ein neuer metaphysischer Betrug sein. Wirksamer werden die Kräfte vielleicht noch durch die Vorstellung kommender Katastrophen wie Überbevölkerung, Umweltvernichtung, Nahrungs- und Rohstoffknappheit mobilisiert, denn diese Bedrohungen kündigen sich schon spürbar an, und die Prognosen sagen, daß sie bald unvermeidbar sind, wenn sie nicht jetzt bekämpft werden. Aber angesichts der wirklich endzeitlichen Gefahren fällt doch vor allem die Trägheit auf, mit der die Menschen für kurzfristige Vorteile und Bequemlichkeiten spätere Katastrophen in Kauf nehmen, als wäre die etwas fernere Zukunft für sie schon nicht mehr real, oder als hätten sie den eigenen Tod, ihr baldiges Ausscheiden aus dem Kollektivschicksal vorweggenommen und daraus ein Argument für ein gleichgültiges, trotziges oder bequemes »ohne-mich« gemacht.

Todesgewißheit und Individuation gehören zusammen, das eine ist des anderen Bedingung und Stimulans und natürlich auch Gefahr. Je schärfer man sich in seinem Für-sich-sein sieht, desto deutlicher hat man seinen Tod vorweggenommen. Man versteht sich als etwas Zufälliges, Besonderes, Einmaliges, Nicht-Wiederholbares und hat darin die unüberschreitbare Begrenztheit seiner Existenz mitgedacht. Das Bewußtsein des eigenen Todes ist ein Exponiertsein des Ichs vor seinem eigenen Blick, eine exzentrische Position, in der man die Möglichkeit der eigenen Verneinung wahrnimmt: man könnte genausogut nicht sein, könnte anders sein, wird bald nicht mehr sein.
In diesem »Vorlaufen zum Tode« entdeckt das Ich, oder wie Heidegger sagen würde, »das Dasein sein eigenes Seinkönnen«. Erst angesichts des vorweggenommenen, gewissen und jederzeit möglichen Todes begreift es sich als eine einmalige Möglichkeit, die es verfehlen kann, wenn es sich nicht in dieser Wahrheit hält, wenn es wieder vergißt, sich vom Ende her zu bestimmen als Sorge um das eigene Seinkönnen. Erst im Vorlaufen zum Tode wird das Ich fähig, die zufällig sich vordrängenden Lebensmöglichkeiten zu beurteilen und zwischen ihnen zu wählen, das heißt die Selbstentfremdung zu vermeiden, die die bereitwillige und blinde Übernahme der gesellschaftlichen Konventionen oder nach Heidegger »das Verfallen ins Man« bedeutete, ein Sich-Verstecken aller bei allen, hinter dem verleugnete Angst steht.
In dieser Philosophie ist der Tod das Scheidewasser, das Ich-Identität und kollektive Identität trennt, und die Gesellschaft wird dabei als Ort der Entfremdung verstanden. Aber individuelle Identität wird zunächst

nur erworben durch Lernprozesse und gesellschaftliche Tätigkeit, durch Übernahme von Rollen und reflektierte Rollendistanz, und Entfremdung kann gerade bedeuten, daß die Vergesellschaftung des persönlichen Lebens nicht überzeugend gelingt. Sie äußert sich dann als Teilrückzug oder fortschreitende Privatisierung, im schwersten Fall als Flucht in die undurchdringliche Abgeschlossenheit einer Wahnwelt. Das ist die Kehrseite der selbstvergessenen Anpassung, aber ebenso ein Ich-Schwund. Ich-Identität steht immer zwischen diesen zwei entgegengesetzten Möglichkeiten des Scheiterns – der Überangepaßtheit und der Unangepaßtheit – beides Formen, in denen die Person sich selbst verdunkelt ist und in denen sie ihre Möglichkeiten, die sie immer nur in bezug auf andere entfalten kann, entweder durch Distanzlosigkeit oder durch ihr Abgeschnittensein verfehlt.

Man kann Überangepaßtheit und Unangepaßtheit auch als Formen scheiternder Angstbewältigung beschreiben. Der Überangepaßte wagt nicht, er selbst zu sein und sich zu unterscheiden, weil er seine Trennungsangst nicht überwunden hat. In der zwanghaften Identität mit dem großen Kollektivsubjekt versucht er, die angstmachende Erfahrung des Selbstseins zu vermeiden. Er verzichtet auf sein personales Werden aus Angst vor Isolation, die in ihm, wäre sie auch nur partiell und vorübergehend, frühe Todesschrecken aktualisieren würde.

Auch die Unangepaßten, unter denen ich jetzt nicht die autonomen Individuen verstehe, die gesellschaftliche Normen kreativ oder revolutionär durchbrechen und verändern, sondern die passiven Drop-outs, die Trinker, Süchtigen, Landstreicher, Psychotiker, Autisten, die sich aus der Gesellschaft auf regressive Verhaltensweisen zurückziehen, auch diese scheinbar individuellen, farbigen Randexistenzen sind auf der Flucht vor dem Selbstsein. Dem Anschein nach sind sie der äußerste Gegensatz zu den überkorrekten Konformisten. Doch die Chaotiker haben mit den zwanghaft Angepaßten die Ichschwäche gemeinsam, nur haben sie sich fallen lassen, während die anderen eine starre Haltung wahren.

Es gibt die nicht so seltene lebensgeschichtliche Sequenz, daß sich der Konformismus bis zum Ritualismus entleert und dann in sozialem Rückzug und asozialer Passivität ausläuft. Dieser Umschlag von einem Extrem ins andere enthüllt die innere Verwandtschaft der Verhaltensweisen. Die Angst des Konformisten, sich zu exponieren, ist beim Ritualisten schon zur inneren Auszehrung und Handlungsschwäche geworden. Er ist so erloschen, daß er sich nur noch durch einen fremden auferlegten Schematismus in Gang halten kann. Mühsam bindet er sich noch an die Welt, deren nicht mehr durch Interessen beleuchtete Sinngestalten schon fast ganz verblaßt sind, bis auf wenige Auslöser für seine Rituale. Seine Pseudoaktivität maskiert kaum noch die zugrunde liegende Passivität und kann durch Verbrauch der affektiven Kraft unversehens im depressiven Stillstand enden. Dann tritt die Ungeformtheit der Person zutage, die bisher durch starre Zwänge verdeckt war. Insofern könnte man sagen, daß die Verfallsformen »wahrer« sind als die scheinhafte Integrität der Überangepaßten. Die Ich-Schwäche wird jetzt aufgedeckt und eingestanden, die konforme soziale Identität, die nur angstvoll akzeptierte Entfremdung war, wird als eine sinnlose Anstrengung aufgegeben. Man fällt aus einem vorgetäuschten, bloß formalen Erwachsensein in die offene Regression zurück.

Dadurch entstehen neue Angstmöglichkeiten. Der unangepaßte Drop-out hat den Schutz der Gesellschaft verloren, den der Konformist sich durch pedantische Erfüllung aller Normen und Konventionen sichern wollte. Doch der Drop-out gleicht das aus durch Phantasie. Als Trinker, als Süchtiger träumt er sich in kindliche Allmachtsgefühle und Geborgenheiten zurück. Seine Apathie in der Gegenwart ist Zukunftslosigkeit und Heimweh nach einer frühen Vergangenheit vor aller Trennung. Seine ganze ihm verbliebene Energie ist darauf gerichtet, einen tröstenden Betäubungs- und Rauschzustand aufrechtzuerhalten, in dem es keine Zukunft und keine Wirklichkeit gibt, nichts, was ihn ängstigen und kränken könnte, auch nicht den Tod.

Aber ist der Tod überhaupt aushaltbar, nachdem durch die Wissenschaft jede metaphysische Tröstung entkräftet worden ist, und er das unausweichliche Ende der persönlichen Zukunft bedeutet? Wie ist es möglich, weiter nach vorne zu leben und hoffend in die Todesrichtung der Zeit zu blicken, wenn man unwiderruflich stirbt? Es ist die unerledigte Frage jener Depressiven, die angesichts der vergehenden Zeit vor Angst erstarrt war und nicht begreifen konnte, daß es nicht allen Menschen so ging wie ihr. Denn offenbar geht es selbst vielen Menschen, die wegen Krankheit oder Alter Grund hätten, sich in einer Sackgasse zu sehen, ganz anders. Die Zeit, in der sie leben, bedeutet immer noch ein inneres Zunehmen, obwohl sie äußerlich weniger wird.

Der Psychiater Erwin Straus, der sich wie von Gebsattel und Minkowski, mit dem Zeiterleben von Depressiven beschäftigt hat, sagt vom Zeiterleben des Gesunden, daß es ein dauerndes Weiterschreiten in die Zukunft sei, die Dimension der Entfaltung des Lebens. »Euphorische Stimmungen treten nur im Zusammenhang mit der Richtung auf die Zukunft auf... Auch vergangene Erlebnisse empfangen ihr Licht erst von dem zukünftigen Geschehen. Die Vergangenheit trägt und stützt uns nur, wenn der Weg in die Zukunft offen steht.« Er unterscheidet wie die beiden anderen Autoren zwischen einer Ich-Zeit und einer Welt-Zeit, einer inneren Zeit des personalen Werdens und einer äußeren Zeit der Uhren, des Kalenders, des Wachsens und Vergehens der natürlichen Dinge und der Geschehnisfolgen der menschlichen Geschichte. Wenn nun die innere Zeit sich verlangsamt und ins Stocken gerät, beginnt die äußere Zeit sich zu beschleunigen. Es entsteht das Vergänglichkeitssyndrom, daß nämlich Zeit Verlust und Wenigerwerden bedeutet, auch Versäumnis und Verfehlen, schließlich Verzweiflung und Todesangst.

Das ist »die Zeitstruktur des in der Gestaltung seines Werdens entscheidungsgehemmten Menschen«, sagt von Gebsattel, und mit Bezug auf Pascals existentielle Analysen spricht er von drei häufigen Erscheinungsweisen dieser Krankheit: »1. die Gegenwartsleere, 2. die Jagd nach der Zukunft in Gestalt einer Sucht nach Zerstreuung, 3. die existentielle Schwermut.« Oder die Depression. Er interpretiert: »Diese Schwermut ist der Ausdruck dafür, daß der Mensch innerhalb der Zeit hinter seiner eigenen Vollendung zurückbleibt. Das Zurückbleiben hinter seinen eigenen höheren oder besseren Möglichkeiten ist keine rein statische Angelegenheit. Die Dynamik des Werdens bestimmt die gehemmte Lebensgestaltung über die bloße ›Hemmung‹ hinaus als Absinken von der geforderten Höhe, als Gestaltverlust, als Werteinbuße, genauer als eine Tendenz zur Selbstzerstörung. Das ist der Ernst der existentiellen Schwermut. Das ist der Ernst der Tatsache, daß das personale Werden sich in der Zeit abspielt. Denn die Zeit läßt nicht mit sich spaßen. Entweder sie wird genützt, oder sie wird versäumt.«

Das kranke Zeiterleben zeigt sich in Wiederholungszwängen, einem »Präsentischwerden der Vergangenheit«, die nicht abgeschlossen werden kann und das gegenwärtige Handeln fesselt, es ist ein Erlebnis der inneren Verlangsamung, des Stockens, des Nicht-erledigenkönnens, des Nicht-weiterkönnens, generalisiert zum Nicht-lebenkönnen des Depressiven, und im äußersten Fall als fast vollständiger Stillstand des Lebens im schizophrenen Endzustand des Stupors, auf den oft der Tod folgt.

Einer der Patienten Minkowskis sagt: »Ich habe nicht gewußt, daß der Tod so aussieht. Die Seele wird nicht mehr zurückgenommen. Ich will die Welt suchen. Ich bin jetzt eine Ewigkeit fort; es gibt keine Stunde, keinen Mittag, keine Nacht. Draußen geht es weiter, die Blätter an den Bäumen bewegen sich hin und her. Die anderen gehen durch den Saal auf und ab, aber für mich vergeht die Zeit nicht. Die Uhr geht genau wie früher. Ich mag sie aber nicht mehr ansehen, das macht mich traurig. Daß die Zeit vergeht und die Uhr sich dreht, kann ich mir nicht mehr so recht vorstellen. Manchmal, wenn sie draußen im Garten schnell auf-

und ablaufen und die Blätter tüchtig hin- und herfliegen im Wind, möchte ich wieder so leben wie früher und innerlich mitrennen können, damit doch die Zeit wieder vergeht. Aber dann bleibe ich stecken und es ist mir so egal, was geht alles da draußen mich an, das ist mir alles eins, Bäume, Wolken oder Menschen.«
Und ein anderer: »Man ist hingegeben an die Betrachtung der Uhr und verliert den Faden zu sich selbst – da ich selbst eine Uhr bin, überall in mir; da es so immer durcheinandergeht. Dies alles bin ich selbst – es geht mir verloren, wenn ich die Uhr an der Wand betrachte. Es ist ein Weglaufen aus sich selbst, ich bin flüchtig und bin nicht mehr da. Ich weiß nur: die Uhr springt mit vielen Zeigern umher und kann nicht zusammengebracht werden.«
Innerer Stillstand und tollgewordene Uhren sind Ausdruck der »gestörten Synchronizität des Werdens«, wie Minkowski es nennt. Ich-Zeit und Welt-Zeit, die eigene Entfaltung und das Werden der Welt stimmen nicht mehr überein, weil der *élan vital* (Bergson), die Libido (Freud), das Prinzip der Hoffnung (Bloch) gehemmt ist, und so trennen sich Ich-Identität und kollektive Identität, das Individuum wird zum Abweichler, zum Kranken, zum Selbstmörder oder zum langsam Sterbenden, es scheidet aus der lebendigen Vermittlung mit den anderen aus.
Wir leben also von der Vitalität, das wäre die tautologische Erfahrung, die sich hier machen läßt. Wobei es wichtig ist, daß die Vitalität, die als Hoffnung und Elan im Bewußtsein erscheint, vom Sterblichkeitswissen nicht erreicht zu sein scheint. Das Unbewußte als Repräsentanz des Lustprinzips kennt laut Freud keine Zeitlichkeit, es hält sich für ewig, allmächtig, unbe-

grenzt, es kennt den Tod nicht. In die tiefsten Schichten der Seele, in die es vom Ich verdrängt wurde, ist das historisch junge Wissen von der Wirklichkeit des Todes nicht eingedrungen. Freud sagt dazu in ›*Totem und Tabu*‹: »Für den Primitiven wäre die Fortdauer des Lebens – die Unsterblichkeit – das Selbstverständliche. Die Vorstellung des Todes ist etwas spät und nur zögernd Rezipiertes, sie ist ja auch für uns noch inhaltsleer und unvollziehbar.«

Das ist eine seltsame Bemerkung für den Begründer der Psychoanalyse, die man ja beschreiben könnte als eine Lehre vom Abstieg zweier Menschen, des Arztes und des Patienten, zu den Ursprüngen des Todes, der das Leben an seinen Anfängen schon bestimmt und zu einem dauernden Abwehrkampf genötigt hat, aus dem neue Formen eines zweiten Sterbens, nämlich Unterdrückung und Verzicht, entstanden sind. Hegels Herleitung von Herrschaft aus der aufgeschobenen Todesdrohung des Siegers über den Besiegten zeigt die archaische Härte eines frühen gesellschaftsbildenden Realitätsprinzips, das man in Kauf nahm, um den Tod zu vermeiden. So ungebrochen ist es auch heute noch anzutreffen. Doch es wirkt auch fort in den feineren Formen gesellschaftlicher Herrschaft, die Unterwerfung verlangen, sei es auch nur als allgemein akzepticrte Ordnung der Lebenserhaltung, als Leistung- und Anpassungsforderung, als Moral, Pflicht und Konvention.

Der sublimste Zwang geht sicher von der genialen Abstraktion aus, die die Erfindung einer allen gemeinsamen meßbaren Zeit bedeutet. Die Zeit des Kalenders, die mechanische Zeit der Uhren ist ein gesellschaftsbildendes Instrument ersten Ranges. Sie hat Formen

der Kooperation und des vorausschauenden Handelns geschaffen, die die Lebensmöglichkeiten der Menschen ungeheuer erweitert haben. Doch zugleich ist die Zeit der Raster, an dem die Todesgewißheit sich verdeutlicht hat. Der Tod, der dem Leben immanent ist, das Werden und Sich-Verändern der Person, die immer mehr erledigte Aufgaben, getroffene Entscheidungen, durchschrittene Möglichkeiten und Lebensphasen hinter sich läßt, dieser wachsende Tod ist das wachsende und sich vollendende Leben selber, und nicht von ihm geht der Schrecken aus. Sondern angst- und grauenerregend ist jener Tod, der von außen kommt, der in der Vorstellung abgehoben wird von der inneren Bewegung des Lebens und als Objektivation der abstrakten Zeit erscheint. Wüßten wir den genauen Zeitpunkt seines Eintretens, meint Minkowski, würden wir wie Besessene neben unseren Uhren sitzen. Die Zeit wäre nur noch die Dimension des unaufhaltsamen Wenigerwerdens, wie bei jener Kranken, die nie das Gefühl hat, daß etwas entsteht und wächst, sondern der immer mehr genommen wird.
Philosophie, die vom Vorlaufen zum Tode spricht oder mit Hegel von der Umkehrung des Negativen ins Sein, will also auffordern zu der Anstrengung, den Tod ins Leben hineinzunehmen, anstatt vor ihm zu erstarren. Hegel schreibt in der Phänomenologie des Geistes: »Der Tod ... ist das Furchtbarste, und das Tote festzuhalten das, was die größte Kraft erfordert ... Aber nicht das Leben, das sich vor dem Tode scheut und vor der Verwüstung rein bewahrt, sondern das ihn erträgt und in ihm sich erhält, ist das Leben des Geistes. Er gewinnt seine Wahrheit nur, indem er in der absoluten Zerrissenheit sich selbst findet.« Aber der Geist lebt,

solange seine Erkenntnisreise nicht abgeschlossen ist, von Antriebskräften, die vom Tod nichts wissen.

Wissen entsteht dort, wo das Leben auf Widerstand stößt, es wird hervorgerufen durch Versagungen, die dem Menschen seine Endlichkeit bewußt machen. Insofern sind alle Widerstandserfahrungen Vorspiele des Todes. Doch am Widerstand zeigt sich das Leben auch als eine vorwärts drängende Kraft, die nicht aufgeben will, die Umwege und Auswege sucht, und, wo sie sich nicht unmittelbar praktisch entfalten kann, überspringt in die virtuelle Praxis der Phantasie.
Der Ursprung der Phantasie ist die Leugnung einer unerträglichen und übermächtigen Wirklichkeit. Das hilflose neugeborene Kind erlebt seine Trennung von der Mutter als einen gestaltlosen Todesschrecken und wehrt diese Erfahrung ab, indem es sich in das Einssein mit dem Liebesobjekt zurückträumt. Aber in dieser Urillusion kann es nicht bleiben. Es muß die Realität schrittweise anerkennen, um fähig zu werden, in ihr zu leben. Es muß lernen, an Stelle von grenzenloser magischer Wunscherfüllung das Mögliche zu wollen, seine Endlichkeit zu erkennen und den Tod vorwegnehmend zu ertragen. Insofern ist Reifung die Geschichte einer Enttäuschung, das Bewußtwerden eines Verlustes, dessen Endgestalt der Tod ist. Auf diesem Weg kann das Ich nur weiterschreiten, wenn es ihm gelingt, in der Welt Äquivalente für das Verlorene zu finden. Doch sie lösen nie ganz die Erinnerung ein und sind mit neuen Versagungen durchsetzt, so daß immer wieder Wünsche entstehen, die die Realität überschreiten und die Zukunft als möglichen Erfüllungsraum mit ihren Projekten bebildern.

Dabei zeigt sich der Doppelcharakter des kontrafaktischen Vermögens der Phantasie. Sie kann, weil er unüberwindlich erscheint, den Widerstand der Realität leugnen und illusionär oder wahnhaft werden, also auf das Niveau des kindlichen Allmachtstraums zurückfallen. Das ist das Rückzugsverhalten der Trinker und Süchtigen. Es hat einen weiten Spielraum zwischen Neurose und vollendetem Wahn. Phantasie kann aber auch, vermittelt mit gewachsener Realitätseinsicht und Realitätsbeherrschung, das bloß Faktische überschreiten, seine normative Autorität brechen und neue mögliche Zukunft erfinden, in der uneingelöste Erinnerungen aufgehen als Wirklichkeit. Je mehr das gelingt, um so mehr verliert der Tod seinen Schrecken, wenn auch nicht grundsätzlich und vielleicht nur auf Zeit, solange Tätigkeit und Erfolg ihn verdecken und das Gefühl des Werdens die Todesrichtung der Zeit umdeutet in Gewinn.
Aber diese Erfahrung muß den Tod in sich aufheben. Das Lebenlernen muß das Sterbenkönnen aus sich hervorbringen. Das ins Grenzenlose, Ewige strebende Lustverlangen darf die Realitätseinsicht nicht trüben oder entmachten, und umgekehrt darf die Erfahrung, daß wir sterben müssen, den Lebenstrieb nicht brechen: zwischen diesen Gefahren des falschen Bewußtseins und der Verzweiflung sucht die Philosophie eine unerreichte Versöhnung. Es geht dabei um das Fortbestehen der Gattung auf einem bewußteren Niveau ihrer Selbstverwirklichung. Ohne den Begründungszusammenhang einer Religion müssen die Individuen über sich hinausleben. Sie müssen sich in ihrer Tätigkeit transzendieren, als nähmen sie weiter am Leben der Gesellschaft teil und ihr jetziges Leben wäre in transpersonaler Zukunft aufgehoben.

Das bedeutet, wenn es nicht leer und abstrakt bleiben soll, eine Verschiebung der libidinösen Energien auf fernerliegende Objekte, durch die man vertreten wird, eine imaginäre Erweiterung des Ichs durch seine Negation und Aufhebung im Anderen, eine exzentrische Neuvermittlung mit sich selbst, die den Tod in seiner Anerkennung überwindet und dem Lustprinzip durch die Realität hindurch Geltung verschafft. Immer sieht das nach einer Selbsttäuschung aus, die Resignation vermeiden will, aber es kann eine transpersonale Wahrheit sein.

Tschechow hat sein Theaterstück ›*Drei Schwestern*‹ mit einer solchen zweideutigen Überschreitung enden lassen. Das Regiment verläßt die kleine Garnison, eine kleine russische Provinzstadt, und mit ihm verschwindet der letzte Schein von Leben und Hoffnung für die drei Schwestern Mascha, Irina und Olga. Gerade ist auch die Nachricht gekommen, daß Maschas Verlobter in einem Duell getötet worden ist. Die Zukunft scheint nur noch Unglück und Stillstand zu sein, man glaubt zu hören, wie das Leben fortzieht mit der entschwindenden Musik. Und da umarmen sich die Schwestern und beginnen von der Zukunft zu sprechen:

»MASCHA: O wie die Musik spielt! Da gehen sie von uns, und einer ist ganz von uns gegangen, ganz und auf immer, und wir sind allein geblieben, um unser Leben von neuem zu beginnen. Denn man muß leben ... man muß leben ...

IRINA *schmiegt ihren Kopf an Olgas Brust:* Die Zeit wird kommen, da werden wir alle erkennen, warum das alles, weshalb diese Leiden, da wird es keine Rätsel mehr geben, bis dahin jedoch muß man leben ... man

muß arbeiten, nichts als arbeiten! Morgen werde ich allein fortfahren, ich werde in der Schule Unterricht erteilen und mein ganzes Leben jenen hingeben, denen es vielleicht vonnöten ist. Jetzt ist es Herbst, bald kommt der Winter, der wird alles mit Schnee zudekken, ich aber werde arbeiten, ich werde arbeiten ...
OLGA *umarmt die beiden Schwestern:* Die Musik spielt so lustig, so aufmunternd, und man möchte so gern leben! O mein Gott! Die Zeit wird vergehen, und wir werden auf ewig fortgehen, man wird uns vergessen, man wird unsere Antlitze vergessen, unsere Stimmen und wieviel unser waren, unsere Leiden indes werden einmal zu Freuden für jene werden, die nach uns leben werden, dann werden Glück und Frieden auf der Welt anbrechen, und man wird mit einem guten Wort jener gedenken, die jetzt leben, und man wird sie segnen. O ihr lieben Schwestern, unser Leben ist noch nicht zu Ende. Laßt uns leben! Die Musik spielt so lustig, sie spielt so freudig, und es scheint, nur noch eine kleine Weile, und wir werden erfahren, warum wir leben und warum wir leiden ... Wenn man es nur wissen könnte, wenn man es nur wissen könnte!«
Wie ein großer, sich steigender Wellenschlag geht die Emotion durch die drei Schwestern hindurch. Das Leben behauptet sich in ihnen, indem es sich einen neuen Ausblick schafft. Alle ihre unerfüllten Wünsche erscheinen gerechtfertigt, weil sie irgendwann einmal bestätigt werden. Was als Drang, Verlangen, Sehnsucht nach Liebe in ihnen sich gemeldet hat und in der Gegenwart enttäuscht wurde, spiritualisiert sich zur Hoffnung, um nicht zu sterben. Das nicht erfüllte Liebesverlangen überwintert im Wunschtraum und wird in der Umdeutung festgehalten, und das ermöglicht es,

daß die Niedergedrückten sich wieder aufrichten. Sie wollen arbeiten, um ihren Glauben an eine bessere Welt zu bekräftigen, sie sehen von sich ab, um sich nicht aufzugeben. Sie übersteigen ihre von Versagungen bedrohte Ich-Identität in der Vorstellung, daß sie aufgehoben sei in der transpersonalen Identität einer künftigen besseren menschlichen Gesellschaft, und das bedeutet, zugleich ein Stück zu sterben und zu wachsen.

Durch eine ähnliche Selbstüberschreitung antwortet der kranke Marcel Proust auf den Tod, dem er sich ausgesetzt weiß. Er hat ihn erkannt in dem erschrekkenden Altern der Menschen, die sein Leben seit seiner Kindheit begleitet haben. Er hat ihn erfahren als das Sterben der Liebe, als das fortschreitende Vergessen aller Dinge, das Erlöschen des Gefühls und der Motivation, und er will sich gegen diese Auslöschung wehren, indem er sein Leben mit einer gewaltigen Anstrengung der Erinnerung wieder aus dem Vergessen heraufholt. Als Person glaubt er, seit seiner Kindheit schon so oft gestorben zu sein, daß ihn der bevorstehende endgültige Tod nicht mehr ängstigt. Aber nun ist seine Identität in das Werk verlagert, das er schreiben will, um sein Leben vor der völligen Vernichtung durch den Tod zu retten, und das erzeugt in ihm eine neue Todesangst. Der Tod darf nicht eintreten, bevor er sich ihm durch die Objektivierung im Werk entzogen hat.

»Ich wußte sehr wohl, daß mein Gehirn ein reiches Erzbecken war, in dem es kostbare Vorkommen in unendlich weiter und mannigfacher Ausdehnung gab. Blieb mir denn aber auch Zeit, sie wirklich abzubauen? Ich war die einzige Person, die dazu imstande war, und das aus zwei Gründen: mit meinem Tode würde nicht nur der einzige Bergarbeiter verschwunden sein, der befähigt war, diese Erze zu schürfen, sondern sogar das Vorkommen selbst ...«

Er fürchtet einen Gehirnschlag. Er erlebt seine Vereinzelung, seine Unersetzbarkeit und möchte diesen exponierten todbedrohten Zustand überwinden, das, was in ihm selbst für andere wichtig sein könnte, aus dieser gefährlichen Position in ein gesichertes Werk hinüberretten. Er versteht den Körper als eine Festung, in der der Geist vom Tod belagert wird, und die Festung wird bald zusammenbrechen. Bevor er mit dem Buch begonnen hat, kehrt er einmal erschöpft von einem Besuch in seine Wohnung zurück und durchlebt einen Zustand fast völligen Ausgelöschtseins.

»Ich fühlte, daß ich weder Gedächtnis noch Denkvermögen, noch sonstige Kräfte, noch irgendeine Existenz besaß.«

Als er aus diesem Vorstadium des Todes wieder zu sich zurückfindet, ist der Wunsch zu schreiben noch dringender geworden, und jetzt, da er den Tod aufs neue fürchtet, sieht er sich in der Rolle der Erzählerin aus ›*Tausendundeine Nacht*‹. Schreiben, das Leben erzählen bedeutet, das Todesurteil, das schon gefällt ist, auf unbestimmte Zeit verschieben. Vielleicht braucht er die Todesnähe als Stimulans, denn man kann, wie er sagt, »was man liebt, nur wiedererschaffen, indem man ihm entsagt«. Er fürchtet den Tod jetzt nur noch als Vereitelung seines Überstiegs aus der vergänglichen Ich-Identität in die transpersonale Identität der menschlichen Geschichte.

»Das Gras muß sprießen und die Kinder sterben.« So zitiert er Victor Hugo, und er fügt hinzu: »Ich aber behaupte, das grausame Gesetz der Kunst besteht darin, daß die Wesen sterben und daß wir selbst sterben und dabei alle Leiden bis auf den Grund ausschöpfen, damit das Gras nicht des Vergessens, sondern des ewigen Lebens sprießt, der derbe, harte Rasen fruchtbarer Werke, auf dem künftige Generationen heiter, ohne Sorge um die, die darunter schlafen, ihr ›Déjeuner sur l'herbe‹ abhalten werden.«

Die Psychoanalyse nennt diese Übertragung der Selbstliebe und der Ich-Identität auf das Werk den »verschobenen Narzißmus«. Es ist eine Phantasieleistung, mit der das verlorene, vereinzelte Ich seinen Tod akzeptiert, weil es sich über seine Objektivierung im Werk hinüberrettet in das Leben der anderen. Viele Schriftsteller haben so gedacht. William Faulkner hat auf die Frage nach seiner Motivation auf den schottischen Weltreisenden Killroy hingewiesen, der überall, wo er gewesen ist, »Killroy was here« hingeschrieben hat. Dies eben wolle er auch tun, sagte Faulkner, er wolle »ein gutes Killroy-was-here hinterlassen«.

Unser eigenes Leben ist ermöglicht worden durch das Leben vieler anderer Menschen, die vor uns da waren, wir leben es mit und in bezug auf andere, und es wird von anderen fortgesetzt werden, bei denen unsere Ziele, Werte und Ideen und unsere Hinterlassenschaften aufgehoben sind. Ohne eine solche Vorstellung von historischer Kontinuität, ohne das Vertrauen in den kulturellen Zusammenhang ist der einzelne von Selbstverneinung bedroht. Er kann seine Vereinzelung trotzig annehmen und daraus einen Komfort machen, aber es fehlt ihm ein Objektivierungshorizont, der größer ist als er selbst und auf den hin er sich überschreiten könnte. Indem er seinen Tod als seine völlige Auslöschung begreift, ist er versucht, schon jetzt alles in sich abzuschneiden, was über seinen Tod hinausreicht. Er kann nur kurzfristig leben, mit schnell zu erlangenden Bestätigungen, nervös nach Erfolg suchend, sich anpassend und umpassend im Wechsel der Situationen, kurzgeschlossen in einem engen Zirkel mit sich selbst.

Die anderen werden weitermachen, weiter da sein, »aber wir werden tot sein« – dieser Satz, der sich in dem zitierten Gedicht querlegt zu allen Vorstellungen von einer vielleicht besseren, vielversprechenden Zukunft und dessen »aber« einen unüberbrückbaren Graben zwischen der realen Gegenwart und der möglichen Zukunft zieht, diese Berufung auf den Tod als Argument gegen künftige und jetzige Geltungsansprüche der Gesellschaft, hat durch die gesellschaftliche Entwicklung neues Recht bekommen: jeder ist heute ersetzbar und fast alles kann morgen anders sein.

Was wir tun, was wir sind, reicht nicht mehr weit in die Zukunft und kaum über uns hinaus. In der imaginären Verlängerung unserer Existenz über den Tod hinaus finden wir uns nicht mehr wieder. Das Jenseits als Legitimationsgrund für menschliches Handeln ist eine längst erloschene Projektion. Aber auch seine verweltlichte Nachfolgeform, die Utopie, ist seit der Kritik von Marx und Engels an der Abstraktheit der Sozialutopisten von der Wissenschaft entmündigt worden. Sie hat einer prognostischen Orientierung Platz gemacht, bei der der Computer aus großen Datenmengen mögliche Strukturen von Zukunft errechnet. Diese mit der elektronischen Datenverarbeitung möglich gewordenen Faktorenanalysen haben die einfachen Denkmodelle der Geschichtsphilosophie in den Bereich des Mythos verwiesen. Die Geschichtsphilosophie arbeitete mit zu wenigen Daten und zu einfachen Schlüsselfaktoren. Sie war im Grunde monokausal, wie es dem menschlichen Sinnbedürfnis und Denkvermögen entspricht, das immer auf anschauliche Bilder hinauswill. Jetzt dagegen ist es möglich geworden, riesige Informationsmengen in komplizierten Wechselwirkungsmodellen durchzurechnen. Wissenschaftlicher und technologischer Fortschritt, Bevölkerungswachstum, steigende industrielle und landwirtschaftliche Produktion, Rohstoff- und Energiebedarf, steigende Lebenserwartung und Umweltverschmutzung, alles das wirkt aufeinander ein, bedingt, begrenzt oder fördert sich wechselseitig, tendiert zu kritischen Grenzwerten, wo der Prozeß umkippen und kollabieren kann.

In Form von Flußdiagrammen versuchen die Futurologen und Planer durchzuspielen, wie Veränderungen des einen oder anderen Faktors den Gesamtprozeß beeinflussen und mit welcher Zeitverzögerung die eine oder andere Planungsmaßnahme greifen und auf andere Bereiche des Prozesses durchschlagen würde. Die sofortige Einschränkung des Bevölkerungswachstums würde zum Beispiel zunächst durch die steigende Lebenserwartung in ihrer Wirkung beschränkt werden, und die Auswirkungen auf Industrieproduktion, Rohstoff- und Energieverbrauch und Umweltverschmutzung wären erst viel später deutlich spürbar. Um aber der Wirklichkeit näher zu kommen, muß man mit steigenden, fallenden und sich gleichbleibenden Geburtsquoten in verschiedenen Teilen der Erde rechnen, was wieder auf andere Faktoren zurückgeht und zurückwirkt und nur in hochkomplexen hypothetischen Modellen durchgespielt werden kann. Steigt zum Beispiel mit der Bevölkerungszahl der Energiebedarf, dann werden die Rohstoffreserven immer rascher abgebaut, zuerst die leicht zugänglichen, dann die schwer erreichbaren und unergiebigen Vorkommen; das bedeutet einen steigenden Aufwand an Arbeit und Technologie und wiederum an Energie, und dadurch werden labile Gleichgewichtszustände auf anderen Organisationsebenen der Gesellschaft ins Wanken gebracht.

Je genauer man also den gesellschaftlichen Prozeß zu beschreiben versucht, um so mehr scheint er der Beschreibbarkeit davonzulaufen. Selbst die phantastischen Möglichkeiten elektronischer Informationssynthesen können ihn kaum noch erreichen. Noch inkompetenter ist der Blick des einzelnen. Die fortschreitende Arbeitsteilung hat die Gesellschaft so weit differenziert, daß sie anschaulicher Erfahrbarkeit längst entzogen ist. Die sozialen, wirtschaftlichen, technischen und politischen Funktionszusammenhänge spielen sich über den Köpfen der Individuen ab, die ihrerseits in private und berufliche Sonderwelten abgedrängt sind. Auch die politischen und wirtschaftlichen Führungsgruppen improvisieren mehr als sie planen. In einem dauernden Krisenmanagement steuern sie den gesellschaftlichen Prozeß notdürftig an den größten Gefahren vorbei.

Dem entspricht, jedenfalls in den spätkapitalistischen Industriegesellschaften, ein fortschreitender Abbau gesamtgesellschaftlicher Normativität. Es gibt zwar vorübergehend herrschende Moden und Trends, und durch die Massenmedien augenblickliche Kristallisa-

tionspunkte der Aufmerksamkeit, aber außer ein paar ethischen Minimalforderungen gibt es keine feste kollektive Identität mehr, die es möglich macht, die überall in den sozialen Teilbereichen sich entwickelnden Felder turbulenter Möglichkeiten und Alternativen normativ zu begrenzen. Kunst und Literatur zum Beispiel bringen ein chaotisches Nebeneinander von Stilen, Macharten, Inhalten, Konzepten und Nuancen hervor und niemand kann ohne Dogmatismus allgemeine Kriterien angeben, nach denen man sie verbindlich beurteilen könnte. Etwas Ähnliches gilt für die Erziehung. Auch hier herrscht ein Nebeneinander konkurrierender Konzepte und eine ähnliche Unsicherheit. Immer mehr Gesellschaftsbereiche geraten in diese permanente Grundlagenkrise und jeder neue Stabilisierungsversuch fällt sofort unter Ideologieverdacht. Es gibt keine übergreifenden Deckungen mehr, an denen sich das Besondere blind entscheiden ließe. So bliebe nur Gewalt, oder die Dauerreflektion als Form einer offenen kommunikativen Kontrolle, in der die Individuen versuchen, sich immer neu mit dem Ganzen zu vermitteln, das sich ihnen dauernd zu entziehen droht. Immer neu belehrt durch die Praxis, müssen sie versuchen, verallgemeinerungsfähige Wünschbarkeiten und Zukunftsperspektiven zu entwickeln, die nicht bloß weltfern und abstrakt utopisch sind, sondern die die Realität im Hinblick auf wirkliche, bessere Möglichkeiten überholen.
Doch diese Podiumsdiskussionen und Colloquien haben oft eine Geläufigkeit, die vom Verschleiß eines Widerstands herrührt. Die Individuen besetzen Redepositionen, ihre Begriffe und Argumentationszusammenhänge haben sich von der Erfahrung losgemacht.

Diese professionelle Beredsamkeit, die die Probleme der Gesellschaft locker hin- und herbewegt, hat ihren Widerspruch in dem sprachlosen Leiden einer wachsenden Zahl von Menschen, die sich nur noch in der dunklen Privatsprache ihrer Träume, Krankheiten und neurotischen Symptome äußern. Beides sind Formen von Entfremdung. Doch die, denen es die Sprache vor Angst verschlagen hat, artikulieren deutlicher die Kluft zwischen dem Individuum und einer Gesellschaft, die immer unübersichtlicher, immer abstrakter wird, die angelegt ist auf raschen Verbrauch und Löschung alter Erfahrungen und in deren Zukunft niemand und nichts mehr von ihnen spricht. Die Angst vor dem Tod ist der Schatten, den die Entfremdung vorauswirft. Als eine Emanation seines spurlosen austauschbaren Lebens sieht der einzelne den Tod auf sich warten, der eine Trennung vollendet, die längst im Gange ist.

Je einschneidender die Entfremdung erlebt wird, um so stärker wird ein gegenläufiger Zug zu den Werten der Nähe und der Gemeinschaft. Überall flüchten isolierte Menschen in weltanschauliche Bergungsgruppen, in religiöses Sektierertum, zum einfachen Leben auf dem Lande, sie versuchen die vorindustrielle Großfamilie wiederzubeleben, knüpfen an frühsozialistische Kommunen an, gründen Wohngemeinschaften, und auf den Straßen unserer Großstädte tanzen die Hare-Krishna-Jünger und verkünden den Bodensatz einer absterbenden Hochreligion als neuen Irrationalismus. Zukunft wird dadurch nicht gewonnen, nur flüchtige und oft obskure Exile einer humanen Wärme, die ohne Beziehung zum gesamtgesellschaftlichen Prozeß keinen Bestand haben und in denen der historische Gewinn an individueller Autonomie wie eine zu schwere Last wieder preisgegeben wird. Der Individualismus sitzt heute auf der Anklagebank als das Leiden der Einsamkeit, der Trennung, und vielen scheint es besser zu sein, kein Ich zu haben als zu wissen, daß man sterben muß.

Infantilismus als Revolte

Zur Theorie des Blödelns

1974

Eine der unangenehmsten, bedrückendsten Alltagssituationen ist es, in eine Runde von Witzeerzählern zu geraten und nicht lachen zu können. Wer nicht lacht, der sieht die Lacher. Und ihre rotangelaufenen Gesichter, die lauten, dröhnenden, auf das Stichwort der Pointe gemeinsam explodierenden Stimmen, die sich zurückwerfenden Oberkörper, die rüttelnden Schultern, die aufgerissenen Münder, die auf den Tisch bumsenden Fäuste oder aufklatschenden Hände wirken in ihrer Hemmungslosigkeit abstoßend und aggressiv. Man fühlt sich inmitten des Tumults als der unerlaubte Zuschauer eines fremdartigen, obszönen Exzesses, schwankend zwischen Widerwillen und Schuldgefühl, Verachtung und Verlegenheit – Widersprüche, die sich auf dem eigenen Gesicht als verzogenes Lächeln zeigen.

Und vielleicht wendet sich einem eines dieser rotangelaufenen Gesichter zu, zeigt sein hemmungsloses Lachen, bellt einen damit an, und das ist dann eine dringende Aufforderung, in das Gelächter einzustimmen. Das Lachen der Gruppe ist eine gegenseitige Verstärkung im Lachen, aber auch eine Drohung an die Nichtlacher. Stimmt man nicht ein, kann man den stimulierenden Signalen nicht folgen und den Gruppenkonsens nicht durch entsprechende Ausdruckserscheinungen bestätigen, dann wird man gefragt, was mit einem los sei. Man ist ein Spielverderber, ein Störenfried, man hat sich verdächtig gemacht irgendeines verborgenen Vorbehaltes, einer Fehlhaltung, eines Defizits und gilt als ein potentieller Feind der Gruppe. Wer nicht mitlachen kann, ist kein zuverlässiger Mensch, man hat Anlaß, ihm zu mißtrauen.

Das ist deshalb so, weil im Lachen einer Gruppe, die sich Witze erzählt, gemeinsame Normen berührt werden, Grenzen einer Gruppenidentität, die unter den entlastenden Bedingungen des Unernstes zwar vorübergehend durchbrochen, aber im gleichen Zug auch wiederhergestellt werden. Und damit dieses Manöver gelingt und nicht einen Dammbruch bewirkt, sondern nur einen Druckausgleich zwischen den Innen- und Außenzuständen des gemeinsamen Lebenssystems, dazu muß vor allen Dingen eins gesichert sein: die Konformität. Das gemeinsame Lachen bestätigt sie. Es ist angstmindernd, weil die Gruppe darin ihre affektive Gleichgestimmtheit ausdrückt und die Grenzüberschreitung durch einen Witz mit beispielsweise sexuellen oder aggressiven Motiven genau markiert. Wer aber nicht mitlacht, hat nicht zu erkennen gegeben, wo seine Normgrenzen liegen, und ob er mit der Gruppe entscheidende Voraussetzungen der Kommunikation teilt.

Dieser spürbare Konformitätsdruck, diese durch die scheinbare Enthemmung sichtbar werdende Zwanghaftigkeit des Gruppengelächters läßt es als ein Unterdrückungsritual erscheinen, mit dem man festgelegt werden soll auf Tabus, die auch in der vorübergehenden Auflockerung die Verdrängung garantieren. Das Nicht-mitlachen, das meistens beschämt werden soll als Muckertum und Gehemmtheit (was natürlich auch zutreffen kann), ist häufig eine unbewußte Weigerung, sich auf die im Gelächter vorausgesetzten Normen wieder einzulassen. Das Lachen kommt einem dann unerträglich vor, als der scheinhafte Freiheitstaumel einer Gesellschaft von Spießern.

Doch gibt es andere Formen des Widerstandes als die affektive Sperre oder die bewußte Weigerung, nämlich ein scheinbares Mitmachen, das das Kommunikationsschema korrumpiert. Bei dieser Abwehrtaktik drückt man seine Unlust am gemeinsamen Gelächter darin aus, daß man bewußt dumme, banale Witze erzählt und mit heimlicher Genugtuung genießt, daß die anderen immer noch darauf anspringen. Die Senkung des Niveaus schafft allerdings einen neuen Reiz, der vielleicht darin besteht, daß man sich durch die Enttäuschung seiner Erwartungen plötzlich auch von den in ihnen steckenden Ansprüchen dispensiert sieht. Witze dieses Typs tauchen deshalb häufig in Phasen der Ermüdung auf, als Übergangsformen, die einen Nullzustand gelöschter Spannung vorbereiten, ein Lachen aus nichtigem Anlaß, das eigentlich über sich selbst lacht. Zwei Beispiele:
»Mein Gott, wie das heute regnet!« – »Kein Wunder bei dem Wetter.«
Oder:
Kommt eine Frau in eine Bäckerei und sagt: »Zwei Brötchen bitte.« Sagt die Verkäuferin: »Nehmen Sie eins mehr, dann haben Sie drei.«
Das sind immerhin noch Witze von dem Typ, der Kalauer genannt wird, Witze mit niedrigem Spannungsgrad, niedriger Affektbesetzung, beiläufig und indiffe-

rent. Man wird durch sie nicht attackiert, es kommt in ihnen nichts Verdrängtes zum Vorschein, und wenn man über sie lacht, so ist das keine Zustimmung zu irgendetwas. Dies alles bedeutet eine Entlastung und läßt auch die Gruppe weniger zwanghaft reagieren, als bei tabuverletzenden Witzen, es sei denn, diese Reduktion selber erzeuge Unsicherheit und man fände die Witze einfach zu blöd. Doch wer auf dieser Stufe aussteigt, muß schon sehr ungeschmeidig sein. Der Angriff auf das Einverständnis der Lacher wird erst deutlich, wenn das Sinnbedürfnis radikaler unterfordert wird.

Einmal habe ich erlebt, wie ein etwa sechzehnjähriger Junge, ein etwas mürrischer Außenseiter, von seinen Witze erzählenden Altersgenossen genötigt wurde, auch einen Witz zur Unterhaltung beizutragen. Er hatte sichtlich keine Lust dazu. Sie waren ihm sowieso schon die ganze Zeit auf die Nerven gegangen. Schließlich sagte er mit einer wegwerfenden Kürze: »Kommt ein Mann in eine Wirtschaft, bestellt'n Bier und bekommt'n Schaschlik.«

Es entstand eine Pause. War das alles? Das war offensichtlich alles. Wo denn da der Witz sei, wurde er gefragt. Er tat so, als verstünde er sie nicht und wiederholte ein wenig ungeduldig und lehrerhaft, als müßten sie es jetzt selbst finden: »Kommt ein Mann in die Wirtschaft, bestellt ein Bier und bekommt ein Schaschlik. Klar?« Und nochmal wie für Begriffsstutzige: »Du willst ein Bier haben und bekommst ein Schaschlik.«

Er sah die andern an und sie ihn. Es war ein soziales Vakuum, ein völliger Mangel an Anhaltspunkten. Plötzlich begann er zu lachen und die anderen mußten

auch lachen. Sie lachten mehr, als über die üblichen Witze. Sie hatten etwas unglaublich Komisches entdeckt, aber keiner konnte sagen, was es war. Allerdings hatten sie einen Ausdruck, der die Wirkung dieses kaputten Witzes sehr anschaulich bezeichnete. »Das ist ein Hammer«, sagten sie. Tatsächlich hatte der Junge mit seiner bewußten Entgleisung etwas zerschlagen, was bis dahin die Voraussetzung ihrer Kommunikation gewesen war: der selbstverständliche Anspruch auf Sinnhaftigkeit und Geformtheit, ohne den es keine pointierten Widersprüche, keine Überschneidung kontroverser Wertrichtungen und Verständnisebenen, keine Anspielungen, keinen Kontextwechsel geben kann, also alles das, was dem Sprachspiel des Witzes seine überraschende mehrdeutige Evidenz gibt. Hier wurde nichts evident, man erfuhr etwas Zufälliges und Banales. Jemand bekam nicht das Erwünschte, also gut. Darin war kein weiterer Sinn zu ermitteln als platte Faktizität. Die Aussage schien in ihrer sprachlichen Realisation steckengeblieben und verschwunden zu sein, wie bei den unvollständigen und hilflosen Äußerungen von Geistesschwachen, nur daß diesmal die Enttäuschung aller vernünftigen Erwartungen die bewußte Absicht war.
Ich habe etwas ganz Dumpfes gesagt, weil ich eure konventionellen Spitzfindigkeiten nicht mehr ertragen konnte, so etwa hätte der Junge seine Reaktionen beschreiben können. Er wollte Schluß machen mit der üblichen Rationalität und ihrer momentanen spielerischen Kündigung im Witz, er wollte die anspruchsvolle und angepaßte Konversation unterlaufen und aus den Angeln heben. Und als die anderen plötzlich lachend diese Intention begriffen, entdeckten sie, daß

diese Regression eine wunderbare Entspannung versprach.

Unterhalb der Konvention des Witzeerzählens, die als deren erlaubte kurzfristige Aufhebung und Durchlüftung an die herrschende Rationalität gebunden bleibt, unterhalb eines Anspruchsniveaus, das Umkehrungen, Durchkreuzungen der Vernunft gestattet, aber nicht deren prinzipielle Aufweichung und Entformung, hat sich eine anarchische Subkultur des Humors entfaltet: das Blödeln. Das Hauptcharakteristikum dieses Kommunikationsspieles ist seine regressive Tendenz, die auf fortschreitende Chaotisierung der Realität drängt und sich dabei jeder Kontrolle durch verinnerlichte Normen der Vernunft oder des Geschmacks zu entziehen sucht. Das Blödeln ist ein freiwilliger Form- und Niveauverlust, dessen Modell, wie schon das Wort sagt, der leicht Schwachsinnige ist, also ein mangelhaft sozialisierter, infantil gebliebener Mensch. Er wird zum Vorbild einer sozialen Verweigerung.
Das Auffallende am Debilen ist ja, daß er sein Verhältnis zu anderen Menschen nicht einschätzen kann. Er ist nicht in der Lage, seine geistige Minderwertigkeit wahrnehmen. Im Gegenteil, anstatt sich unterlegen zu fühlen, ragt er für sein Gefühl über seine Umwelt hinaus. Je zurückgebliebener er ist, um so wichtiger kommt er sich vor und um so sicherer ist er. Eugène Minkowski referiert die Forschungen des Holländers De Greeff, der lange Zeit mit Debilen in einer Familien-Kolonie zusammengelebt und ihre Persönlichkeit untersucht hat. Minkowski schreibt: »Der Debile lebt und handelt als ein ganzes Wesen. Von sich aus, vom

Inneren fühlt er keinen Mangel, und seine augenfällige Anomalität schafft sich ihr eigenes Gleichgewicht. Sein intellektuelles Vermögen befriedigt seine Persönlichkeit vollkommen, da diese nur das geworden ist, was jenes ihr zu werden erlaubt hat. Er wäre der Letzte, der sich von der Ahnung seiner Unfähigkeit gestreift fühlte.«

Das bedeutet, daß der Debile in einer Welt lebt, die Züge eines infantilen Allmachtswahns trägt. Er ist eingemauert in sein Selbstgefühl, ohne die Möglichkeit der Kontrolle und des Vergleichs. Seine Intelligenzschwäche ist nicht einfach Urteilsschwäche, sondern eher eine Urteilslosigkeit auf Grund der fundamentalen Schwierigkeit, sich selbst als jemanden zu verstehen, der sich im Rahmen objektiver Bedingungen bewegt. Er kann die Realität nicht als etwas von ihm Abgelöstes erkennen, so daß er für sein Gefühl nichts falsch machen kann. Er ist unbeirrbar auch im Irrtum, wie jener Schwachsinnige, der aus einer flämischen Anstalt ausbrach, um seine Verwandten in Luxemburg zu besuchen, und der in die entgegengesetzte Richtung nach Holland ging, nicht weil er sich geirrt hatte, sondern weil er gar nicht auf den Gedanken gekommen war, daß er zwischen falschen und richtigen Straßen zu wählen hatte. Für ihn war die Realität mit seinem Wunsch nach Hause zu gehen verschmolzen. Seine Subjektivität hatte sich die Realität unterworfen und sie aufgesogen, so daß er naiv unterstellte, die erste beste Straße würde ihn zu seinem Ziel führen.

Diese Unfähigkeit, Abstand von sich selbst zu nehmen und sich im Hinblick auf Entgegenstehendes und Anderes zu korrigieren, zeigt sich vor allem in der Unfähigkeit des Debilen zum Dialog. Er kann einen beweg-

lichen Zusammenhang wechselseitiger Intentionen und Reaktionen nicht erfassen und bleibt mit seinen Impulsen kurzgeschlossen. So kann er sich auch selbst nicht wahrnehmen. Unfähig, sich mit den Augen der anderen zu sehen, ist er ein Mensch ohne Schamgefühl, ungespalten in blinder Autonomie.
Diese Schamlosigkeit versucht das Kommunikationsspiel des Blödelns nachzuahmen. Es übt jene Gleichgültigkeit gegen die Ansprüche und Erwartungen der anderen, die es erlaubt, sich uferlos gehen zu lassen und jedem Einfall zu folgen. Gerade der mißglückte Witz, die verstauchte Pointe, die unangemessene Antwort, das infantile und automatische Plappern, die wachsende Zusammenhanglosigkeit der Einfälle beweisen, daß man es geschafft hat, sich von der Kontrolle zu befreien, und ohne Angst vor Lächerlichkeit sich ausagiert. Ist erst einmal durch eine bewußte Entscheidung der Schwachsinnige als Ichideal inthronisiert, dann befindet man sich in einer verkehrten Welt, in der aller Gewinn in regressiver Richtung gesucht wird. Je törichter, sprunghafter, beliebiger man sich zu äußern wagt, um so freier fühlt man sich. Man tastet nach der verschwimmenden Grenze, wo letzte Verständnisminima den Zusammenbruch der Kommunikation gerade noch verhindern. Immer vager wird das vorausgesetzte Gemeinsame, in dem die ausgetauschten Worte noch Resonanz finden. Man ist weit weg von aller Konvention und aller gesellschaftlichen Öffentlichkeit, in der das Reden umgekehrt in Gefahr steht, unpersönlich, flach und floskelhaft zu werden. Stattdessen setzt man die Verständigung durch fortschreitende Privatisierung der eigenen Sprache aufs Spiel und genießt das, was laut dem französischen Psycho-

analytiker Lacan die Eigenart des schizophrenen Sprechens ist, nämlich die »negative Freiheit einer Rede, die darauf verzichtet hat, sich Anerkennung zu verschaffen.«
Das Lachen, das das Kommunikationsspiel des Blödelns auslösen kann, gilt nicht der ohnehin unentschlüsselbaren oder jedenfalls unsicheren Botschaft, sondern kommt aus der verblüfften und entzückten Wahrnehmung einer bodenlosen Freiheit, in der es keine verletzten Standards und keine Sanktionen zu geben scheint, weil das Realitätsprinzip außer Kraft gesetzt ist. Wenn Freud sagt, daß im Lachen über einen Witz sich die sonst in die Verdrängung investierte Energie entlädt und in Lust verwandelt, so genießt im Blödeln das freigesetzte Lustprinzip seine barbarische Hemmungslosigkeit, als sei Verdrängung für immer überwunden.

Völlige Unreglementiertheit gehört zum Blödeln als seine wesentliche Bedingung. Wie beim freien Assoziieren darf Kritik nicht stören, aber auch keine Absicht und kein institutioneller Rahmen, keine feste Form. Es ist angewiesen auf Spontaneität und eine angstfreie, entlastende Atmosphäre, in der dann unvorhersehbar irgendein Stichwort, eine bewußte oder unbewußte Entgleisung das Gruppenverhalten aus der Bahn wirft und die anarchische Entformung einleitet. Man steigt aus, man flippt aus, solche Ausdrücke markieren den regressiven Verhaltenswechsel, mit dem man die üblicherweise geltenden Normen und Verkehrsregeln verläßt. Mitgemeint ist in »ausflippen« noch das Ausgleiten, Wegrutschen, also das Unwillkürliche des Vorgangs, in den man hineingerät und den man kaum bewußt arrangieren kann. Anders als das Witzeerzählen ist das Blödeln ganz auf Improvisation angelegt. Der Witz ist ein tradierbarer Inhalt, den man mehr oder weniger gut reproduzieren kann. Man kann über ein Repertoire von Witzen verfügen, kann Witze austauschen. Blödeln dagegen ist ein unwiederholbares Stegreifspiel. Seine Einfälle und Repliken sind im Unterschied zum verdinglichten Witz unzitierbare Bestandteile einer unwiederholbaren Situation. Außerhalb ihrer besonderen Entstehungsbedingungen sind Blödeleinfälle nur blöd im negativen Sinn oder gar unverständlich, schwarze Löcher im Kontinuum der vernünftigen Konversation.

Eine Analyse des Blödelns hat es also doppelt schwer. Sie kann weder ihr Material noch seine Rezeptionsbedingungen wiederherstellen und muß ausweichen auf Kunstprodukte, die das originale Kommunikationsspiel nur imitieren oder nachbilden. Trotzdem glaube ich, daß sich der Vorgang auch an solchen Modellen exemplifizieren läßt, und vielleicht gerade auch dann, wenn es sich nicht um pures Blödeln handelt, sondern um Spielformen, die auch satirische, parodistische und traditionell witzige Elemente enthalten. Außerdem scheint mir die Existenz solcher Kunstprodukte darauf hinzuweisen, daß das Blödeln immerhin so verbreitet ist, daß es in den Aufmerksamkeitsbereich der Gesellschaft gerät und seine kommerzielle Ausnutzung, seine künstlerische Darstellung auf Resonanz rechnen können.

Ich wähle einige Ausschnitte aus dem Programm der Berliner Entertainergruppe »Insterburg und Co«, und zwar aus dem Plattenalbum »Insterburger Sketsch up, Nr. 2, Fritz hat 'ne Meise und andere Szenen, Späße

und Klamotten«. Natürlich tue ich den Entertainern unrecht, wenn ich sie beim Wort nehme und es von Tonfall, Geräusch, Gebärde und Grimasse abschneide. Eigentlich müßte man sehen, wie im Tanzstundensketch zwei männliche Darsteller als Herr und Dame miteinander tanzen und ihre grotesk und dümmlich verstellten Stimmen hören, wenn der Herr in biederer Einfalt zu der Dame sagt: »Nicht so gegen den Kartoffelsalat drücken«, und die Dame mit einer eunuchenhaften Stimme antwortet: »Aber darf ich Sie nachher zu einer kalten Boulette einladen?«, wenn er sie herumwirbelt und beide über den berühmten Geiger stürzen, der den ausgefallenen Plattenspieler ersetzen soll, ein Herr Oistrach aus Österreich, genannt »der Satan im Frack«, der dann in einem slawisch gefärbten Deutsch schimpft: »Sie Arschgeige können doch nicht in meine Geige treten!«
Das Wortspiel ist ein häufiges Element des Blödelns. Aber es ist immer beeinträchtigt in seiner Wirkung, gleichsam herabgemindert in seiner Witzigkeit, entweder weil es so simpel ist, wie in diesem ersten Beispiel, oder weil es an den Haaren herbeigezogen ist und nicht den geringsten Erkenntniseffekt hat:
A: Sagen Sie mal der Meier, was ist denn mit dem los. Der Meier geht ja fast am Stock.
B: Ja, was meinen Sie, was mit dem los ist, der hat 'ne Meierstockentzündung.
Oder noch törichter, noch verkrampfter:
A: Man bin ich blau.
B: Ich hab auch zuviel.
A: Und ich muß mal unheimlich.
B: Ja, denn geh doch an die Côte d'Azur.
Bewußter intellektueller Niveauverlust und die kindi-

sche Freude an der Analität gehören im regressiven Kommunikationsspiel des Blödelns häufig zusammen. Doch stehen die »Inhalte« der Mitteilung, wenn man überhaupt welche entdecken kann, immer in Anführungszeichen. Sie erregen nicht direkt Lust, sondern gelten nur als Wegmarken jener Entfernung von der Vernunft, in der die Befreiung von allen Zwängen gesucht wird. Und natürlich sind es Herausforderungen der Zuschauer, deren normale, »erwachsene« Erwartungen unterboten werden. Die unausdrückliche Botschaft aller dieser dumpfen Scherze lautet: Seht mal, was wir uns herausnehmen, wie weit wir uns gehen lassen, oder, um es einschlägig und niveaugerecht zu formulieren, wie wir euch und uns verarschen.
Das aggressive Moment des Herabminderns zeigt sich noch deutlicher, wenn der vorgegebene Gegenstand eine traditionelle historische Würde hat, wie zum Beispiel in »Fritz hat 'ne Meise«, einem Sketch über Friedrich den Großen und seine Generale. Der infantile Schwachsinn, mit dem die historischen Gestalten hier auftreten, mag als deren kritische Entmythologisierung verstanden werden. Aber das ist nur ein Nebeneffekt jener Freude am Herabmindern und Deformieren, die infantil-anarchisch ist, was sich vor allem in der Wahllosigkeit der Einfälle, ihrer amoralischen Perspektivenlosigkeit zeigt. Als zum Beispiel einer der Generäle den König fragt, gegen wen eigentlich der siebenjährige Krieg gerichtet sei, antwortet dieser »gegen die böse Maria in...«, weiß aber nicht weiter, und einer der Generäle ergänzt »Theresienstadt«. Doch diese Anspielung auf das Konzentrationslager Theresienstadt soll oder kann der historischen Gegnerschaft von Friedrich dem I. und Maria

Theresia keinen aktuellen Bezug geben – dazu ist die Bemerkung viel zu ungezielt und zufällig. Eher fällt die völlige Bedenkenlosigkeit auf, mit der der Name des Konzentrationslagers flink zu einem albernen Wortspiel benutzt wird. Und wenn man dem Gag doch einen vagen kritischen Signalcharakter zubilligen möchte, dann bleibt immer noch merkwürdig und spricht für die prinzipielle infantile Verantwortungslosigkeit, die im Blödeln genossen wird, daß diese Assoziation »Theresia – Theresienstadt« auf einer Ebene mit den albernen Wortspielen steht, die die Generäle mit ihren eigenen Namen machen:

1. General: Von Ziethen machen Sie mal das Fenster zu.

2. General: Trenck haben Sie die Pferde getränkt?

3. General: Molke haben Sie Vollmilch?

Diese Generäle, offenbar ausgemachte Trottel, warten widerwillig auf ihren König, der sich dann als ein alles überbietender kindischer Schwachsinniger herausstellt. Er lispelt, er spielt völlig unfähig auf der Flöte und schließlich verkündet er mit hochgezogener Stimme und der lächerlichen Manie eines Märchenonkels:

Fritz: Nun meine Herrn, ich habe Ihnen 'ne *große* Freude, eine *große* Freude zu verkünden. Ich plane einen *siebenjährigen* Krieg.

1. General: Einen was?

2. General: Moment mal, darf ich mal fragen ...

Fritz: Was ist denn, Molke?

2. General: ... wie lange der dauern soll?

Fritz: *Sieben* Jahre!

Auch hier ist die Intonation entscheidend, das Lispeln, das gedehnte Sprechen, der Ausdruck der kindischen

Manie. Doch ich möchte jetzt auf etwas anderes hinweisen, eine Eigenart, die das Blödeln vom Witzemachen unterscheidet: das Verwischen der Pointe. Nachdem der König den siebenjährigen Krieg angekündigt hat, hätte ein Witz mit der Replik »Darf ich mal fragen, wie lange der dauern soll?« seine Pointe und sein Ende gefunden. Doch im Blödeln werden solche witzigen Zuspitzungen nicht unbedingt exponiert. Sie werden wieder heruntergezogen auf das Niveau des Schwachsinns, der keine Empfindlichkeit für Unlogik, Entgleisungen und Inkompetenzen hat und sich gerade darin zeigt, daß er ungestört weitermacht. Gibt es aber Pointen, so sind sie anderer Art, sie sind stumpfer, uneinfühlbarer, wie zum Beispiel in der Passage, in der der König seinen Schlachtplan erläutert:

Fritz: Und nun der Schlachtplan! In der Mitte greifen die Husaren an und rechts kommen die Ulanen und in der Mitte (bedeutungsvoll und selbstgefällig) zum Anreizen! (kindisch-heiter) ein paar Hundert Pygmäen.

Pygmäen in der friederizianischen Armee, das ist schon sehr exotisch. Aber zum Anreizen? Darunter kann man sich vernünftigerweise überhaupt nichts vorstellen. Handelt es sich um die pfiffig-schwachsinnige Vorstellung, der Anblick der kleinen Pygmäen würde die österreichische Armee zum Angriff verlokken? Das Wort »anreizen« hat aber auch einen sexuellen Beiklang. Oder will man den Österreichern eine anthropologische Rarität als Köder hinhalten? Kommt und holt euch hier ein Souvenir? Es ist nicht zu ermitteln, was sich dieser Stratege denkt. Auf jeden Fall ist es etwas Abwegiges. Und gerade darauf scheint er besonders stolz zu sein.

Dieses Ausbrechen ins Unpassende und Abseitige ist typisch für das Blödeln. Der Blödelnde drückt damit aus, daß er sich nicht disziplinieren lassen will, auch nicht durch selbstgesetzte Schemata etwa eines thematischen Rahmens oder eines rhetorischen Stils. Er benimmt sich wie ein ungebärdiges Kind, das seine Unabhängigkeit zeigt, indem es immer wieder aus der Rolle fällt und destruktiv wird, wenn es das Einverständnis der Umgebung auf sich lasten fühlt. Der Stilbruch, der abwegige Einfall, die grimassierende Übertreibung sind Schlupflöcher aus der Konvention, die sich mit jeder neu einspielenden Verkehrsform neu bildet, was dann jedesmal der Punkt ist, wo man im strengen Sinne aufhört, individuell zu sprechen, wo das Schema einen sprechen läßt. Genau an diesem Punkt muß der Blödelnde aussteigen und das Schema durch etwas Unpassendes und Lächerliches verletzen. Er spielt nicht mehr mit, doch gerade dadurch macht er sein Spiel, übersteigt das Schema, allerdings nach unten, in Richtung der Farce, und anstelle der erfüllten Erwartung, genießt er seine Freiheit, gleichgültig dagegen, daß sie aus der Perspektive der etablierten Erwartung bloß alberne Unterbietung und destruktive Willkür ist.
Das wird besonders deutlich, wenn, wie im folgenden Text, das rhetorische Schema konventionelle Erwartungen weckt. Der Sketch, aus dem der Auszug stammt, ist eine Satire auf Verkaufsgespräche am Beispiel eines Perückenkaufs, also ein etabliertes Spielschema, das mit entlarvenden Verzerrungen arbeitet. Dieses Schema wird nun teilweise erfüllt, teilweise durch Übertreibung übererfüllt und selber verzerrt. An manchen Stellen zersetzt es sich durch Einfälle, die

nicht mehr funktional sind, das heißt, kaum noch einen nachvollziehbaren Bezug zur satirisch gemeinten Sache haben, sondern durch ihre Überzogenheit eine irre partikulare Subjektivität ausdrücken. Das Vergnügen am obskuren Einfall verselbständigt sich, und an diesen Stellen rutscht die Satire ins Blödeln ab.

A: Jetzt haben wir hier noch ein anderes Modell, das ist Modell »Carola«. Da sehen Sie links und rechts ein paar Druckknöpfe, da können Sie eventuell Koteletten anknöpfen, oder einen schönen kurzgeschnittenen Vollbart.

B: Ja, sehr schön. Und was ist das dahinten, dieser Reißverschluß, was hat der zu sagen?

A: Ja der Reißverschluß ist was ganz Feines. Da können Sie, wenn Sie offen fahren, können Sie einen Rallye-Streifen einlegen, einen silbergrauen, wir haben einen silbergrauen ...

B: Ach, dann ist der für den Sommer also?

A: Für den Sommer, wenn Sie offen fahren. Wir können den auch einbeizen, in Birnbaum, oder Eichentönen, wie Sie das wollen.

B: Ja.

A: Würde Ihnen das nicht ...? Ich würde sagen, das ist das Richtige!

B: Sagen Sie, notfalls auch für spätere Zeit, könnte man vielleicht ... Hier hinten sind ja noch so Halterungen, könnte man ein Rückenhaartoupet hier befestigen?

A: Das können Sie machen. Sie können eine sogenannte Ente hier befestigen.

B: Auch Kanten?

A: Kanten können Sie auch. Sie können Enten anknöpfen, Kanten anknöpfen, wie Sie es haben wollen.

B: Und der Preis? Wie ist der dabei?

A: Ja, das ist natürlich ein ganz spezielles Modell. Das ist 870 Mark.

B: O nein, ich hab mir doch gerade neulich ein Paar Hausschuhe gekauft. Und wieder Ratenzahlung...

A: Ja, aber die Toupetmaros, die kosten ihr Geld, nicht.

Hier ist an mehreren Stellen erkennbar, wie die Einfälle sich übersteigern und das satirische Schema zu überborden beginnen. Sie bleiben zwar noch satirisch beziehbar auf die argumentative Rhetorik von Verkaufsgesprächen, doch haben sie einen solchen Grad von Bizarrheit erreicht, daß dieser Hintergrund aus dem Blick gerät. Was sich vordrängt, ist die spontane Verrücktheit der Darsteller selber, die, wie die Redensart sagt, »ihrem Affen Zucker geben«. Das Spiel wird Selbstzweck und stimuliert sich über eine selbstgesetzte Reizkette immer weiter. Von den Druckknöpfen, an die man Koteletten oder einen Vollbart anknöpfen kann, steigert es sich über den Reißverschluß für den einlegbaren Rallyestreifen und die Halterungen für ein Rückenhaartoupet zu immer neuer Verstiegenheit und springt schließlich mit der Wortzusammenziehung »Toupetmaros« aus dem Kontext. Vorher ist aber noch etwas anderes geschehen: Auf das Stichwort »Rückenhaartoupet«, einem Einfall, dessen Groteskheitsgrad nicht mehr zu überbieten ist, hat der Dialog eine plötzliche Wendung ins obskur Subjektive genommen, und dadurch eine neue Dimension der Verrücktheit erreicht. Die Replik ersetzt »Rückenhaartoupet« durch den Begriff »Ente«, der hier ganz selbstverständlich als Fachterminus eingeführt wird. »Das können Sie machen. Sie können eine sogenannte Ente hier befestigen.« Hier bleibt noch ein Rest von Verständnismöglichkeit, denn bekanntlich heißt eine falsche Zeitungsmeldung »Ente«, und so könnte man sich denken, daß gestützt durch das tertium comparationis der Täuschung auch Haarersatz unter Fachleuten als Ente bezeichnet wird. Aber der Mitspieler antwortet darauf mit einem weiteren Neologismus, der keinen Anhaltspunkt mehr hat und nur noch ganz allgemein auf den ganzen Bereich des Haarersatzes bezogen bleibt. »Auch Kanten?« fragte er. Es muß sich wohl um eine andere Art von Haarersatz handeln, mehr läßt sich nicht ermitteln. Doch der andere Spieler geht sofort auf diese Fiktion ein und bestätigt sie durch sein scheinbares Bescheidwissen. »Kanten können Sie auch. Sie können Enten anknöpfen, Kanten anknöpfen, ganz wie Sie wollen.«

Das alles ist ein wenig zu zugespitzt, zu professionell, aber es zeigt modellhaft Mechanismen und Tendenzen, die man auch beim »normalen«, spontanen Blödeln beobachten kann. So haben Blödelnde häufig die Neigung, sich einen privaten Code zu schaffen, der für Außenstehende unverständlich bleibt, der sie selbst aber um so mehr entzückt, je mehr es ihnen gelingt, andere damit zu verwirren. Sie bilden dann eine kleine exklusive oder auch subversive Kommunikationsgemeinschaft, die zwar nur ein leeres Geheimnis vor der Gesellschaft hütet, aber dabei doch einen kindischen Triumph genießt. Das bleibt deshalb so ungreifbar, weil es stets Eingebungen des Augenblicks sind, die aber sofort wie etablierte Begriffe benutzt werden. Man exponiert sie so bedeutungsvoll, als seien sie Knotenpunkte eines ganzen Netzes von Verweisen.

Doch oft ist es für die Akteure selber nicht ausgemacht, was sie bei ihren Neologismen und Geheimwörtern denken sollen. Die Worte sind entfunktionalisiert und nehmen deshalb eine unbestimmte Menge flüchtiger Assoziationen auf. Es sind flukturierende Bedeutungsfratzen, in denen sich die innere Auflösung der Blödelnden selber spiegelt. Kleine Beschädigungen der Worte wirken dabei als Auslöser und Verstärkerreize (wie übrigens auch Sprechfehler, wenn sie imitiert werden). Die Deformation leitet eine Physiognomierung der Worte ein, ein verbales Gesichterschneiden, das für die Außenstehenden meist uneinsehbar bleibt, für die Blödeleien aber umwerfend komisch ist. So wird aus dem Satz »Das Gras ist grün« durch die geringfügige Veränderung in »Das Gras ist gre-ün« ein Anlaß zu hemmungslosem Gelächter. Es kann dabei zu einem Zu-Tode-Reiten des Einfalls kommen und auch andere Automatismen können daran ansetzen, etwa der Zwang, das Wort immer weiter zu verzerren. Dergleichen ist aus Kinderreimen bekannt, ebenso aus Zuständen des Kontrollverlustes und der beginnenden Psychose. Der österreichische Dramatiker Wolfgang Bauer hat in seinem Stück »Magic Afternoon« einen solchen psychischen und sprachlichen Auflösungsprozeß dargestellt. Zwei junge Männer, angeschlagen durch die Langeweile und Perspektivenlosigkeit ihres Lebens, rauchen zusammen Haschisch und geraten dabei in einen immer regressiveren Taumel, der ausgelöst wird durch einen befremdlichen (für Außenstehende normalen) Wortreiz und der sich dann immer weiter zu Ausbrüchen grundloser irrer Heiterkeit steigert.

CHARLY: Des is a irrsinniger Stoff...

JOE: Der Sonnenberg hat ihn ganz billig kauft ...
CHARLY: Wo?
JOE: Du i waß net ... entweda in Istanbul oder irgendwo in an Kaff in der Türkei ... der Bursche lebt jetzt davon ...
CHARLY: Eigentlich witzig für an Versicherungsbeamten ...
JOE: Er is jedenfalls der angenehmste Versicherungsbeamte, den ich kenn ... er ist immer happy ...
CHARLY (lacht wild heraus): Happy ... happy! Haha! Immer so heeepi! (lacht)
JOE: Sooooschneeeepi ... beim Seeppi ... Kaleeepi ... teppiteppi!
CHARLY: Trottleppi! Hahahaha ... (wild zur Musik deutend) Oh ... oh! Santaleppi! O! !o! äääää! Hahaha!
JOE (schwankt herum): Naja ... muaß ma machn ... naja ... i muaß lachn ... (überraschend) Sappalott!
CHARLY: Fottl! Oh, die Herrschaft ... die Herrschaft geht spazieren? Im Parkerl? Na? In ... im Parkzonerl ... blaulaulau ...
JOE: Die Musik dauert scho wieder so lang ... die Minuten verziehen wie Marien ... sien ... ziehen ... ausgeblutscht!
CHARLY (lacht, kichert): Ausge ... ausge ... aus-gerutscht! Wschschsch!
(Sie tanzen beide und freuen sich, sie taktieren wild und wie von Sinnen, lachen, schluchzen vor lachen. Klopfen sich auf die Schultern).
CHARLY: Sein Schurz ist kurz ... Mutzl ... wutzl ...
JOE: Kaputzl ... Kaputzlpredigt ...
CHARLY: Wutzl ins Kaputzl ... witzl ins Kaputzl ... wutzl ins Kaputzl ... wutzl ins Kaputzl ...
JOE: Poliputzl ... Polizei!

CHARLY: Wutzl ins Kaputzl ... denn es kommt die Polizei ... wutzl ins Kaputzl, denn es kommt die Polizei ... wutzl ins Kaputzl, denn es kommt die Polizei ... wutzl ins Kaputzl, denn es kommt die Polizei ... wutzl ins Kaputzl, denn es kommt die Polizei ...

BEIDE: Wutzl ins Kaputzl, denn es kommt die Polizei ... wutzl ins Kaputzl, denn es kommt die Polizei ... wutzl ins Kaputzl, denn es kommt die Polizei ... wutzl ins Kaputzl, denn es kommt die Polizei ... (beide lachen)

JOE: Wir sind aus Liezen ... hahaha ...

BEIDE: Wir sind aus Liezen, aus Liezen sind wir, wir sind aus Liezen, aus Liezen sind wir, und weil wir aus Liezen sind, drum-sind-wir-aus-Liezen, Liezen, Liezen! Wir sind aus Liezen. Aus Liezen sind wir, und weil wir aus Liezen sind, drum sind wir aus Liezen, ja drum sind wir aus Liezen! Aus Liezen!

CHARLY: Wutzl ins Kaputzl ... wutzl ins Kaputzl ... wutzl ins Kaputzl, denn es kommt die Polizei ... herbei ... wwwwwwutzl ... kkkkaputzl! wwwwwwwww ... kkkkkkputzlllllll

JOE: Kkkkkkkkkkkkk ... wwwwwwww ... angenehm! Angenehm!

CHARLY: Angenehm, Karl Behm! Angenehm, Karl Behm ... angenehm, Karl wwwwww ... lollowo! Lollowo!

JOE: Trollolo ... Lollollolllollo, llollollolllollollo, loll ... oooooooo!

Das ist eine chaotische Entladung gestauter Energien, hervorgerufen durch den Zerfall der Ichkräfte, an deren Stelle die Automatismen getreten sind. Sie beherrschen jetzt das Verhalten, während das entmachtete Ich verantwortungslos kichernd zusieht, wie nun alles so verrückt weiterläuft. Sprachzwänge ersetzen die Sinnzusammenhänge der vernünftigen Rede, und isolierte Sinnreste, einige wenige affektbesetzte Vorstellungen oder Reizworte heizen den Prozeß weiter an. Alles ist jetzt zum Lachen: die Polizei, vor der die Haschischraucher noch ein bißchen Angst haben, aber mehr wie Kinder vor dem Buhmann, an den sie nicht mehr so recht glauben und dem sie ein Schnippchen schlagen werden, die Vorstellung, sich in einer Kapuze zu verstecken, oder der Ortsname Liezen. Durch spielerische Verdrehung und Vermischung der Worte beweisen sie sich, daß nichts ernst ist, daß es für sie nichts mehr gibt, was ihr seliges Allmachtsgefühl begrenzen könnte. Die Wirklichkeit ist nur noch eine Farce, ein Anlaß zu Sprachfaxen und Lachkrämpfen und komischen Einfällen, denen sie sofort folgen müssen. Sie lachen über das Besetztzeichen des Telefons, sie betrachten sich die Bilder eines Mickymausheftes und finden sie irrsinnig komisch, sie machen affektierte Tanzschritte, sie ahmen wie kleine Kinder mit dem Mund das Geräusch von Flugzeugen nach, einer hält sich eine Vase als Penis hin, dann ein Buch, der andere geht darauf ein, indem er sich eine Streichholzschachtel unten hinhält, der erste nimmt sich die Handtasche eines Mädchens, das auch noch da ist und sie vergeblich zu Vernunft zu bringen versucht, der andere hält sich ein riesiges Polster vor, und dann fällt ihnen ein, das Mädchen zu vergewaltigen.

Aber das ist keine affektive Handlung, sondern ebenfalls lächerlich. Alles geschieht nur als ob es geschähe, als Spiel, aber doch auch mit einer kindlichen unbelehrbaren Hartnäckigkeit. Sie finden das Geräusch, mit dem der Reißverschluß aufgeht »Unhamlich! Unhamlich! Unhamlich!« Und der Widerstand des Mädchens ist besonders lustig für sie. Die Vergewaltigungsversuche haben den Charakter eines grotesken Tanzes, eines Kinderspiels, und gerade das ist für das Mädchen erschreckend und beleidigend, weil es sie als Person negiert, weil es sie verdinglicht, oder sogar verflüchtigt. Denn eigentlich wollen sich die beiden bloß bestätigen, daß es nur Lächerliches gibt, daß die Wirklichkeit ihren Last- und Widerstandscharakter verloren hat und man machen kann, was man will, weil eben alles, was man tut, tun kann, tun möchte, von vorneherein albern ist. Das vor allem ist es, wogegen sich das Mädchen wehrt. Sie verteidigt sich gegen die Unterwerfung unter die Herrschaft der Farce. Sie verteidigt gegen die beiden und ihre alles verschlingende Albernheit ihre Identität. Es gelingt ihr, zum Telefon zu kommen, aber die bizarren Verfolger sind schon wieder bei ihr.

CHARLY (zwickt sie von hinten): Wen sehnest du herbei?

JOE: Doch nicht wohl ... die Polizei!!!

CHARLY: Wuzl in die Polizeieiei?!

Die Posse wird dann rasch gewalttätig und völlig unberechenbar. Das Mädchen wird gestoßen, geschlagen, beworfen, alles unter Gelächter, bis sie in der Panik nach einem Messer greift und einem der beiden ins Herz sticht. Es ist eine Notwehrhandlung gegen die Schrecken einer uferlosen Regression.

Das Blödeln, ein Außer-Kraft-Setzen des Ernstes, eine heitere Verweigerung vernünftiger Realitätsverarbeitung, steht in innerem Zusammenhang mit anderen Formen spielerisch praktizierter Irrationalität wie

Unfug-treiben, die-Welt-auf-den-Kopf-stellen; es tritt oft mit ihnen zusammen auf oder geht unversehens in sie über. So fällt den gelangweilten jungen Leuten in »Magic Afternoon« plötzlich ein, sich mit Büchern zu bewerfen. Es ist eine Bücherschlacht vergleichbar den Tortenschlachten des Stummfilms, nur freilich aggressiver und anarchischer, weil es ein Verwerfen von Ansprüchen ist. Das wird sehr sinnfällig gemacht, indem sich die Akteure bei jedem Wurf den Namen des betreffenden Autors zurufen und ihn mit der patenten, alles gleichmachenden Verdammungsfloskel »Scheiß« versehen: Scheiß-Dürrenmatt, Scheiß-Pinter, Scheiß-Albee, Scheiß-Walser, Scheiß-Ionesco, Scheiß-Audiberti, Scheiß-Adamov, Scheiß-Genet, Scheiß-Beckett, Scheiß-Goethe, Scheiß-Schiller, und so weiter durch die Theaterliteratur des bürgerlichen Bücherschrankes. Das wachsende Vergnügen, das die Bücherwerfer empfinden, läßt ihren Vandalismus als Befreiungsakt verständlich werden. Vorübergehend gelingt es ihnen, selbstzerstörerische Impulse auf die Repräsentanten der Kultur umzulenken, die sie unklar als Ursache ihres dumpfen Unglücks empfinden. Sie stellen so eine leere negative Identität her, die dann allerdings immer weiter regrediert.

Das zerstörerische Austoben ist trotz des begleitenden Gelächters schon ein direktes Ausagieren von anarchischen Strebungen, während das Blödeln zunächst einmal deutlicher fiktiv bleibt, ein Spiel, in dem man rollenhaft handelt im Rahmen eines Einverständnisses, darüber, daß man jetzt den Kontext der Vernunft und des Ernstes verläßt. Im Als-ob, im Spielcharakter des Blödelns liegt eine Rückversicherung, mit der man

Schuld- und Schamgefühle beschwichtigt, also die Kontrolle außer Kraft setzt und sich den Rückweg zur Vernunft offenhält. Das verantwortliche Ich ist nur beiseite gestellt, und das Vergnügen besteht gerade in der Spaltung, in der man sich, auch untereinander zusieht, bei der künstlichen Regression in die infantile Albernheit oder gar den Schwachsinn. Man ist es immer noch selbst, der sich gehen läßt, also kann man sich auch zurückrufen, kann zurückkehren ins Verantwortliche Ich.
Doch so ganz sicher ist das nicht, und der Reiz liegt im Kitzel der imaginierten, aber noch beherrschten regressiven Gefahr. Tendenziell werden im Blödeln die Grundlagen des vernünftigen Verhaltens korrumpiert. Das kann überleiten zu tatsächlichem Kontrollverlust, einer verminderten Realitätseinsicht, etwa bei spielerischem Leichtsinn, in dem man aus Jux sein Leben aufs Spiel setzt. Die Gefahr scheint dann weniger Realität zu haben, als die eigene Verfassung. Man glaubt, daß die Wirklichkeit sich den eigenen Impulsen fügen muß. Ist diese heitere oder alberne Realitätsverleugnung erst einmal eingespielt, werden auch die Intentionen anderer leicht verkannt. Als das Mädchen in »Magic Afternoon« in offenbarer Panik das Messer ergreift, tanzt ihr Opfer in völliger Verkennung der Gefahr immer noch vor ihr herum, um sie weiter zu reizen, und sagt »Mit dem Messerl gehts besserl«, – anscheinend tief überzeugt davon, daß nie mehr etwas Ernstes passieren kann, weil es nämlich gar keine Wirklichkeit mehr gibt.

Doch bezeichnender für die fortschreitende Regression scheinen mir die Übergänge vom freien Assoziieren zum zwanghaften automatischen Denken zu sein, das sich sprunghaft oder kettenartig fortsetzt, oder sich dauernd wiederholt und kaum noch Ichanteile erkennen läßt, oder auch der Übergang vom motivierten Gelächter zum grundlosen Lachen, das Außenstehenden nur noch als eine ungeformte und uneinsichtige Affektentladung erscheint. Hier sind die Übergänge zu psychotischen Erfahrungen, deren pathologischer Charakter darin besteht, daß es dem Subjekt nicht mehr, oder immer schlechter gelingt, sich von ihnen zu distanzieren, sie beispielsweise als Rolle zu begreifen, die man wieder ablegen kann. Das psychotische Subjekt geht unter in seinen Zuständen, während der Blödelnde, der Faxenmacher sich zunächst nur von Hemmungen befreit. Doch im verschwimmenden Grenzbereich gehen beide Verfassungen ineinander über und so kann eine die andere beleuchten.

Eine seltsame Erfahrung mit grundlosem Lachen hat der Oxforder Religionswissenschaftler und Philosoph R. C. Zaehner im Meskalinrausch gemacht. Zaehner hatte die Droge genommen, um Huxleys Buch über »Die Pforten der Wahrnehmung« zu überprüfen und auszuprobieren, ob er in der Modellpsychose mystische Erfahrungen machen würde. Er sah allerdings diesem Versuch mit Unbehagen und einer heimlichen Angst entgegen. Drei Nächste hintereinander träumte er davon und fürchtete, der Versuch könne seinen Tod bedeuten oder ihn für immer wahnsinnig machen. So war sein unbewußter Widerstand gegen die Droge, aber auch gegen die beobachtenden Wissenschaftler sehr stark. Vielleicht hängt es damit zusammen, daß er keine aufregenden Halluzinationen oder gar mystische Erfahrungen hatte, statt dessen aber fast alles, was

man ihm zeigte und wonach man ihn fragte, ungeheuer lächerlich fand.
Man zeigte ihm ein Bild mit der Anbetung der heiligen drei Könige und er hatte den Eindruck, daß der mittlere König versuchte aufzustehen oder seine Hand zu bewegen, um seine Krone abzunehmen. Der König schien sich alle Mühe zu geben, aber er schaffte es nicht. Und Zaehner wußte auch, daß der König es nicht schaffen konnte, daß er nie seinen Platz in dem Bild verlassen konnte. Das kam ihm so unglaublich komisch vor, daß er in unkontrollierbares Gelächter ausbrach. Von da ab war alles komisch, alles was ihm vor Augen kam. Man gab ihm Frazers »Goldenen Zweig« zu lesen, das klassische Werk der Mythenforschung, ein ihm natürlich wohlbekanntes Buch, das er jetzt aber völlig anders sah. Er entdeckte überall groteske Details, ohne seiner Umgebung mitteilen zu können, was ihm daran so überwältigend komisch vorkam. Er schlug wahllos die Seite 17 auf, sein Blick fiel auf die Worte »Diana & Virbius«, die er aber als »Diana & Virbio« las, was ihn sofort in Gelächter ausbrechen ließ; vor allem die Zusammenstellung der beiden Worte erschien ihm unglaublich komisch.
Dann machte er weitere Leseversuche, konnte aber eine Zeitlang die Worte nicht richtig fixieren. Endlich schien das Wort »Vorfahren« stillzustehen. Darauf reagierte Zaehner laut Tonbandprotokoll so: »Die Vorfahren lassen sich jetzt nieder. Sie sie sie bleiben einen Augenblick auf demselben Platz. Nett von ihnen. Richtig nett von ihnen. (Unkontrolliertes Gelächter).« Dann sagte er zu dem Buch »Hier, warte mal« und las einen kurzen Passus über Flußnymphen. Zuletzt den Satz: »Die eine war Egeria, die Nymphe des

klaren Wassers, das, aus den Basaltfelsen entspringend, in anmutigen Kaskaden den Mühen des heutigen schon von Ovid erwähnten Dorfes Nemi zueilte.« Zaehners Reaktion laut Tonband: »Oh, das ist aber schlau von ihm. (Schreie des Entzückens.) Das ist ein ganz interessantes Buch. Was ist es? Oh, der goldene Zweig. Sehr komisch. (Anhaltendes maßloses Gelächter.) Einer der großen Klassiker des Humors.« Zaehner begann dann beim weiteren Blättern über die langen Absätze Frazers zu schimpfen, dann las er die Floskel »Der Leser wird bemerken« und sagte »Das hoffe ich, daß er das bemerken wird« und bekam wieder einen Lachanfall. Kurz darauf löste der Satz »Es ist der alte Trugschluß, die Wirkung ähnele der Ursache« einen neuen Lachanfall aus. Es erschien ihm überaus komisch, daß Menschen an Ursachen und Wirkungen glauben konnten.

Seine Umgebung kam ihm unangemessen ernst vor, und er kritisierte deshalb die Wissenschaftler, die den Test überwachten. Er mußte aber auch darüber lachen, daß die anderen nicht verstanden, was ihm so komisch erschien. Er wußte, daß er ganz allein mit seiner Erfahrung war. Er überlegte, ob er ihnen seinen »großen Gedanken« mitteilen sollte. Aber er tat es nicht, der affektive Abstand war nicht zu überbrücken, und er hatte auch die Ahnung, daß der große Gedanke eine Platitüde war. Er lief nämlich nur hinaus auf den Satz: »Alles ist viel lustiger, als es aussieht.« Nachträglich schien ihm das Ganze eine nichtige Erfahrung zu sein, eine Transzendenz nach unten »in eine Welt der farcenhaftigen Bedeutungslosigkeit«. Alles war ihm gleichmäßig lächerlich und beliebig erschienen und er fand, daß das ein zutiefst unmoralischer Zustand war.

Die Voraussetzung der seltsamen Erfahrung war sicher ein hoher Grad von Gespanntheit, Zaehners Angst, daß der Drogenrausch ihn mit Wahnsinn und gar dem Tod bedrohe und sein Widerstand gegen den Kontrollverlust. Das Lachen scheint diese Abwehr fortzusetzen, nachdem das Ich durch die Droge entmachtet worden ist. Das hemmungslose Lachen ist eine Entladung der Affektstauung, also ein Entlastungsversuch, der das verlorene Gleichgewicht wieder herstellen soll. Es bedeutet gleichzeitig aber auch ein Herabmindern und Distanzieren der fremdartigen Wahrnehmungen. Alles, was man um sich und an sich selbst bemerkt, ist komisch, albern, lächerlich, man kann damit nichts anfangen, aber es bedeutet auch keine Gefahr. Das läßt noch einmal an Plessners Interpretation des Lachens denken. Höchst anschaulich zeigt sich Zaehners hemmungsloses Gelächter als Reaktion auf eine Lage, an die er sich nicht mehr anpassen kann, es sei denn eben durch Lachen.
Die exzessive Heiterkeit bei geringsten Anlässen, die Gruppen von blödelnden Leuten erreichen können, ihre scheinbar grundlosen Lachanfälle, sind also ein Indiz dafür, daß sie sich gegenseitig in eine unbeantwortbare, farcenhafte Welt hineinmanipuliert haben. Nimmt man Zaehners Erfahrung als Modell ihres Zustandes, dann befinden sie sich in einer diskontinuierlichen, fragmentarisierten und nivellierten Welt. Einzelheiten, die ihre normale Bewandtnis verloren haben, drängen sich penetrant vor und scheinen eine nie gesehene abnorme Bedeutung anzunehmen. Es ist, als bekämen die Dinge ein Gesicht, ein unkontrollierbares Eigenleben, man sieht das alles mit der Eindringlichkeit einer Offenbarung, das heißt, man befindet sich im Anfangsstadium einer Psychose.

Die anarchische und regressive Zerstörung des Ernstes führt in die Nähe dieser Bedrohung. Doch im Lachen scheint noch etwas gewahrt zu bleiben, was dem Psychotiker verloren geht: die Möglichkeit des Überstiegs, das Bewußtsein der Grenze. Das Lachen löst die Erfahrung der Entformung, die es anzeigt und ausdrückt, auch schon wieder auf. Sagt der Psychotiker, daß ihm alles so komisch vorkomme, so erlebt er nicht Komik, sondern Entfremdung, sagt der Lachende, daß ihm alles wahnsinnig erscheine, dann erlebt er nicht den Wahnsinn, sondern Komik, als eine vorübergehende Verfratzung der Welt, von der das Ich sich selbst unterscheiden kann und die partikulär bleibt. Doch das Changieren der Bezeichnungen zeigt ein Changieren der Erfahrungen an.

Schwebezustände vorübergehenden Realitätsverlustes, Grenzübertritte in das Reich der Verrücktheit, spielerische, aber auch pathologische Regressionen scheinen für immer mehr Menschen einen starken Reiz zu haben. Zwar ist die Faszination durch das Irrationale kein ausschließlich modernes Phänomen, aber die Toleranz gegenüber regressiven und anarchischen Strebungen und Tendenzen ist sicher größer geworden. Die Abwehr funktioniert jedenfalls nicht mehr starr normativ, sondern eher, indem sie Freiräume für symbolische Aggressionen schafft. Doch ist das nicht nur raffinierte Herrschaftstechnik, sondern immer auch schon Reaktion auf die Rückkehr des Verdrängten, das sich zuerst in sozialen Enklaven und Subkulturen zeigt und von dort in die Gesellschaft eindringt. Eines seiner Probierfelder ist die zeitgenössische Kunst und Literatur. Hier vor allem ist die Korrumpierung des herrschenden Realitätsprinzips immer wieder neu durchgespielt worden: als Antikunst, die die Kunst um des Lebens willen zerstören wollte, als Aufstand gegen Moral, Gewohnheit, Geschmack, Logik, Vernunft, – in der Absicht, Spontaneität, Sensibilität und Kreativität zu befreien, – als methodische Verrücktheit, Trick, Spiel, oppositionelle Lebensform, künstlicher Rausch.

Prototypisch für diese Ausbrüche und phantastischen Ausdruckserweiterungen ist der Dadaismus, den Richard Huelsenbeck, einer seiner Exponenten, ein »Narrenspiel aus dem Nichts« genannt hat, eine »Hinrichtung der posierten Moralität«, der zum ersten Mal, in der Geschichte der Kunst eine absolute Voraussetzungslosigkeit, eine paradiesische Unschuld herstellen wollte und deshalb mit einer kreativen Zerstörung jeden Kanons begann. Tristan Tsara drückte diese Intention in einem seiner Manifeste so aus: »Ich zerstöre die Gehirnkästen und die der sozialen Organisation.«

Die Züge infantiler Aggression, die Phantastik des Omnipotenzwahns, der sich in immer neuen Einfällen und Inszenierungen austobte, sind unverkennbar und waren den Akteuren bewußt. Sie wählten ja auch als Signum und Sammelbegriff für ihre Aktionen einen Ausdruck der vorverbalen Kleinkindersprache. »Dada« bedeutet alles und nichts. Es war noch nicht festzumachen im Zeichensystem der Vernunft, es war eine Formel der Verweigerung des Ernstes und ein Bekenntnis zur Totalität des Lebens.

Albernheiten, Geschmacklosigkeiten, Blödsinn gehörten ganz selbstverständlich zum Programm dieser Totalpoesie, wenn etwa Huelsenbeck singend deklamierte

»sehet den Mutterkuchen wie er schreiet in den Schmetterlingsnetzen der Gymnasiasten
sokobauno sokobauno
es schließt der Pfarrer den Ho-osenlatz rataplan rataplan«,
oder wenn Tristan Tzara seine Vorführungen durch Schreien, Schluchzen und Pfeifen unterbrach, wenn er sie durch Klingeln, Kuhglocken, Trommeln und Schläge auf den Tisch begleitete, als fände die Vorführung in einem antiautoritären Kindergarten statt.

Der Höhepunkt des Irrationalismus war Hugo Balls Vortrag seiner Lautgedichte am 25. Juni 1917 in der Züricher Dada-Galerie. Ball berichtet in seinem Buch »Flucht aus der Zeit« über diesen Abend, der schon durch seine Inszenierung alle Erwartungen durchbrach: »Ich trug ein spezielles Kostüm von Janco und mir entworfen. Meine Beine standen in einem Säulenrund aus blauglänzendem Karton, der mir schlank bis zu den Hüften reichte, so daß ich bis dahin wie ein Obelisk aussah. Darüber trug ich einen riesigen, aus Pappe geschnittenen Mantelkragen, der innen mit Scharlach und außen mit Gold beklebt, am Halse derart befestigt war, daß ich ihn durch ein Heben und Senken der Ellbogen flügelartig bewegen konnte. Dazu einen zylinderartigen, hohen, weiß und blau gestreiften Schamanenhut.«

Ball trug seine Gedichte an drei Notenpulten vor und schlug dauernd mit seinem Flügelkragen. Dabei deklamierte er seine wortlosen Verse im Stil des katholischen Meßgesangs:

zimzim urallala zimzim urallala zimzim zanzibar zimzalla zam elifantolim brussala bulomen brussala bulomen tromtata

Der Effekt der Darbietung soll nach dem Augenzeugen Hans Richter, auch einer der Dadaisten, nach anfänglichem Schock eine Explosion von Gelächter und Applaus gewesen sein. Ball stand unbeweglich wie ein Turm in seinem Pappkostüm auf der Bühne, dann wurde das Licht ausgemacht und er wurde nach seinen eigenen Worten »vom Podium herab schweißbedeckt als ein magischer Bischof in die Versenkung getragen«.

In dieser Inszenierung kunstvoller Antikunst sind leicht Momente des improvisierten Blödelns wiederzuerkennen: die Kostümierung, die Nachahmung eines Rituals und das Spiel mit sinnlosen Vokalen und Konsonanten, die einer privatisierten unverständlichen Sprache angehören. Doch hat die Darbietung auch eine Tendenz, umzuschlagen in eine neue Mythologie, sie hat einen magisch-beschwörenden Zug, der im Blödeln sofort ironisch unterbunden würde. Am nächsten scheint mir dem Sprachspiel des Blödelns das Gedicht »An Anna Blume« von Kurt Schwitters verwandt zu sein. Es mag für manches Ohr die spröde Poesie eines verleugneten Liebesgedichtes haben. Das Besondere ist jedenfalls, wie es seine Kalauer, seine Neologismen und Wortspiele, seine falsche Grammatik, seine metaphorischen Sinnlosigkeiten, seine Automatismen, also ein widerspenstiges Material, scheinbar mühelos zu einer Struktur zusammenfügt, die wie seine Collagen den Reiz des Zufälligen hat, ohne beliebig zu sein. Vielleicht kann man sagen, daß hier die anarchische Kreativität des Blödelns zum Kunstwerk erhoben worden ist.

O du, Geliebte meiner siebenundzwanzig Sinne,
ich liebe dir! – Du deiner dich dir, ich dir, du mir.

– Wir?
Das gehört (beiläufig) nicht hierher.
Wer bist du, ungezähltes Frauenzimmer? Du bist
– bist du? – Die Leute sagen, du wärest, – laß
sie sagen, sie wissen nicht, wie der Kirchturm steht.
Du trägst den Hut auf deinen Füßen und wanderst
auf die Hände, auf den Händen wanderst du.
Hallo, deine roten Kleider, in weiße Falten zersägt.
Rot liebe ich Anna Blume, rot liebe ich dir! – Du
deiner dich dir, ich dir, du mir. – Wir?
Das gehört (beiläufig) in die kalte Glut.
Rote Blume, rote Anna Blume, wie sagen die Leute?
Preisfrage: 1.) Anna Blume hat ein Vogel.
2.) Anna Blume ist rot.
3.) Welche Farbe hat der Vogel?
Blau ist die Farbe deines gelben Haares.
Rot ist das Girren deines grünen Vogels.
Du schlichtes Mädchen im Alltagskleid, du liebes
grünes Tier, ich liebe dir! – Du deiner dich dir, ich
dir, du mir, – Wir?
Das gehört (beiläufig) in die Glutenkiste.
Anna Blume! Anna, a-n-n-a, ich träufle deinen
Namen, Dein Name tropft wie weiches Rindertalg.
Weißt du es, Anna, weißt du es schon?
Man kann dich auch von hinten lesen, und du, du
Herrlichste von allen, du bist von hinten wie von
vorne: »a-n-n-a.«
Rindertalg tröpfelt streicheln über meinen Rücken.
Anna Blume, du tropfes Tier, ich liebe dir.

Inzwischen ist das Spektrum der regressiven und anarchischen Verhaltensweisen breiter geworden. Sie sind auch nicht mehr an die künstlerische Avantgarde, an die Bohème gebunden, sondern haben ihren eigentlichen sozialen Ort in den Subkulturen der Jugend, bei der Beat-Generation, den Gammlern, Hippies, Provos, den Zen-Anhängern und den Rauschgiftsüchtigen. Ziel aller dieser Bewegungen ist die Flucht oder die Befreiung aus dem System der entfremdeten Arbeit, aus den Zwängen der Erwachsenenwelt, die nichts zu bieten scheint als Leistungszwang, Triebunterdrückung, Bewußtseinsdressur, Sensibilitätsverlust, und in der man als Preis für den Verzicht auf Leben und Selbstentfaltung lächerliche Statussymbole und überflüssige Konsumprodukte einhandelt. Solange er nicht politisch wurde, war die Strategie des Protestes das, was der Philosoph der Gegenkultur, Herbert Marcuse, die Große Verweigerung genannt hat, ein Ausschlagen des kulturellen Erbes durch individuellen Rückzug und Konsumverzicht oder massenhaftes Kontrastverhalten in der diffusen Hoffnung auf eine Kulturrevolution.

Die Gesellschaft hat sich freilich durch Erweiterung ihrer Toleranzgrenzen manche dieser Verhaltensweisen locker integriert. Sie gelten zum Beispiel als Durchgangsphasen der Sozialisation und werden von vielen Jugendlichen auch schon so geplant. Nach ein, zwei Gammeljahren zwischen Schule und Studium, Schule und Beruf, die man sich zubilligt und die als ein kurzes Moratorium auch zugestanden werden, erfolgt die bereitwillige Anpassung in den üblichen Formen: man erlernt einen Beruf, heiratet, bekommt Kinder und wird ein nützliches Glied der Gesellschaft. Allerdings ist das nicht mehr die autoritäre Gesellschaft alten puritanischen Typs mit zwanghafter Arbeitsmoral und strikter Triebunterdrückung, sondern eine teilweise entsublimierte Gesellschaft, die mit mehr Freizeit und Konsum auch mehr sinnliche Befriedigungen gewährt und in der sich neuartige Ventilsitten herausbilden, mit denen man sich vom Leistungszwang, von Rationalität und Konformität vorübergehend aggressiv und regressiv entlasten kann.

Das Blödeln ist sicher eine dieser Verhaltensformen, die Protestpotential ausagieren und dadurch abbauen, allerdings auch immer wieder aktualisieren können. Es ist kein generationsspezifisches Verhalten, obwohl es zumindest in seinen exzessiven Formen zur Adoleszenz gehört, während man sich unter typischen Witzeerzählern eher einen Stammtisch von Männern im mittleren Alter vorstellt. Das Blödeln erfordert ein zu hohes Maß an Spontaneität, Schamlosigkeit und Übermut, um dem durchschnittlichen Erwachsenen noch möglich zu sein. Es ist ja auch die Aufkündigung alles dessen, was er repräsentiert.

Wahrscheinlich sind auch privilegierte Sozialisationsbedingungen notwendig, damit sich solche entlasteten, hochsubjektivierten und spielerischen Verhaltensformen entwickeln können. Auf der Basis von Not und Unterdrückung entstehen gewalttätige und kriminelle Formen abweichenden Verhaltens, aber nicht die sensiblen und kreativen Protestformen, die durch die demonstrative Korrumpierung des herrschenden Realitätsprinzips einen gesteigerten Anspruch auf eine humane, phantasievolle, sinnlich befriedigende und entlastete Welt einklagen. Dieser Anspruch ist das Produkt einer individuierenden Erziehung, die Spontaneität und Kreativität ermutigt und die Empfindlichkeit gegen Unterdrückung und Verletzung der Lebensimpulse geschärft hat. Sie hat die psychosozialen Voraussetzungen geschaffen, unter denen die These Marcuses aktuell werden konnte: daß beim fortgeschrittenen Stand der Produktivkräfte die herrschenden Formen sozialen Zwanges und der Triebunterdrückung im Interesse der Lebenserhaltung nicht mehr notwendig seien. Die Rationalität der Anpassung an die geltenden Verkehrsformen und Normen wird also nicht nur bestritten, sondern vor allem zunächst als unzumutbare Entfremdung erlebt. Ihre Verweigerung gilt als erster Emanzipationsschritt. Aber oft ist die Befreiung hier schon zu Ende und mündet in bloße Regression.

Das Blödeln ist eine Ausdrucksgebärde, die diesen Zwiespalt von emanzipatorischen und regressiven Strebungen spiegelt. Mit ihr wird das Erbe der Rationalität als lastende Entfremdung ausgeschlagen, aber nicht überwunden und in einer erweiterten Realitätskompetenz aufgehoben, sondern nur regressiv aufgelöst. Die Leichtigkeit, mit der das Spiel ausufert und in hemmungslose Entformung und Destruktion verfällt, läßt die Philosophie der Großen Verweigerung in einem anderen Licht erscheinen. Sie ist so ambivalent wie die Tendenzen, die sich auf sie berufen. Deshalb kann ihr emanzipatorischer Impetus zur Rechtfertigung infantiler Strebungen und parasitärer Haltungen gegenüber der Gesellschaft dienen.

In diesem Sinn hat der französische Psychoanalytiker Gérard Mendel in einem Buch über die »Generationskrise« Marcuse kritisiert. Er wirft ihm vor, seine Philosophie wolle eine Kultur »diesseits des Ödipuskomplexes« etablieren, also ein tendenziell chaotisches und katastrophenhaftes Paradies der Unreife. Diese Utopie hat deshalb eine emotionale Massenbasis, weil das Normen repräsentierende traditionelle Vaterbild

allgemein geschwächt ist. Der Vater als angepaßter Arbeitnehmer stellt kaum noch ein Vorbild dar, das die kulturellen Werte überzeugend vermitteln könnte. Er ist, wie Mendel sagt, »eine schlechte Basis für die narzistische Projektion des Subjekts«. In unbewußten Phantasien erscheint der Vater als kastriert von der anonymen gesellschaftlichen Macht, die Züge einer archaischen Mutter annimmt, einer sowohl bedrohenden wie alles gewährenden magischen Instanz. Ihr gegenüber regrediert das Subjekt und verfällt in zugleich passive wie maßlos fordernde Haltungen. Es will alles oder nichts, es neigt zur utopistischen Verkennung der Wirklichkeit und versucht, sie zu zerstören, wenn es sich in seinem wahnhaften Narzismus von ihr gekränkt fühlt. Durch lange Zeiten ökonomischer Abhängigkeit, etwa während des Studiums, wird diese psychoaffektive Infantilisierung noch verstärkt. Deshalb ist es nicht verwunderlich, daß der Protest und die Verweigerung so häufig in ihr scheinbares Gegenteil, die widerstandslose Anpassung umschlagen: es ist einfach nur die resignative Konsequenz mangelnder Autonomie.
Diese allgemeine Schwächung der Ich-Strukturen und die damit verbundenen Gefahren der Regression hat Jürgen Habermas im Rahmen der Legitimationsproblematik diskutiert. Das Problem ist kurz gesagt dies, daß im fortschreitenden Säkularisationsprozeß die traditionellen Legitimationshintergründe der Gesellschaft zerfallen sind. Weder die Religion noch der Staat können glaubhaft Normen repräsentieren, auf die sich eine kollektive Identität begründen könnte, mit der die Ich-Identitäten verschränkt wären. Inhaltlich läßt sich also kollektive Identität immer weniger

festlegen. Allenfalls können, wie Habermas glaubt, in den Erzeugungsbedingungen von Identität verallgemeinerungsfähige Gesichtspunkte zu Geltung kommen, das heißt, er versucht die Entstehung von Identität an einen offenen und rationalen Diskurs zwischen Gruppen und Individuen zu binden.
Sein Kontrahent Niklas Luhmann ist dagegen der Meinung, daß eine moderne hochtechnifizierte und komplexe Gesellschaft eine kollektive Identität überhaupt nicht mehr braucht, um ihre Integrations- und Steuerungsprobleme zu lösen. Die Rationalität ist hier abstrakt geworden, sie steckt im System und nicht mehr in den Individuen. Sie wird nicht mehr durch norm- und wertbestimmte individuelle Verstehensprozesse garantiert, sondern durch die Regelungsprozesse zwischen den gesellschaftlichen Teilsystemen. Diese weitere rationale Objektivierung der Gesellschaft würde eine weitere Privatisierung der Individuen bedeuten. Sie wären endgültig aus der Verantwortung für das Ganze entlassen und außerhalb ihrer instrumentellen Verwendung ganz auf sich selbst zurückgefallen. So könnte die Utopie technologisch aufgehen, die in den regressiven Protesten gegen Rationalität noch anders gesucht wurde. Freie Selbstentfaltung, kreative Autonomie bedeutete diese Entlastung wohl nicht. Aber die Last des Erbes wäre anonymer geworden. Und es wäre den Menschen erlaubt, sich als die kindlichen Parasiten des gesellschaftlichen Systems zu erleben, das sie als große Mutter nährt, kleidet und vielleicht auch verschlingt.

Norm, Abweichung und Krise

Über die Unvollendbarkeit des Realismus

1975

für R. Hinton Thomas

Ein Mensch, der stolpert, erzeugt Lachreiz. Und wenn er dabei noch mehr mit seiner Umgebung kollidiert, zum Beispiel eine Blumenvase umwirft und dadurch eine schlafende alte Dame weckt, die ihn mit jemand verwechselt, der er nun überhaupt nicht sein möchte, brechen wir in Lachen aus. Oder eine andere Situation, wie sie vielleicht in einer Slapstick-Komödie der Stummfilmzeit hätte vorkommen können: Jemand, der einen Besuch machen möchte, steigt in eine Straßenbahn. Im Moment, da sie anfährt, sieht er die Person, die er besuchen möchte, draußen stehen und steigt schnell wieder aus. Er will freudig auf die gesuchte, unerwartet gefundene Person zugehen und steigt mit dem Rücken zur Fahrtrichtung aus. Dabei wird er ganz gegen seine innere Richtung und Absicht von den Trägheitskräften nach hinten gerissen und fällt auf den Rücken. Die Komik könnte verstärkt werden, wenn der Am-Boden-Liegende seine neue Situation nicht realisiert und im Liegen vor der nun über ihm stehenden Person seinen Hut zieht.

Warum lachen wir über solche Vorgänge? Bergson spricht in seinem berühmten Buch über das Lachen davon, daß sich im Verhalten einer komisch wirkenden

Person eine gewisse Steifheit, Verschrobenheit und Ruckartigkeit zeige. Etwas Mechanisches hat sich über den lebendigen Ausdruck gelegt, verdinglichte Eigenschaften drängen sich vor. So ist in der Karikatur der Ausdruck zur starren Grimasse verzerrt. Dysfunktionale, überdimensionierte Einzelheiten beherrschen den Körper, ein Tick zerreißt den Ausdruck eines Gesichtes, oder es ist von einer Hemmung gestört und zur Maske versteift. Der Verlust an Anmut und Beseelung ist immer auch ein Verlust an lebendiger Reaktionsfähigkeit. Die komische Person verhält sich, als folge sie zwanghaft festen und immer unzulänglichen Verhaltensprogrammen, sie steht nicht in einem allseitigen lebendigen Kontakt mit der Wirklichkeit, die sie umgibt. Sie kann Situationswechsel nicht spontan beantworten, sie macht es nicht unbewußt richtig und deshalb kollidiert sie so oft.

Komisch ist ein inkompetentes, unangemessenes Verhalten allerdings nur, solange es keine ernsthaften Folgen hat. Es gibt die Anekdote von der thrakischen Magd, die den Philosophen verlacht, der beim Betrachten des Sternenhimmels in eine Grube gefallen ist. Hätte sich der Philosoph bei seinem Sturz das Genick gebrochen, dann hätte das der Magd das Lachen verschlagen. Übrigens besteht zwischen dem Philosophen, der beim Betrachten der Sterne in eine Grube fällt und dem Slapstick-Helden, der falsch aus der fahrenden Bahn springt und auf dem Rücken landet, insofern eine Ähnlichkeit, als beide so sehr von ihrer Absicht in Anspruch genommen sind, daß sie die Realität übersehen oder verkennen. Die Lacher finden die darauf eintretenden Sanktionen gerecht, denn so realitätsblind darf man nicht sein. Das Verhalten verstößt

gegen die normativen Erwartungen an Orientiertheit und Angepaßtheit. Im Verlachen der Normbrecher, bestätigt durch deren Scheitern, festigt die Gruppe ihr Realitätsprinzip.
Desorientiertheit und Versagen haben allerdings in beiden Fällen verschiedenes Niveau und sind unterschiedlich motiviert. Der Philosoph ist der Typ des weltabgewandten Theoretikers und Forschers, der über dem Fernliegenden – dem Sternenhimmel – das Naheliegende – die Erde vergißt. Man kann ihn als Platoniker sehen, der die eigentliche Realität im Himmel der reinen Ideen sucht, und die Anekdote hätte dann die antiplatonische Pointe, daß er deswegen die wirkliche Realität verkennt und schmerzhaft mit ihr zusammenstößt.
Doch man kann die Anekdote auch anders lesen, und das ist, wie Hans Blumenberg in einer Nachkonstruktion ihrer Wirkungsgeschichte gezeigt hat, auch geschehen. Nur insofern ist der Philosoph lächerlich, als sein theoretisches oder wissenschaftliches Interesse nicht verbunden ist mit praktischer Realitätsbeherrschung und sein plötzlicher Sturz diesen Widerspruch so anschaulich zeigt. Doch daraus läßt sich nicht folgern, das Betrachten des Sternenhimmels, oder allgemeiner, das theoretische, das wissenschaftliche Interesse am Fernliegenden sei überhaupt lächerlich. Das wäre der Standpunkt des Banausen, der nicht begreift, daß es ein gesellschaftliches Interesse am Erkenntnisfortschritt gibt, auch wenn er zunächst praxisfern bleibt und kein verwertbares Wissen abwirft. Gerade daß das Erkenntnisinteresse luxuriert und zum Selbstzweck wird, – das heißt, die mit fortschreitender Arbeitsteilung möglich werdende Freistellung von Min-

derheiten für nicht unmittelbar praxisgebundene geistige Tätigkeiten – hat die Realitätskenntnis und Realitätsbeherrschung der Menschheit weiter vorangebracht, freilich um den Preis der Spaltung und Entfremdung nicht nur zwischen Theorie und Praxis, sondern auch zwischen immer kleineren Teilhorizonten und dem explosionsartig wachsenden Gesamtwissen. Denn während die Philosophie den Anspruch festzuhalten versuchte, das Ganze zu bedenken, ist die Wissenschaft, zusammengehalten durch intersubjektive Methodologie, den Weg der Spezialisierung gegangen. Und hier ergibt sich eine aktuelle Auslegungsmöglichkeit der klassischen Anekdote: Das Lachen der Magd gilt der Realitätsfremdheit des Fachidioten, der Abstraktheit seines Spezialistentums, das ihn immer mehr von immer weniger wissen läßt. Diese déformation professionelle wird durch den Sturz in die Grube kenntlich als groteske Absonderung und Orientierungslosigkeit, als ein durch starre Aufmerksamkeitsselektion bedingter Verlust der Wirklichkeit.
Mit dem Slapstick-Helden, der falsch aus der fahrenden Straßenbahn abspringt und auf den Rücken fällt, verhält es sich anders. Er hat keine partielle, vereinseitigte Weltsicht, sondern verleugnet die in der Situation unmittelbar gegebene Wirklichkeit total. Er benimmt sich, als sei er in einem infantilen Allmachtswahn befangen. Ein Wunschziel taucht auf und sofort strebt er darauf zu, ohne die Umstände zu beachten. Sein Bedürfnis nach Befriedigung will die realen Bedingungen nicht anerkennen, die ihn nötigen würden, sich beim Absprung umzudrehen oder gar bis zur nächsten Station zu fahren und dann zu Fuß zurückzugehen. Weil der Widerstand der Realität als lästig, kränkend, uner-

träglich empfunden wird, überspringt ihn das Wunschdenken in blinder Unmittelbarkeit. Das löst in den Slapsticks der Stummfilmzeit ganze Ketten von Katastrophen aus, denen der gebeutelte und geschundene, aber nie entmutigte Held immer wieder durch traumhaft geistesgegenwärtige Reaktionen entkommt. Alles geschieht kurzschlußartig und überraschend, ein zukkender Alptraum der falschen Zuordnung von Subjekt und Objekt, der stets mangelnden Realitätseinschätzung und des inadäquaten Handelns, in dem es keine gesicherten Erwartbarkeiten mehr gibt. Im Zeichentrickfilm steigert sich das zu Orgien der Zerstörung, deren Haupteffekt die anscheinend beliebige Verformbarkeit der agierenden Figuren ist. Man kann sie plattdrücken, in die Länge ziehen, aufrollen, ersticken oder durch einen Filter pressen, stets stellt sich ihre unzerstörbare Urform wieder her.

Warum lachen wir darüber? Offenbar erleben wir Kollisionen mit unseren Normen und Erwartungen und Verstöße gegen die in unserem Erwartungssystem verinnerlichte Realität als lustvoll, solange wir nicht selbst ernsthaft davon betroffen sind und einen gewissen Abstand halten können, und solange in der Antwort der Realität nicht unverhüllt die Todesdrohung durchblickt, die entweder die Anpassung an die gesellschaftlich etablierten Überlebensregeln erzwingt, oder aber die bewußte Auflehnung mit allen Konsequenzen hervorruft. Im komischen Vorkommnis findet die Grenzverletzung zu ermäßigten Preisen statt. Es sind zunächst punktuelle Verstöße, kleinere Entgleisungen. Wenn sie sich aber steigern und wie in der Slapstick-Comedie oder im Trickfilm zu langen Ketten von Fehlhandlungen zusammenschließen, dann muß der ganze Vorgang als Spiel und Fiktion entwirklicht werden. Daß es nur Spiel, nur Unsinn ist, das ist die Sicherheitsgarantie, die wir brauchen, um uns auf die stimulierende Schockerfahrung chaotischer Unvorhersehbarkeit einzulassen.

Man kann das Lachen, mit dem wir darauf reagieren, mit Freud aus dem plötzlichen Wegfall von Hemmungsaufwand erklären oder mit Pleßner als eine an den Körper delegierte Antwort auf eine unbeantwortbare, unbeherrschbare Situation verstehen, auf jeden Fall werden durch die komische, die groteske Abweichung von unseren Erwartungen nicht nur die Abweichungen, sondern auch unsere Erwartungsschemata und damit die bisher unbewußten Grenzen unserer gewohnten Welt bewußt gemacht. Es entsteht eine labile mehrdeutige Situation mit neuen Möglichkeiten, einem erweiterten Horizont. Durch das Verlachen der Abweichung können die Grenzen wieder bestätigt werden, doch wird, wie Joachim Ritter in seiner Analyse des Lachens und des Humors gezeigt hat, das Befremdende, Verkannte, Unbewußte, der allgemeinen Lebensordnung Entgegenstehende zunächst einmal als ins Dasein gehörig erkannt und zugegeben.

Das Lachen grenzt das bisher Ausgegrenzte ein. Und wenn es ihm auch unter den Kategorien des Komischen und Lächerlichen einen niedrigen Rang zuweist, so ist seine Wahrnehmung doch prinzipiell eine Erfahrungserweiterung, der Beginn einer realistischen Korrektur unzulänglicher schematischer Ansichten. Das Lachen hält, wie Ritter sagt, nicht nur das Abseitige »als das Närrische und Lächerliche« fest, sondern stellt zugleich von ihm her »die vorgegebene und angemaßte Ordnung der verständigen Welt in Frage«. Das Verlachen setzt normative Grenzen, das erstaunte, gelöste, befreite, verstehende Lachen durchbricht ihre finstere Absolutheit. Es deckt die Historizität jedes festumschriebenen Realismus auf, ist Teil also jener Relativierungs- und Distanzierungsarbeit, mit der der unabschließbare menschliche Erkenntnisprozeß sich immer wieder aus erstarrten Positionen löst und weiterschreitet.

Ich breche ein wenig abrupt die Überlegungen zu diesem Beispielsfeld hier ab, um einige grundsätzliche Überlegungen nachzutragen. Was sichtbar geworden ist, was auch auf anderem Weg, etwa am kontrafaktischen Vermögen der Phantasie gezeigt werden könnte, das ist die Fähigkeit des Menschen, seine Welt als etwas Begrenztes zu erkennen und kritisch zu übersteigen. Er weiß, kann wissen, daß er in einer selbstgeschaffenen Welt lebt, also die extensiv und intensiv unausschöpfbare Wirklichkeit in Form selektiver Bilder, herausgearbeiteter Bedeutsamkeiten erfährt. Sein Bewußtsein als das bewegliche Bild der Wirklichkeit, zu der selbstverständlich auch die eigenen psychophysischen Prozesse gehören, das Bewußtsein also ist keine unmittelbare Spiegelung der Wirklichkeit, sondern gleichzeitig eine Konstruktion. Wie oder was wir sind, unser besonderer Blick geht mit ein in unser Bild von der Wirklichkeit, unser jeweiliger Erkenntniszugriff erscheint mit im Resultat. Doch das ist nicht nur eine Schranke der Erkenntnis, sondern zunächst einmal die Bedingung ihrer Möglichkeit. Es gibt keine Sicht ohne Gesichtspunkt, keine schrankenlose Sicht, das merkte Kant gegen Platon an, als er in der Einleitung zur Kritik der reinen Vernunft schrieb: »Die leichte Taube, indem sie im freien Fluge die Luft teilt, deren Widerstand sie fühlt, könnte die Vorstellung fassen, daß es ihr im luftleeren Raum noch viel besser gelingen werde.« Aber natürlich würde sie abstürzen. Es fehlte ihr die Bindung, der Bezug zur Realität. Übertragen auf das Problem der Erkenntnis heißt das, sie ist an Bedingungen gebunden und zugleich durch sie ermöglicht, es ist immer eine endliche Erkenntnis, oder sagen wir eine menschliche.

Das war Kants kritische Wendung gegen die Abbildtheorie, die die Wahrheit als vollkommene Übereinstimmung von Geist und Gegenstand definiert hatte, gleichgültig ob es sich bei dem Erkenntnisobjekt platonisch-idealistisch um eine Idee oder sensualistisch um die Sinnenwelt handelte; der Geist hatte sich nach dieser Auffassung seinem Gegenstand zu nähern und anzugleichen, um ihn möglichst rein und ungetrübt in sich zu reproduzieren. Unter solchen Voraussetzungen konnten alle metaphysischen Spekulationen für sich beanspruchen, realistisch zu sein. Indem Kant dagegen einwandte, daß unsere Erkenntnis geformt werde durch kognitive Schemata, die aller Erfahrung immer schon vorgegeben sind, verfestigte er eine abstrakte Spaltung zwischen dem unerkennbaren Ding an sich und der allein zugänglichen Erscheinung und machte so den Weg frei für einen positivistischen Wissenschaftsbegriff, der in methodischer Bescheidung nicht mehr nach dem Wesen der Dinge fragt, sondern nur noch nach ihrer Erscheinungsweise, ihrem Verhalten unter bestimmten Bedingungen.

Zugleich hatte Kant mit seiner kritischen Hinterfragung des Erkenntnisaktes den Anfang gemacht zu einer Geschichte des Verdachtes, in der das menschliche

Denken alle seine Motivationen, Bedingungen, Beeinflussungen und Formen überprüfte und sich immer genauer kennenlernte. Kant hatte noch mit einem abstrakten Vernunftsubjekt operiert. Aber die konkreten historischen Individuen und Kollektivsubjekte machen ihre Erfahrungen nicht in weltferner Interesselosigkeit, sondern in konkreten Situationen bei der Gestaltung ihres Lebens. Davon ist ihre Weltsicht genauer geprägt als von einigen fundamentalen Urteils- und Anschauungskategorien. Zeit und Raum sind zum Beispiel nicht primär die abstrakten Bedingungen eines Nacheinanders beziehungsweise Nebeneinanders von Ereignissen und Dingen, sondern es sind konkrete, gelebte Erfahrungen. Es gibt die Zeit des Müßiggängers, des Schwerarbeiters, des lebenslänglich Gefangenen, die Zeit des kleinen spielenden Kindes, des planenden Erwachsenen, des isolierten zukunftslosen Greises, die Zeit des Depressiven ist völlig anders als die des Hoffnungsvollen, der Bauer, dessen Arbeit auf die Jahreszeiten bezogen ist, hat eine andere Zeit als der Fließbandarbeiter. Ebenso ist es mit dem Raum: der Nomade auf seinem ruhig dahinschreitenden Kamel erlebt ihn anders als der Reisende im Düsenflugzeug, der kurzatmige Herzkranke anders als der Gesunde, der Raum kann trennende Entfernung oder schützender Abstand sein, der Raum kann Besitz, Herrschaftsraum, sakraler Raum und Schlachtfeld sein, er kann weit und eng, fremd und heimatlich sein.

Wir leben also in einer interpretierten Welt, deren Bedeutsamkeiten von unseren Interessen geschaffen werden. Sie wiederum entstammen unserem Lebenshintergrund, unseren konkreten Lebensbedingungen.

Wir werden geprägt durch unsere Zugehörigkeit zu einer historischen Epoche, einer Kultur, einem sozialen Milieu, einer sozialen Klasse, einer religiösen Gemeinschaft, durch unsere Familiensituation, unser Geschlecht, unser Alter, unsere biologische Konstitution und wahrscheinlich vielen anderen Faktoren. Davon hängt ab, wie wir uns selbst und die Realität erfahren und wie wir uns ihr zuwenden.

Selbstverständlich liegt der Verdacht nahe, daß ein solches beteiligtes, interessiertes Bewußtsein notwendig falsch, illusionär, wahnhaft oder ideologisch sein müsse. So glaubt Marx, daß über der Basis der realen sozialen Verhältnisse sich der Überbau eines irrealen Bewußtseins wölbe, das den objektiven Widerspruch zwischen der Entwicklung der Produktivkräfte und der ökonomischen Struktur im Interesse der Besitzenden verschleiere. Erst die Auflösung der Widersprüche zwischen kollektiver Produktion und privater Aneignung beseitigt auch die Herrschaft des Scheins. In Schopenhauers vitalistischer Erkenntnistheorie ist der Intellekt nur ein Illusionsorgan im Dienst des blinden Lebenswillens und Wahrheit können wir nur finden, wenn wir uns gegen unsere Natur wenden und den Willen überwinden. Nietzsche hat diese Rückwendung zum transzendentalphilosophischen Wahrheitsanspruch nicht mehr mitgemacht, sondern aus dem vitalistischen Denkansatz Schopenhauers eine radikale Konsequenz gezogen. Für ihn gibt es vielerlei Wahrheiten, aber keine Wahrheit. Also muß man den Unterschied von Wahrheit und Schein selber als eine Illusion verabschieden. Es herrscht die universelle Scheinbarkeit, das heißt ein Nebeneinander von Lebenshypothesen, Lebensentwürfen und über ihren

Rang entscheidet allein ihre Lebensdienlichkeit, oder ihre Funktion als Entfaltungsraum für den Willen zur Macht.

Das ist eine pathetisch gefaßte pragmatische Erkenntnistheorie, die die Wahrheit am Erfolg, technisch gesprochen an der Machbarkeit, politisch am Durchsetzungsvermögen mißt. Es gibt darin keine Stelle für die Reflektion der das Denken und Handeln bestimmenden Interessen und Geltungsansprüche, keine Möglichkeit, den Schein zu durchbrechen durch eine die widersprüchlichen Interessen und tatsächlichen Machtverhältnisse übersteigende Vernunft.

Ich mache einen Sprung, wenn ich darauf hinweise, daß die Rettung vernünftiger Intersubjektivität durch gemeinsame Reflexion der Interessen die Absicht der Konsensustheorie der Wahrheit ist, die Jürgen Habermas in jüngster Zeit formuliert hat. Wenn in der Lebenspraxis unvereinbare Geltungsansprüche, also widersprüchliche Meinungen über die Wahrheit von Aussagen und die Richtigkeit von Handlungsnormen auftreten, dann soll nach Habermas anstelle von Machtentscheidungen der Diskurs treten. Habermas versteht darunter eine ideale Sprechsituation, in der nur das bessere Argument gilt und als Motiv nur die Kooperationsbereitschaft. Das wären nämlich die Erzeugungsbedingungen von intersubjektiv beglaubigter Wahrheit.

Ist das nicht Utopie? In der Praxis dient das Argumentieren viel eher der Platzbehauptung als der Wahrheitsfindung. Aber Habermas setzt ebenfalls auf eine Erfahrung: nämlich »die eigentümliche Überzeugungskraft des besseren Arguments«. Und man muß im Rückgriff auf Kants kategorischen Imperativ hinzufügen, daß verallgemeinerungsfähige Interessen für die Reflexion eine größere Geltung haben als partielle. Vom bloß partiellen zum umfassenderen Gesichtspunkt schreitet der Diskurs rational fort und überwindet die Widersprüche. So verstanden ist er das Modell einer angst- und herrschaftsfreien Gesellschaft, in der vollkommene Verständigung oder ein unbeschränkter Realismus möglich wäre.

Aber man muß nun fragen, weshalb es diese Schwierigkeiten überhaupt gibt. Warum entwickeln die Menschen unterschiedliche und einander feindliche Konzepte für ihr Leben? Warum herrschen die partiellen Interessen und verhindern die übergreifenden Einsichten? Die Menschen haben offenbar keine kollektive Identität gefunden. Ihr Realitätsbezug ist ausschnitthaft und wandelbar, nicht verbindlich für alle und für immer. Sie leben zwischen konkurrierenden Möglichkeiten, die sie nicht gleichzeitig aktualisieren können, die aber als Alternativen, Abweichungen, neue Entwicklungsrichtungen im Hintergrund bleiben. Ein Hof von Möglichkeiten umgibt die Praxis, und das ist der fundamentale Unterschied zu allen Tierarten, die sich auf dem Weg der biologischen Sonderentwicklung in ihre jeweiligen ökologischen Nischen eingepaßt haben. Der Verhaltens- und Erfahrungsspielraum der Tiere ist klar begrenzt. Ihre Umwelten sind die genaue Entsprechung ihrer biologischen Ausstattung und Verhaltensform, und sie stekken darin wie in einem Sack, aus dem sie nie herauskommen. Sie haben eine definierte Natur und deshalb keine Geschichte.
Mit der Erkenntnisbeziehung, der bewußt geworde-

nen Subjekt-Objekt-Spaltung wird das anders. Sie ist der Endpunkt der Evolution, in deren Verlauf die Organismen durch immer neue Anpassungen an wechselnde Umweltbedingungen immer neue Realitätskompetenzen gewonnen haben, sie bedeutet gleichsam den höchsten Freiheits- und Wirkungsgrad, der erreicht worden ist. Das hat Klaus Holzkamp in seinem Buch über die »Sinnliche Erkenntnis« am Beispiel der Wahrnehmung deutlich gemacht. Vom einfachen Stoffwechsel und der diffusen Erregbarkeit der primitiven Organismen über die Entstehung einer gerichteten Wahrnehmung und Bewegungsfähigkeit, bis zur gegenständlichen Erfassung und Bearbeitung der Wirklichkeit nehmen Orientierungsvermögen und Aktivität der Organismen ständig zu. Ihr Realitätsbezug wird komplexer und weitreichender und deckt immer mehr Aspekte der Wirklichkeit auf. Die höchste Entwicklungsstufe, der gesellschaftlich organisierte menschliche Arbeits- und Erkenntnisprozeß sprengt dann die Begrenztheit tierischer Umwelten und öffnet den Zugang zur extensiven und intensiven Unendlichkeit der Realität, eine prinzipiell unabschließbare Entdeckungsreise.

Der damit erreichte neue Status ist als die Weltoffenheit des Menschen bezeichnet worden. Die Anthropologie gibt dafür mehrere miteinander verknüpfte Voraussetzungen an: Der Mensch ist in seinem Realitätsbezug nicht durch eine spezialisierte biologische Ausstattung festgelegt, er sitzt, wie schon gesagt, nicht in einer ökologischen Nische fest. Sein Verhalten wird nicht bestimmt durch ein kleines Repertoire angeborener Instinkte, die nur geringe Variationen zulassen, er verfügt vielmehr über einen freien, formbaren An-

triebsüberschuß, der nicht verhaftet ist an eine kleine Zahl von Auslöserreizen, sondern sich wie ein Suchscheinwerfer auf Neues, Fernliegendes, Unbekanntes richten kann. Er ist ein Lernwesen, er kommt unfertig und hilflos auf die Welt, ist in hohem Maße angewiesen auf Gesellschaft und erwirbt, erst nachahmend, dann mit Einsicht, die überlieferten Verhaltensformen und Kenntnisse. Da er fähig ist, sein Verhalten zu hemmen, kann er es immer wieder umorientieren, verbessern und schöpferisch erweitern. Er hat schließlich in der Sprache ein Instrument symbolischer Realitätsdarstellung entwickelt, mit dem er seine Erfahrungen festhalten, klassifizieren, übermitteln und abgelöst von aktuellen Situationen und Handlungszwängen theoretisch durcharbeiten kann.
Das sind die Voraussetzungen des menschlichen Vermögens, eine Unzahl verschiedener Reize und immer neue Aspekte der Wirklichkeit wahrzunehmen. Doch der Tendenz zur Offenheit ist als notwendige funktionale Entsprechung eine Tendenz zur Ordnung mitgegeben. Das jeweils aktuelle Bewußtsein ist ein ziemlich enger Fokus. Es wird abgesichert und beherrscht von informationsraffenden Schemata, die die potentielle Unendlichkeit der erfahrbaren Welt auf ein praktikables Maß reduzieren. Man kann nicht alles auf einmal im Bewußtsein haben, man muß auswählen. Alle Wahrnehmung ist deshalb immer schon strukturiert durch Bedeutsamkeiten, durch Vorentscheidungen über das, was wichtig ist, also den Niederschlag der kollektiven Erfahrung. Diese gesellschaftlich überlieferten Schemata menschlicher Informationsverarbeitung ermöglichen zwar eine wesentlich reichere und variablere Wahrnehmung als die angeborenen Orien-

tierungsstrukturen der Tiere, doch leisten sie zunächst einmal dasselbe: sie ziehen die chaotische Mannigfaltigkeit des Wahrnehmbaren zu wiedererkennbaren Sachverhalten zusammen. Kein Baum ist dem anderen völlig gleich. Doch die genaue Wahrnehmung der Besonderheiten wäre in der Regel sinnlos und dysfunktional. Für die Verständigung ist es vor allem wichtig, daß man rasch das Schema erkennen kann. Das individuelle Detail, die unendliche Vielfalt der Erscheinungen werden teils direkt übersehen, teils abgeschattet und dahingestellt. Erst ein besonderes Interesse kann sie in den Vordergrund rücken.

Es gibt also einen Vorrang der wiedererkennbaren Gestalten, was auf der Tendenz unseres psychischen Apparates beruht, die Wahrnehmungswelt möglichst konstant zu halten. Unsere Informationsverarbeitung verläuft so, daß neu hinzukommende Eindrücke und Daten den schon bestehenden Erfahrungen einverleibt werden. Auftretende kognitive Dissonanzen werden möglichst so abgebaut, daß die konventionelle Ansicht erhalten bleibt. Erst wenn sich unauflösliche Widersprüche zeigen, wird die Vorerfahrung korrigiert. Dann entsteht eine erweiterte Orientierung, die es erlaubt, mehr Fakten, mehr Differenzierungen zuzugeben, ohne daß das Bedürfnis nach Sicherheit und Vertrautheit dadurch gleich wieder gefährdet würde. Die Fähigkeit zu umfassenderen Informationssynthesen oder, anders formuliert, der möglich werdende Verzicht auf schützende Wirklichkeitsverkennung ist ein Zuwachs an Realismus. Aber jedes neu erreichte Niveau des Realismus verflacht wieder und fällt den Routinen des Bescheidwissens anheim.

Die Tendenz, die Umwelt konstant und dadurch möglichst alles, was in ihr vorkommen kann, erwartbar oder konventionell zu machen, hat natürlich hohen Entlastungswert. Man wird so von dem Zwang befreit, dauernd allseitig aufmerksam zu sein, wie es in einer fremden unüberschaubaren Umgebung nötig wäre. Gewohnheiten, Erwartbarkeiten befrieden ganze Teilbereiche der Realität, machen sie alltäglich und informationsarm. Man bewegt sich in ihnen gekonnt und routinemäßig, ohne sie noch ausdrücklich wahrzunehmen. Alles ist schon klassifiziert und selbstverständlich geworden, das schafft Vertrauen und macht Aufmerksamkeit für Fernliegendes und Besonderes frei, es ermöglicht also die fortschreitende Arbeitsteilung und planvolles langfristiges Handeln. Das wiederum erweitert gesamtgesellschaftlich gesehen die Realitätskenntnis und Realitätsbeherrschung.

Doch Erwartbarkeit als ein Kriterium für Realitätsbeherrschung muß noch genauer bestimmt werden. Es gibt kognitive Erwartungen, die sich darauf beziehen, wie sich *etwas* verhalten wird, und normative Erwartungen, die sich darauf beziehen, wie sich *jemand* verhalten wird. Die letzteren vor allem konstituieren menschliche Gesellschaften. Niklas Luhmann hat in seiner Rechtssoziologie diese beiden Klassen von Erwartungen folgendermaßen unterschieden: Kognitive Erwartungen werden nicht kontrafaktisch festgehalten. Wenn sich unübersehbar zeigt, daß ein Sachverhalt anders ist, als man erwartet hat, dann wird die Erwartung revidiert. Wer das nicht tut, verhält sich unrealistisch oder gar wahnhaft und scheidet aus dem Kreis der zuständigen Personen aus. Normative Erwartungen sind dagegen relativ enttäuschungsfest stabilisiert. Zum Beispiel kann die Erwartung, daß Fragen wahrheitsgemäß beantwortet werden, durch einen Lügner zwar kognitiv, aber nicht normativ enttäuscht werden. Man kann diesen Anspruch mit guten Gründen sogar unter lauter Lügnern aufrechterhalten. Es ist nämlich ein unverzichtbarer Anspruch. Die menschliche Gesellschaft als ein System weitläufiger Zusammenarbeit und Kommunikation beruht auf Vertrauen und würde sofort zusammenbrechen, wenn wahrheitsgemäßes Reden nicht mehr erwartbar wäre. Die Norm ist der Ausdruck eines allgemeinen Interesses und nur besondere Bedingungen können sie einschränken. Wenn es zum Beispiel das Leben eines Menschen gefährden würde, die Wahrheit zu sagen, dann ist Wahrheit nicht mehr erwartbar. Sie ist durch die vorrangige Erwartbarkeit, daß man das menschliche Leben schützt, vorübergehend außer Kraft gesetzt. Sie bleibt indessen im Hintergrund dieser besonderen Situation unverändert erhalten.

Aber auch weniger fundamental begründbare Erwartungen werden gegen abweichende Erfahrungen lange aufrechterhalten. Die geltenden Tischsitten sind zum Beispiel ein Erwartungssystem, das durch das schlechte Benehmen einzelner noch nicht abgeschafft wird. Man schneuzt sich nicht ins Tischtuch und nimmt dem Nachbarn nicht die Wurst vom Teller. Wer es trotzdem tut, wird nicht mehr eingeladen. Das wäre eine der vielen Sanktionen, mit denen die Enttäuschung normativer Erwartungen beantwortet werden. Sie dienen dazu, die gewohnten Formen des Zusammenlebens erneut zu bekräftigen.

In archaischen Gesellschaften sind nahezu alle Lebensäußerungen von Ritualen beherrscht, und die

grenzensetzenden, strukturbewahrenden Strafen sind besonders hart. Denn diese Gesellschaften gehen davon aus, daß ihr Überleben von der genauen Einhaltung der überlieferten Überlebensregeln abhängt. Jeder Schritt ins bisher Unbegangene bedeutet, daß man sich unabsehbaren magischen Gefahren aussetzt. Deshalb müssen bei Tabuverletzungen die Ahnengeister mit langwierigen Ritualen beschwichtigt werden. Die kollektive Angst schwindet erst, wenn die Gruppe auf diese Weise ihre alte Identität wieder gefestigt hat. Die Zukunft wird dann wieder vorhersehbar, nämlich als immerwährende Wiederholung, als Kopie der Vergangenheit.
Es ist klar, daß Gesellschaften, die auf geschichtlichen Wandel, auf Selbsttransformation angelegt sind, in sich selbst Spielraum für Kritik und Experimente, für Innovationen und Lernprozesse schaffen müssen. Auch das geht nicht ohne Verhaltensanweisungen und Institutionalisierung. Im Gegenteil, je komplexer eine Gesellschaft wird, desto vielfältiger werden auch die Situationen, in denen man sich begegnen kann. Dadurch vermehren sich die inneren Risiken, die Möglichkeiten zu Mißverständnissen und unangenehmen Überraschungen und also auch der Bedarf nach Steuerung und Strukturierung des Zusammenlebens. Eine solche Gesellschaft funktionalisiert sich fortschreitend im Bereich der Produktion. Ihre arbeitsteilige Organisation schafft informationsarme, also gegen komplexe Erfahrungen abgedichtete Bereiche, die zur Automatisierung tendieren. Andererseits gesteht sie ihren Untereinheiten, den Gruppen und Individuen, mehr Selbststeuerung zu. Die Gruppen sind Generalisierungs- und Durchsetzungsinstanzen für verstreute In-

teressen. Sie können diese integrative Funktion nur ausüben, wenn sie eine anschauliche Identität ausbilden. Die Individuen wiederum müssen eine personale Identität ausbilden, um Rollenwechsel vollziehen zu können und trotzdem mit sich identisch zu bleiben. Das schließt die Fähigkeit ein, verschiedene Rollenerwartungen sofort erkennen und erfüllen zu können. In Gesprächssituationen müssen neu aufeinandertreffende Partner wechselseitig ihre Intentionen verdeutlichen und erfassen können. Alles das ist nur möglich, wenn es auf allen Ebenen des Zusammenlebens ineinandergreifende Erwartbarkeiten gibt, die die unendliche Vielzahl der möglichen Situationen auf ein erträgliches Maß reduzieren.

Der stabile Kern der vielen ungeschriebenen verhaltensteuernden Schematisierungen ist das geschriebene Recht. Es verpflichtet die Lebensmannigfaltigkeit auf eine begrenzte Zahl normativer Erwartungen und stellt deren Überschreitung unter Strafe. Das ist insofern interessant, als es das Eingeständnis enthält, daß die Einschränkung des Lebensspielraums einen Zug von irrationaler Gewalt enthält. Jedenfalls kann die Gesellschaft, auch eine im Sinne der Güter- und Rollenverteilung relativ gerechte Gesellschaft, nicht davon ausgehen, daß alle Mitglieder total mit ihr identifiziert sind und die notwendigen Verzichte aus Lust oder immerhin aus Einsicht leisten. Die aufgenötigten Triebverzichte werden vielmehr ertragen, wenn garantiert wird, daß sich niemand durch Übertretung der Gesetze zusätzliche Lust verschafft. Dem Normbrecher muß deshalb durch Strafen der vermutete Lustgewinn verdorben werden, wenn die Konformität der Gruppe nicht gefährdet werden soll. Eindrucksvoll kann man das an Kindern beobachten, die sich schnell gegen den Abweichler solidarisieren und von den Erwachsenen gleiche Strafe für alle fordern, eine abstrakte Gerechtigkeit, deren Sinn sie durchaus nicht verstehen müssen; für sie kommt es vor allem darauf an, daß die Lasten der Kultur gleichmäßig verteilt werden. Das Strafrecht verkörpert die Aggression der Gesellschaft gegen die Normbrecher und die hat ihre Ursache in der Selbstunterdrückung und Selbstkontrolle, die die Gesellschaft von den angepaßten Individuen ständig verlangt.

Man kann das am besten mit dem Theoriemodell der Psychoanalyse beschreiben. Das »Unbehagen in der Kultur«, wie Freud es genannt hat, stammt daher, daß die Gesellschaft als das System der kollektiven Lebenserhaltung das ursprünglich totale Lustverlangen des Kindes hemmen und in sozial mögliche Formen umlenken muß. Jeder muß lernen, auf unmittelbare Triebbefriedigung zu verzichten, zu arbeiten und Ersatzbefriedigungen zu akzeptieren, die durchaus nicht immer vollkommene Entsprechungen seiner ursprünglichen Wünsche sind. Das Kind akzeptiert diese Forderungen aus Realismus, das heißt in gleichem Maße wie es lernt, daß dies die einzige sich anbietende Möglichkeit ist zu leben. Aus Angst, den Schutz der Gesellschaft und die sich in ihr anbietenden Befriedigungen zu verlieren, verdrängt es den Teil seines Lebens, der sich in der Lebenspraxis der Gesellschaft nicht einlösen läßt. Es hat die Forderungen der Gesellschaft verinnerlicht und im Gewissen, im Überich eine Instanz gebildet, die deren Einhaltung überwacht. Das innere Strafrecht kriminalisiert den nicht angepaßten Teil der Person genauso wie das äußere das abweichende Individuum zum Verbrecher macht.

Die inneren und äußeren Grenzen der erlaubten Realität schaffen einen exterritorialen Bereich drohender und lockender Möglichkeiten, der völlig aus dem Bewußtsein verbannt sein kann. Doch nicht immer sind die Grenzübergänge streng bewacht. Ein grausames Überich, ein starres terroristisches Gewissen ist immer ein Zeichen von Unreife und Angst. Es verhindert eine offene realitätsgerechte Orientierung und läßt das Unbehagen in der Kultur besonders drückend werden. Zu Anfang habe ich indessen schon eine andere Verhaltensweise geschildert, die viel weniger repressiv ist: das verstehende Lachen, den Humor. Der Humor ist eine seelische Möglichkeit, die Abweichung, das der geltenden Lebensordnung Entgegengesetzte ohne Angst zuzugeben und in die Realität einzugrenzen. Angstminderung ist die Voraussetzung dazu. Und sie hängt wohl damit zusammen, daß die eingegrenzte Abweichung, oder Entgleisung den Status des Lächerlichen behält.

Es gibt noch ganz andere Strategien der Angstminderung, die es ermöglichen, die Grenzen zu lockern und das exterritoriale Leben in die gesellschaftliche Erfahrung aufzunehmen. Ein Bereich, in dem das verdrängte Leben resozialisiert und neue Möglichkeiten ausformuliert werden, ist die Literatur, ich kann auch allgemeiner sagen, die Kunst. Hier beruht die Angstminderung darauf, daß es sich um einen neben- oder vorpraktischen Bereich handelt, in dem man von den wirklichen Risiken entlastet ist. Deshalb können in ihm alternative Möglichkeiten durchgespielt werden, die man in der Praxis vermeiden würde.

Das war nicht immer so und ist auch nicht überall so. In archaischen und in totalitären Gesellschaften stehen

Kunst und Literatur im Dienst der Strukturbewahrung. Sie sollen Abweichungen von der Norm kritisieren und die Inhalte der Konformität verklären. Eine traditionelle Aufgabe von Kunst ist die Legitimierung von Herrschaft. Erst in Gesellschaften, die auf Selbsttransformation angelegt sind, ist das anders. Diese Systeme müssen zwar auch dauernd praktisch unbeherrschbare Komplexität durch Normierung verringern, andererseits aber halten sie auch neu erzeugte Komplexität als ihr Wandlungspotential bereit. Sie schaffen sich dazu relativ autonome Teilbereiche, in denen Alternativen, Abweichungen, Differenzierungen formuliert werden können, Bereiche der Problematisierung des Gewohnten, der herrschenden Lebensform, Simulationsräume für die Erprobung unbeherrschter Risiken und unergriffener Möglichkeiten, also für einen noch nicht realisierten und vielleicht noch nicht realistischen Realismus.
Literatur und Kunst sind solche Probebühnen, auf denen die etablierten Denk- und Wahrnehmungsgewohnheiten, die alltäglichen Verhaltensroutinen problematisiert werden. Während die Routinen, die Erwartbarkeiten die Welt informationsarm, im Grenzfall unsichtbar machen, hat deren methodische Störung die umgekehrte Wirkung: sie erneuert die Wahrnehmung des Lebens. Das Alltägliche wird wieder auffällig, das Selbstverständliche wird sonderbar, im täglich Gesehenen zeigt sich etwas Ungesehenes, das Bekannte stellt sich als das Unbekannte heraus und so entsteht ein Unsicherheitszustand, dessen erregende Lust-Angst-Tönung ein Vorgefühl von Freiheit ist. Die Welt erscheint plötzlich wieder als ein offenes Feld lockender und auch gefährlicher Möglichkeiten, sie

wird angeleuchtet von bisher unterdrückten oder kulturell heruntergestimmten Wünschen, die nun wieder frei zu vagieren beginnen. Mit Mehrdeutigkeit und Geheimnis, die die Versachlichung der Welt auszutreiben versucht hatte, kehrt die Frische des Anfangs zurück, man kann auch sagen die Poesie.

Das geht in der Regel nicht ohne Sicherheitsgarantien. Ich will das zunächst erläutern an einem Beispiel aus der Trivialliteratur, dem Detektivroman. Am Anfang wird durch ein ungeklärtes Verbrechen ein Unsicherheitszustand erzeugt, der sich durch die scheinbare Unmöglichkeit, die Störung zu isolieren und verständlich zu machen, immer mehr ausbreitet zum allseitigen Verdacht. Jeder könnte es gewesen sein, die normativen Erwartbarkeiten zeigen ihre Fragwürdigkeit: – auch ehrbare Bürger, alte Damen, Priester und sonstige Würdenträger können bloße Sozialmasken sein, hinter denen sich der Mörder verbirgt. Diese totale Unsicherheit bedeutet potentiell eine Entzerrung unserer Realitätseinschätzung, denn unseren Vorurteilen ist die Bestätigung entzogen. Allerdings könnte man in einer solchen undurchschauten Welt nicht leben. Deshalb tritt als rettender deus ex machina und letzte Sicherheitsgarantie der Detektiv auf und zeigt, wie durch rationale Informationssynthese das Verbrechen eingegrenzt und erklärt werden kann. Dadurch werden alle anderen Verdächtigen entschuldet und erhalten ihren vertrauenswürdigen alten Status zurück. Die Ordnung ist wiederhergestellt, allerdings, wenn der Roman sein Ziel erreicht hat, dann dürfen die Hypothesen des Lesers bis zum Schluß nicht gestimmt haben. Der Täter war ein anderer, – das ist ein kleiner Rest irritierender Lust, ein Schein von Offenheit, den

die Wiederinkraftsetzung der alten sozialen und psychologischen Erwartbarkeiten übrig läßt.
Solchen Ritualen der Selbstannulierung fühlen sich moderne Kunst und Literatur nicht mehr verpflichtet. Sie müssen die erzeugten Krisen nicht wieder auflösen, jedenfalls nicht im Sinne der Wiederherstellung des Gewohnten. Ihre Strukturen bleiben offen, mehrdeutig lesbar, fremd und widerständig, das heißt die zentrale Kategorie moderner Ästhetik ist die Irritation. Inhaltlich zeigt sich das als eine Geschichte der fortschreitenden Erweiterung des Darstellungswürdigen. Die Sexualität, die Krankheit, der Wahn, das Unbewußte, das Ekelhafte, das Obszöne, das Absurde, Banale und Alltägliche werden in die bewußte Realität eingegrenzt, wobei immer mehr Schockschwellen überschritten und allmählich aufgelöst werden. Aber bezeichnend für die Expansion der modernen Kunst und Literatur ist nicht so sehr die fast abgeschlossene Erweiterung und Einebnung der Stoffbereiche, sondern vor allem die Umstrukturierung aller gewohnten Formen von Erfahrung überhaupt, die Erzeugung neuartiger, völlig unerwarteter, unfunktioneller Wahrnehmungswelten durch methodische Destruktion des Gewohnten. Zerstörung der Zusammenhänge, zum Beispiel der gewohnten zeitlichen, räumlichen und kausalen Verknüpfungen, Informationsentzug durch Beschränkung des Bewußtseinsfeldes, Perspektivenwechsel, Isolierung von Details, Zeitlupe und Zeitdehnung, Montage, Collage, einbezogener Zufall – alles das sind Operationen, mit denen das herrschende Realitätsprinzip außer Kraft gesetzt werden soll und ein grenzenloses Machen sich freispielt. Wo das von Fragen ausgeht, wo es durch Spannungen mo-

tiviert ist, wo es Suchmuster für neue Erfahrungen sind, kommt es immer noch zu Terrainerweiterungen. Es entstehen Gebilde, die an Erwartungen des Lesers oder Betrachters anschließen und ihm deutlich machen, daß seine gewohnten Formen von Informationssynthese schematisch, also korrigierbar und erweiterungsfähig sind. Es sind inszenierte Krisen, die seine Fähigkeit prüfen, ungewohnte Zustände auszuhalten, chaotisierte Materialien neu zu ordnen, sich im Unbekannten zurechtzufinden, Leerstellen mit eigenen Erfahrungen zu erfüllen. Man kann das als Kreativitätstraining verstehen. Und Kreativität möchte ich jetzt ganz allgemein und natürlich unzulänglich definieren als ein Vermögen, den Schutz von Gewohnheiten zu verlassen, um neue Wirklichkeiten zu entdecken oder zu schaffen.

Doch wenn dies nur ein Training ist und nicht mehr eine Auseinandersetzung mit inneren und äußeren Grenzen von Realität, die als Widerstand und Versagung empfunden werden, wenn die Veränderung, das Experiment nur noch ein artistisches Spiel ist, beschleunigt sich der Prozeß, und die freigesetzte Kreativität beginnt sich selbst zu verzehren. Gesellschaftlich gesehen bekommt Kunst durch ihre Autonomisierung die Funktion, die im gesellschaftlichen Arbeitsprozeß nicht unterzubringende Kreativität in folgenlose Erlebnisse und Reizzustände zu verwandeln und abzuschöpfen. Ich glaube, daß die Literatur nicht ganz in dieser Gefahr ist, weil sie, jedenfalls in ihren Großformen, mühsamer zu rezipieren ist und durch ihr Medium, die Sprache, mit der gesellschaftlichen Erfahrung vielfach verflochten bleibt. Doch ganz unverkennbar hat sich der Prozeß der Kunstproduktion immer mehr mit sich selbst kurzgeschlossen und erzeugt seine Innovationen fast nur noch in Reaktion auf sich selber als permanente Antikunst von Antikunst, und kaum noch als Vorfeld werdender Wirklichkeit. Das hängt mit der Aufweichung aller Erwartbarkeiten in diesem gesellschaftlichen Teilbereich zusammen. Alles ist möglich und bald kann alles beliebig sein. Als Marcel Duchamp das Ready-Made erfunden hatte, indem er beliebige Gebrauchsgegenstände wie Kunstwerke ausstellte, war prinzipiell jeder ästhetische Kanon verabschiedet und die gesamte Realität zur Kunst erklärt. Duchamp mußte dann durch willkürliche Selektionsprinzipien die Anzahl der Ready-Mades einschränken, wenn sie noch ein brauchbares Instrument zur Verdeutlichung einzelner, besonderer Aspekte der Realität bleiben sollten. Das Problem einer begründbaren Auswahl und Distanz ist heute durch die dokumentarischen Medien neu gestellt. Tonband, Kamera, vor allem die Videokamera als ein perfektes Instrument der Realitätsverdoppelung tendieren zur endlosen blinden Tautologie. Sie stellen das künstlerische Subjekt nach vielen Abenteuern subjektiver Differenzierung vor die Wand des bloß Faktischen. Und das ist ein Schrecken, der noch anhält, als hätte man die Wand eines riesigen Gefängnisses entdeckt und vergessen, daß das nicht die ganze und keine unveränderliche Realität ist, sondern immer nur die selbstgeschaffene, prinzipiell unvollendbare.

Vielleicht kann man darin den Reflex einer allgemeinen Erfahrung sehen. Die von der immer komplexer werdenden Gesellschaft geschaffene unüberschaubare Realität, vor allem ihre Eigenkomplexität, haben eine neue Entmutigung hervorgebracht: das Bewußtsein der Inkompetenz und Ohnmacht des einzelnen gegenüber dem Ganzen. Der einzelne sieht sich weitläufigen sozialen, ökonomischen, technischen, politischen Prozessen ausgeliefert, die er weder beeinflussen, noch durchschauen kann, er wird statt dessen überschüttet mit einer Unmenge disparater Informationen, die er nur flüchtig und meinungshaft zu integrieren vermag und die mangels praktischer Verarbeitungsmöglichkeiten folgenlos bleiben, also konsumiert werden, es sind mehr oder minder starke Reize, die sich durch ihre schnelle Abfolge gegenseitig wieder löschen. Information ist nur ein flüchtiger Abhub von Realität, der keine verbindlichen Antworten verlangt, man kann beliebig viele Informationen aufnehmen, ohne sich verändern zu müssen. Das ist der Unterschied zur Erfahrung, die immer eine Veränderung in den Prämissen der Informationsverarbeitung bedeutet.

Wenn also das Fernerliegende als bloße Information der Person äußerlich bleibt, dann privatisiert sich die Erfahrung, es ist ein Schwund an Übersicht und Ansprechbarkeit. Das bloß Faktische häuft sich gleichgültig an und kann nicht überschritten werden in Richtung allgemein verbindlicher Deutungen des Lebens. »Die Welt ist alles, was der Fall ist« und »Worüber man nicht sprechen kann, darüber muß man schweigen«, so hat es Wittgenstein im Tractatus gesagt, und Arnold Gehlen hat dieser längst allgemein gewordenen Denkweise, der pragmatisch-positivistischen Einstellung die kulturhistorische Deutung gegeben, daß wir im Post-histoire angelangt sind. Die Ideengeschichte der Menschheit sei abgeschlossen und neue Deutungen des Lebens seien nicht mehr zu erwarten. Von nun

an wäre also alles nur noch Praxis, umrahmt freilich von differenzierender Diskussion.
Anscheinend braucht die moderne technokratisch organisierte Gesellschaft auch keine übergreifenden kollektiven Identitäten mehr, um zu funktionieren. Sie deckt ihren Steuerungsbedarf laut Niklas Luhmanns Systemtheorie nicht mehr durch institutionell festgemachte allgemeine Sinnerlebnisse, sondern durch funktionale Organisation. In diesem Rahmen entwikkeln sich viele luxurierende Nahwelten, Welten des Konsums, der Muße, der künstlerischen Sensibilisierung, der Reflexion, aber es bleiben privatisierte Realitäten vor dem Hintergrund des abstrakt und ungreifbar gewordenen Ganzen, das allenfalls in Datenbanken noch einen Niederschlag hat.
Diese sich vergrößernde Kluft zwischen dem Individuum und der Gesellschaft, der privaten und der allgemeinen Realität, dem individuellen Erfahrungsausschnitt und dem Ganzen ist bei wachsender gesellschaftlicher Komplexität unvermeidbar, und sicher ist es eine notwendige Entlastung, nicht alles wissen zu müssen, nicht für alles verantwortlich zu sein. Doch die Gefahr ist groß, daß ohne übergreifende Deutungssysteme, die ja nur noch mit Gewalt, also dogmatisch durchsetzbar wären, die Vermittlung der partiellen und allgemeinen Interessen nicht mehr gelingt, daß das Allgemeine als fremd und bedrohlich empfunden wird und nicht als das gemeinsam Hervorgebrachte, und daß deshalb alle Privatinteressen eine parasitäre Dringlichkeit bekommen. Jeder beutet auf eigene Faust das Ganze aus, dem er sich zugleich unterwirft. Parasitäre Haltungen sind immer ein Zeichen von Realitätsverlust. Man hält sich dann nur an das Näch-

ste, den eigenen Vorteil, das eigene Dogma. Es ist ein Rückfall in infantile Haltungen, man begegnet der Gesellschaft wie einst der Mutter egoistisch und fordernd und notfalls mit Geschrei. Anstelle von Kooperation und Kritik treten zwei andere Einstellungen, die sich gegenseitig bedingen, aber unvermittelbar einander gegenüberstehen: blinde Anpassung und blinde Revolte.

Träumerischer Grenzverkehr

Über die Entstehung eines Gedichtes

1975

Ein Gedicht wird gemacht, ein Gedicht stellt sich ein: Beides ist wahr. Daß es gemacht wird, daß man es bis zu einem gewissen Grade lernen kann, ein Gedicht zu machen, das war allen Epochen, die eine ars poetica hatten, selbstverständlich, und ist von Edgar Allan Poe für die Moderne gegen die romantische Inspirationslehre wiederentdeckt worden. Aber sein Beharren auf dem rationalen Kalkül, seine Forderung, in einem Gedicht solle sich nichts dem Zufall oder der Intuition verdanken, es solle vielmehr »Schritt für Schritt bis zum Abschluß mit der Präzision und ungebrochenen Folgerichtigkeit einer mathematischen Berechnung« entstehen, hat Züge einer zwanghaften Abwehrhaltung gegen unbeherrschte Impulse und Triebkräfte und spricht für deren beängstigende Macht. Poe fühlte sich so bedroht von seinen unbewußten Phantasien, daß er bemüht war, das Schreiben einer totalen rationalen Kontrolle zu unterwerfen, das heißt, sich und anderen einzureden, es sei so, denn tatsächlich ist ja sein Werk der unübersehbare Ausdruck seiner Zwangsvorstellungen oder jedenfalls seines Kampfes gegen die dunklen exterritorialen Bereiche seiner Person, die ihn immer wieder zu überschwemmen drohten. Auch gegenwärtig ist es aktuell und opportun, vom Machen und von der Machbarkeit des Gedichtes zu reden. Das entspricht technokratischem Denken, und vielleicht spielt auch eine demokratische Schamhaftigkeit hinein: Man will den Verdacht abwehren, das Schreiben von Gedichten und der Umgang mit Gedichten könnte etwas Exklusives sein. Rationalität steht auch hier für gesellschaftliche Kontrolle und Honorigkeit.

Solche Ängste führen zu einer falschen Vorstellung vom Schreiben. Indem man die technischen, rationalen Momente überbetont und die unbewußten Anteile verleugnet, kürzt man dem kreativen Prozeß seine Dynamik weg und kann nicht mehr verständlich machen, wieso überhaupt etwas Bestimmtes entsteht und wie Neues zustande kommt. Wenn alles nach Plan geschieht, dann hat man auch schon alles vorher gewußt und bleibt in den Grenzen seines Bewußtseins eingesperrt. Allenfalls kann der methodisch eingesetzte Zufall etwas Neues hervorbringen. Doch dieses mechanisch hervorgebrachte Neue kann völlig belanglos sein. Alle diese methodisch erzeugten Varianten verschwinden in der Langeweile der schlechten Unendlichkeit, in der die Unterschiede sich gleichen wie ein Ei dem anderen. Es ist nicht das Aufblitzen eines neuen Sinns.

Anfangen heißt wählen und zunächst repräsentiert sich der Widerstand dagegen als leeres weißes Papier. Man kann noch alles darauf schreiben, alles Mögliche, und das bedeutet, man hat noch nichts zu sagen. Wie diese Beliebigkeit überwinden, wie einen Anfang machen? Ich glaube, daß die Wahl schon getroffen ist, bevor man es weiß. Es fängt an, nicht ich fange an. Ich komme dann erst dazu und nehme den Vorgang in meine Regie.

Ich will jetzt nur von mir sprechen, von meiner Erfahrung mit dem Schreiben von Gedichten. Fast immer ist eine Vorgabe da, die nicht aus dem Nachdenken kommt, sondern sich einstellt, so daß ich sagen kann, das Gedicht beginnt von selbst. Was zuerst da ist, braucht nicht die erste Zeile zu werden, nicht einmal ein unveränderlicher Bestandteil des späteren Gedichtes, sondern muß nur offene Anschlußmöglichkeiten haben, Lücken, unbesetzte Wertigkeiten, damit es andere Vorstellungen und andere Wortverbindungen zu seiner Verstärkung und Verdeutlichung herbeiruft. Mitten in dem dauernden halbbewußten Gedankenstrom, dem inneren Reden, das immer, fast unbemerkt abläuft, wenn man sich nicht gerade auf etwas konzentriert oder aber traumlos schläft, in diesen vagen Zwischenzuständen des Bewußtseinslebens kann eine solche widerständige Einzelheit auftauchen, ein fragmentarischer Satz, eine Vorstellung, die nicht sofort wieder erlischt. Sie hat vielleicht den Charakter eines Rätsels, sie ist anwesend und abwesend, nicht ganz einlösbar, nicht ganz zu sich selbst gekommen, doch schon deutlich genug, um zu erkennen zu geben, daß etwas darin steckt, was man wissen will, was einen angeht in einem noch nicht geklärten Sinn.

»Der Tod ist eine Ameise unterwegs in einem finsteren Treppenhaus.«

Das ist ein solcher Satz, der zum Initialreiz werden kann und bei mir auch zum ersten Satz eines Gedichtes geworden ist. Es war ein befremdlicher Einfall, der zwar aus mir selber kam, aber noch nicht zu mir gehörte. Ich mußte mir dieses Motiv meiner spontanen Phantasie erst aneignen. Das geschah durch das Schreiben des Gedichtes. Es war der Versuch, die in der ersten Vorstellung eingeschlossene Erfahrung zu entfalten.

Der Tod ist eine Ameise
unterwegs in einem finsteren Treppenhaus –
warum muß ich diesen Satz denken?
Er ist unterwegs und es ist dunkel
und wahrscheinlich schläfst du
aber er kann die Stufen erklettern
riesige Steilwände weite Plateaus
überquert er.
Er ist unterwegs er hat Zeit
eine Ameise
in der Dunkelheit blind
und tief in deinem Schlaf
ist eine kleine Bewegung
fremd wie deine eigene Stimme
die hallo ruft hallo
in einem finsteren Treppenhaus.
Doch der Tod ist nur eine Ameise
blind an einer riesigen Steilwand.

Das Gedicht ist kein Klartext. Es erläutert das Phantasiebild nicht, sondern führt es nur aus. Vielleicht kann man sagen, daß es eine Verwandtschaft mit einem Traumprotokoll hat: Es notiert, ohne ihn zu deuten, einen Traum von der allmählichen Annäherung des Todes, seiner Fremdheit, Ungreifbarkeit, Lautlosigkeit, Stetigkeit, die alle Widerstände und Entfernungen überwinden wird. Irgendwann wird er ankommen, auch wenn er jetzt noch klein ist, weit entfernt und blind. Gerade das macht ihn unangreifbar und unverständlich. Die Dunkelheit, in der er unterwegs ist, schützt nicht, sondern ist bedrohlich wie sein vorausfallender Schatten, weil sie ihn verbirgt.

Eine solche Interpretation ist eine Übersetzung des Gedichtes, die es zugleich auflöst. Sie zerstört seine sinnliche Besonderheit, zapft die in ihm aufgestauten Bedeutungen auf allgemeinverständliche Begriffe wie auf etikettierte Flaschen ab. Die Sprache dieser Metaebene verhält sich gegenüber dem Gedicht parasitär. Selbst erfahrungslos, lebt sie nur von den Echos der Primärerfahrung, die im Gedicht erschienen ist.

Allerdings ist es nicht sinnlos, dem Gedicht einen solchen Echoraum zu schaffen, in dem es nachhallt, in dem man ihm nachhört, es überprüft, besser kennenlernt und freilich auch damit wieder verabschiedet. Denn seine Verfügbarmachung ist seine Verabschiedung. Sein Zauber wirkt nur, solange es Widerstand leistet und sich nicht restlos einbringen läßt in Verständlichkeit. Das spontane Verstehen ist noch vorbegrifflich, ein Haben und Nichthaben, eine Evidenz, in der Sinnlichkeit, Emotionalität und Intellekt noch miteinander verschmolzen sind. Man weiß es, ohne es anders sagen zu können, wie in einem Traum, den man träumt, ohne erwachen zu können. Das Verstehen ist ohne Distanz, man kann nichts austauschen, es ist alles einmalig und unabweisbar da. Vielleicht weiß man, es ist eine Kulissenwelt, mit dem seltsamen Flair von Falschheit, Lüge und Täuschung, man rückt an ihr herum, aber man kommt nicht aus ihr heraus. Sie hat immer nur sich selbst mitzuteilen, es gibt keine zweite Sprache für diese Mitteilung, das macht ihre Dringlichkeit aus, ihre Fremdheit und Präsenz. So ist es auch mit dem Gedicht. Die einmalige Erfahrung, die sich mit ihm hervorbrachte, existiert nur in der Gestalt des Gedichtes selber.

Das ist oft gesagt worden. Das meinte zum Beispiel

auch Mallarmé, wenn er in einem Brief schreibt: »Der Sinn – wenn das Gedicht überhaupt einen hat – wird durch eine innere Spiegelung der Worte selber heraufbeschworen.«

Die besondere, unerwartete Zusammenstellung der einzelnen Worte, Wortgruppen, Bedeutungshöfe läßt zwischen ihnen ein problematisches Feld entstehen: Tod – Ameise – finsteres Treppenhaus, das rückt im alltäglichen Reden nie zusammen, ist noch nicht auf vertraute Weise miteinander vermittelt, die Beziehungen müssen erst gefunden werden. Es sind leere Räume dazwischen, die der Leser, der Zuhörer mit seinen Phantasien auffüllt. Was bedeuten ihm Tod und Ameise? Wie beleuchten sich die Worte gegenseitig, wie färben sie sich ein, wenn sie in Berührung geraten? Ist es vielleicht das Unermüdbare, Vernunftlose, fremdartig Bedrohliche, das das Wort »Ameise« im Vorstellungskomplex »Tod« aufruft? Die Ameise, als die der Tod hier erscheint, ist aus ihrer natürlichen Welt herausgerissen. Sie ist unterwegs in einem finsteren Treppenhaus, denn offenbar hat sie ein Ziel. Wenn sie an so ungewohntem Ort auftritt, muß man überall mit ihr rechnen. Sie ist das erwartete Unerwartbare, das eines Tages da sein wird, der Tod. Noch trennen uns riesige Dimensionen von ihm, aber ebenso gewaltig ist die Anstrengung, mit der er sie überwindet »aber er kann die Stufen erklettern / riesige Steilwände weite Plateaus / überquert er.« Während man selbst wehrlos ist – »und wahrscheinlich schläfst du« – ist er unermüdlich unterwegs. Die Zeit arbeitet für ihn, er ist die Zeit, die dauernde kleine Veränderung, das pausenlose, lautlose, unausweichliche Näherkommen.

Doch auch der Raum des Treppenhauses, die Steil-

wände und Plateaus, die die Ameise überwinden muß, repräsentieren Zeit. Wie in der Traumlogik überlagern sich die Bilder und müssen in dieser Überschichtung gelesen werden. Hier also der riesige, doch unbestimmte Abstand und eine unermüdliche Annäherung, die den Schutz der Entfernung allmählich zunichte macht, und umgekehrt, beängstigendes Näherkommen der Gefahr und die Vorstellung eines noch immer riesigen Abstandes, der einen vor ihr schützt – aus dieser widersprüchlichen Empfindung entsteht der Schwebezustand des Gedichtes. Das erinnert mich an Freuds These, daß der Traum der »Retter des Schlafes« sei. Die Beunruhigung ist da, aber die Traumlogik fängt sie in einem Bild auf. Die Gefahr ist nur ein kleines Tier, das sich nähert, und es ist noch weit entfernt. Doch diese Beruhigung verfängt nicht, dringt nicht durch, denn die Gefahr ist fremdartig, zäh, ungreifbar, unsichtbar und seltsamerweise blind. In diesem Wort scheint wieder der Doppelsinn von Beruhigung und Beunruhigung enthalten zu sein. Denn einerseits bedeutet es eine nicht unerhebliche Schwierigkeit für die Ameise, daß sie blind ist, andererseits aber – und das ist für mein Gefühl die durchschlagende Bedeutung – heißt es, daß sie ihr Opfer sucht und ihre Aufgabe erfüllt wie das blinde Schicksal und die blinde Gerechtigkeit: ohne Ansehen der Person.
Gerade darin, daß das Tier blind ist, steckt der Schrekken. Seine Blindheit macht die Wirkung der Dunkelheit zunichte, überbietet sie und hebt sie auf. Doch die Dunkelheit ist auch ein Zeugnis für die Blindheit des Schläfers, der in sich hineinblickt und die Gefahr nicht sehen kann, sie nur spürt. »und tief in deinem Schlaf / ist eine kleine Bewegung / fremd wie deine eigene

Stimme / die hallo ruft hallo / in einem finsteren Treppenhaus.« Die Gefahr kommt von innen, sie nähert sich aus den Tiefen der sich selbst verdunkelten Person, die sich als dieser große dunkle Raum erfährt, als ein finsteres Treppenhaus, in dem das Untere nach oben steigt, unkontrollierbar und unaufhaltsam.
Man kennt diese Spaltungserlebnisse. Einerseits ist man eine Person, andererseits ein Gegenstand, man hat ein Bewußtsein von sich, aber das Ich ist ohnmächtig, ist gelähmt und es hört seine eigene Stimme und spürt seine eigene Unruhe in sich selbst als etwas Abgetrenntes, Anderes, das nicht zu ihm gehört und das Ich bedroht. Das sind typische Dissoziationserlebnisse während des Einschlafens oder kurz vor dem Erwachen. In diesen labilen Übergangsphasen ist die Person nicht integriert und einzelne Strebungen, Wahrnehmungen, Teile des eigenen Körpers können wie verselbständigte Gegenstände oder Wesen erscheinen, oder aber die ganze Person verliert ihre Identität proteusartig an alle möglichen fremden Gestalten. Proust hat das zu Beginn der Recherche unvergeßlich geschildert. Das Kind ist über seiner Lektüre eingeschlafen, und das Lesen setzt sich verändert im Traum fort. »... im Schlafe hatte ich unaufhörlich über das Gelesene weiter nachgedacht, aber meine Überlegungen waren seltsame Wege gegangen; es kam mir so vor, als sei ich selbst, wovon das Buch handelte: eine Kirche, ein Quartett, die Rivalität zwischen Franz dem Ersten und Karl dem Fünften. Diese Vorstellung hielt zuweilen noch ein paar Sekunden nach dem Erwachen an; meine Vernunft nahm kaum Anstoß an ihr, aber sie lag wie Schuppen auf meinen Augen und hinderte mich daran, Klarheit darüber zu gewinnen, daß das

Licht brannte. Dann wurde sie immer weniger greifbar, wie nach der Seelenwanderung die Gedanken einer früheren Existenz.«
Es ist interessant, daß Proust hier die Seelenwanderung als Analogie heranzieht. Denn wahrscheinlich ist ja die Vorstellung einer vom Körper ablösbaren und den Tod überdauernden Seele entstanden aus solchen Zuständen der Dissoziation im Halbschlaf und im Traum, in denen man sich verwandelt zwischen fremden Dingen und Personen zu bewegen glaubte und sich mit einer schattenhaften, fremden Welt vermischte oder sogar die Spaltung erlebte, wissend, man schlief, während man zugleich schwebte, lief, kletterte, stürzte oder gefesselt war.
Auch das Gedicht entspricht diesem anderen Zustand, erzeugt eine andere Welt, die aus bekannten Elementen gebaut ist (Ameise, Treppenhaus, Dunkelheit, rufende Stimme), aber zugleich tief unvertraut und beängstigend erscheint, weil nichts wie gewohnt zusammengehört und die einzelnen Elemente unfeste, mehrdeutige Verbindungen miteinander eingehen. Das finstere Treppenhaus ist das verdunkelte Innere der Person, doch zugleich ein Hochgebirge mit riesigen Steilwänden und weiten Plateaus. An dieser Stelle scheint mir das Bild noch eine andere Bedeutung zu zeigen. Das dunkle Gebirge mit seinen klobigen, stummen Widerständen wird selber zu einer unheimlichen Todeslandschaft und das kleine Tier, das blind darin unterwegs ist, repräsentiert einen Rest von Leben, freilich einen verstümmelten, entfremdeten, vermummten Rest. Die eigene Stimme, die fremd im Treppenhaus klingt, ruft hallo hallo, als wolle sie das fremdartige Wesen veranlassen, seine Fremdheit auf-

zugeben und zu antworten. Denn in dem imaginären Szenarium ist sicher auch die Ameise als das ichfernste und bedrohlichste Motiv ein abgesprengter Teil der Person, eine isolierte, verleugnete Strebung. Aber ich muß zugeben, daß ich es nicht deuten kann.
Ich habe das Gedicht im Herbst 1973 in England geschrieben. Ich wohnte in einer Kleinstadt in einem möblierten Zimmer, an den Wochenenden und vielen Abenden auf mich selbst zurückgedrängt. Bei einem Ausflug nach Oxford hatte ich in einem Buchladen einen Bildband gekauft: »The Graphic Work of M. C. Escher.« Ich kannte diesen holländischen Surrealisten noch nicht und war tief beeindruckt von seinen optischen Experimenten mit dem Raum, seinen widersprüchlichen Perspektiven, seinen Verzerrungen und dem verblüffenden Gestaltwandel, den er immer wieder durchspielte. Eines der Bilder zeigte ein Treppenhaus aus ineinandergeschachtelten, umkippenden Perspektiven, in dem viele kleine Gliedertiere in wechselnden Richtungen unterwegs waren. Sie hatten Knopfaugen, drei kleine menschliche Beinpaare, einen gegliederten Rumpf und sie konnten sich zusammenrollen und wie ein Rad fortbewegen. Krempeltierchen nannte Escher seine Geschöpfe. Für mich waren es insektenhafte kleine Tiere zwischen Raupe und Ameise.
Sicher war das Bild eine Anregung für das einige Tage später fast in einem Zug geschriebene Gedicht. Doch hatte ich es zwischendurch vergessen. Es stand jedenfalls nicht im Vordergrund meines Bewußtseins, und in dem Bildband, den ich mir gekauft hatte, gab es einige Bilder, die mich noch mehr fasziniert hatten als dieses Bild von den Krempeltierchen im Treppenhaus, das

eher komisch wirkte und nur unheimlich erschien, weil die ganze labyrinthische Architektur vom Gewimmel der kleinen Tiere erfüllt war. Als mir dann Tage später plötzlich der erste Satz des Gedichtes durch den Kopf ging, hatte sich einiges geändert: Die vielen Phantasietiere waren zu einer Ameise geworden, das Treppenhaus war finster, und es war kein kalkuliertes Labyrinth, sondern das große lichtlose Treppenhaus eines alten Mietshauses, das ich kannte, und vor allem waren Stufen und Tiere nicht wie auf Eschers Bild aufeinanderzugeschnitten, sondern es wurde ein wesentliches Moment des Gedichtes, daß die Ameise die für sie riesigen Dimensionen der menschlichen Welt überwinden muß, was ich oft als Kind beobachtet hatte, immer betroffen von der blinden Unermüdlichkeit der Insekten.

Das alles war anders als auf Eschers Bild. Die entscheidende neue Akzentuierung aber war, daß die wandernde Ameise die Bedeutung des näherkommenden Todes bekam. Es gab andere Bilder bei Escher, die für mich schon beim Betrachten eine Todesbedeutung gehabt hatten. So zum Beispiel das Bild »Andere Welt«, das das Innere einer mausoleumartigen Architektur zeigte, in deren nach außen geöffneten Säulenstellungen Vögel mit menschenähnlichen Köpfen saßen. Dahinter waren jeweils in widersprüchlicher Perspektive der schwarze Nachthimmel mit Fixsternen und Spiralnebeln oder die Kraterlandschaft eines erloschenen Sternes zu sehen. Dies war für mich auf den ersten Blick ein Jenseitsbild, starr, eisig, dunkel und unveränderbar. Vielleicht hat sich das auf den ganzen Bildband übertragen und auch das andere Bild mit eingefärbt. Vielleicht war auch das schon mein besonderer voreingenommener Blick, die Projektion einer Lebensstimmung, die mich beherrschte. Ich war, wie gesagt, allein, hatte viel Zeit, und wenn die Verbindungen nach außen schwächer und seltener werden, wächst der innere Druck. Man kann nicht mehr über seine Probleme hinwegleben, und es gab damals einige wichtige ungelöste Fragen, und das bedeutete, daß die Zukunft dunkel war und sich ungewiß verengte. Ich dachte oft darüber nach, was ich künftig machen, wie ich leben wollte, und überlegte mir, wieviel Zeit ich allenfalls hatte, und es schien mir manchmal viel, manchmal wenig Zeit zu sein.

Aber ich hatte nicht vor, ein Gedicht über das Nahen des Todes zu schreiben, schon gar nicht dieses bestimmte Gedicht. Es war einfach plötzlich nahezu fertig da. Ich brauchte die sich fast selbst formulierende Vorstellungskette nur ein wenig zurechtzurücken und zu exponieren. Es war so, wie Hegel in der Einleitung zur »Phänomenologie des Bewußtseins« die »Entstehung des neuen Gegenstandes« beschreibt, »der dem Bewußtsein, ohne zu wissen wie ihm geschieht, sich darbietet«, eine Entstehung, die »für uns gleichsam hinter seinem Rücken« vor sich geht. Hegel charakterisiert hier einen Vorgang, der in der Sprache der Kreativitätsforschung als Inkubationsphase bezeichnet wird. Ohne Beteiligung des Ichs, »hinter dem Rükken« des Bewußtseins werden Eindrücke und Erinnerungen umstrukturiert und treten dann eines Tages als neuer Vorstellungszusammenhang, neuer Gedanke wieder ins Bewußtsein ein. Es ist so, als gäbe das Ich die Arbeit an sein Unterbewußtsein ab, verhielte sich passiv und warte ab, bis ihm die Lösung von dort zurückgegeben wird. Die bewußte Person weiß nicht,

daß diese Arbeit im Gang ist, und so wird sie von den aufsteigenden neuen Vorstellungen immer überrascht. Aber sie muß bereit sein, sie zu erkennen, festzuhalten und auszuarbeiten.
Ich war eingestimmt, auf mich zu hören, und bereit, durch Schreiben auf innere Impulse zu reagieren, sonst hätte ich den unerwartet auftauchenden Gedanken »Der Tod ist eine Ameise unterwegs in einem finsteren Treppenhaus« als eine Flause abgewehrt. Das nämlich ist die normale Reaktion: Man unterdrückt die Impulse aus dem Unbewußten. Arbeit, Geselligkeit, Sport, Alkohol, Fernsehen, Zeitunglesen, Telefonieren, Reden – alles kann dieser Abwehr dienen. Man spürt eine vage Beunruhigung, eine Spannung, eine unerklärliche leise Angst, oder auch nur Langeweile und schon greift man zu seinen gewohnten Techniken und Betäubungsmitteln, die einem helfen, das Gleiten hinter dem Rücken nicht wahrzunehmen und die einmal definierte Lebenssituation zu bewahren, das Selbst- und Realitätsverständnis, in dem man sich sicher fühlt. Da war etwas, ein Anspruch an das Ich aus den verdeckten Bereichen der Person, aber man tut die Beunruhigung als kleine Störung oder Verstimmung ab: Das hat ja jeder mal, es war nichts. Je bedrohlicher der Druck des Unbewußten dem Ich erscheint, um so starrer wird die Abwehr, um so ängstlicher wird jede spontane Regung ritualistisch aufgefangen und kontrolliert, bis möglicherweise die Dämme brechen und das längst ausgehöhlte Ich in der Psychose untergeht.
Es muß also Möglichkeiten des Grenzverkehrs geben zwischen den Ichbereichen und dem Unbewußten, und neben dem Träumen, dem freien Phantasieren ist das

Schreiben ein solcher Übergang. Da ich die Entstehung eines kurzen, homogenen Gedichtes beschrieben habe, dominiert in meiner Darstellung der unbewußte, spontane Vorgang. Das Gedicht ist die Niederschrift eines unerwartet aufsteigenden Phantasmas, dem erlaubt wird, sich zu entfalten, das Schreiben ist fast die Notierung eines Diktats. Bei einer Großform schieben sich dagegen Zäsuren der Kontrolle und der Korrektur in den Schreibvorgang ein. Die entstehende Form selber wird zu einer objektiven Forderung. Man muß ihre sich allmählich verdeutlichende Logik erfüllen. Der Vorstellungsfluß bricht sich dann an einem Widerstand und kann sich so mit der Form vermitteln, daß er später durch sie auch wieder hervorgerufen wird. Wenn er zu versiegen droht, kann er durch Umstellungen, Kürzungen, Erweiterungen, Wiederholungen, also durch ein Probierverhalten, das neue Aspekte des Textes freilegt, neue Anschlußmöglichkeiten schafft, wieder in Gang gebracht werden.

Aber auch in diesem Wechselspiel ist das Bewußtsein immer der Beschenkte. Die neu entstehende Erfahrung ist ihm voraus, und es muß sich in einer schwebenden Aufmerksamkeit dafür öffnen. Auch für seine Eingriffe, seine Korrekturen hat es kaum ein anderes Kriterium als ein Evidenzgefühl. Das ist eine vorbegriffliche Gewißheit, die sich einstellt, wenn durch einen Text, ein Kunstwerk, überhaupt durch eine Lebensäußerung die Wahrnehmung des Lebens erneuert wird. Man weiß in diesem Augenblick, daß man mehr weiß, als man zu wissen glaubte, und in dieser Schwebe, diesem Haben und Nichthaben hält sich der poetische Text, bis er ganz eingeholt ist in erfahrungslose Verständlichkeit, oder aber sich wieder verdunkelt hat.

Ein Moment des Schreibprozesses habe ich bisher nicht erwähnt: seine Rückwirkung auf den Autor. Sie ist aber das Alleroffensichtlichste und wahrscheinlich eine dauernde neue Motivation. Das Schreiben des Gedichtes kann einen Stimmungsumschwung herbeiführen, eine deutliche Steigerung des Lebensgefühls. Unruhe, innerer Druck wandeln sich um in Konzentration und lösen sich mit der Entstehung und Formierung der Vorstellungen in einem energetischen Prozeß, den man nicht mehr als eine abgesprengte Gegenkraft, als Spannung, sondern als Teil seiner selbst erlebt. Die Finsternis der zutagetretenden unbewußten Phantasien schränkt diese Erfahrung nicht ein. Eher scheint deren Macht vorübergehend gebrochen zu sein.

Auch Träume können das leisten. Sie konzentrieren herumvagierende, verdrängte Motive in einem symbolischen Szenarium und bauen durch ihren Ausdruck die Spannung zwischen dem Unbewußten und der Person ab. Wenn dieses Ventil experimentell, zum Beispiel durch Schlafentzug gesperrt wird, dann stellen sich bald Halluzinationen ein, das heißt, die unbewußten Inhalte überschwemmen jetzt das Wachbewußtsein, und die Person treibt in die Psychose ab. Die Entlastungswirkung des Träumens ist immer wieder therapeutisch genutzt worden, so von einer therapeutischen Schule, die sich Directed Daydreaming (Gelenktes Tagträumen) nennt. Sie versucht, Spannungen zu mindern, indem sie die Patienten dazu anhält, sich bewußt symbolische Situationen zu schaffen, in denen sie alle ihre beunruhigenden oder beängstigenden Phantasien ausagieren und lösen können.

Es liegt nahe, darin eine unmittelbare Analogie zur Literatur zu sehen und sie zu beschreiben als Gelenktes Tagträumen. Doch das Schreiben eines literarischen Werkes und auch eines so spontanen Gedichtes wird als eine ichnähere Leistung erlebt, weil die Phantasien in der Entäußerung nicht nur ins Bewußtsein eingelassen, sondern auch objektiviert werden. Sie sind so zum Gegenüber geworden und werden festgehalten in einer Gestalt, die nicht mehr als fremde dämonische Macht erscheint, sondern als eine mitteilbare Erfahrung. Doch ist die Fremdheit nicht ganz verschwunden. Und dieses nicht ganz aufgeklärte Geheimnis gibt paradoxerweise einem Gedicht die Offenheit, die es zu einem Suchmuster für ähnliche Erfahrungen anderer Menschen macht.

Die Irrealität der Komödie als utopischer Schein

1975

In seiner Abhandlung über den »Witz und seine Beziehungen zum Unbewußten« zählt Freud unter dem Stichwort »Isolierung des komischen Falls« die verschiedenen Rahmenbedingungen der komischen Wirkung auf. Es sind vor allem Bedingungen der Entlastung, der Distanz, die die Bereitschaft, sich ernsthaft zu engagieren, ausklinken. Der Zuschauer der Komödie fühlt sich seiner praktischen Lebenswirklichkeit enthoben und sieht einem Spiel zu, das zwar Beziehungen zur Realität hat, doch höchst vermittelte, die ihm keine unmittelbaren affektiven Reaktionen abfordern. Das Spiel zeigt sich als Spiel, und seine Bedeutung, sein Ernst müssen gleichsam durch das Als-ob hindurch entdeckt werden.

Dann freilich zeigt sich in der Komödie etwas anderes, Entgegengesetztes, ihr dunkler, pessimistischer Grund. Die Transzendenz der Komödie ist der Schrecken der Entfremdung. Man tut durch sie einen Blick in die unversöhnten Widersprüche, die auf der Bühne spielerisch ausgetragen werden, so daß sie leicht erscheinen, gewichtslos und sogar lösbar, versöhnbar, aber gerade weil die Irrealität der Lösungen so offensichtlich ist, wird die unbewegte Schwere der Realität fühlbar. Die fiktionale Welt zeigt in ihrem Unernst den gemeinten Ernst, gerade indem sie ihn

außer Kraft setzt, als nicht überwundenen. Ihre scheinhaften Lösungen klagen die realen ein.
Doch vielleicht spreche ich hier schon mit zu großem Allgemeinheitsanspruch. Mein Beispiel sind die Komödien Shakespeares, und ich denke vor allem an »Was ihr wollt«, das ich 1962 in einer denkwürdigen Inszenierung Fritz Kortners im Schillertheater in Berlin gesehen habe. Ich erwähne diese Aufführung, weil die Umstände, unter denen ich sie sah, mir die Enthobenheit der Komödie, ihre Irrealität und darin eben ihre utopische Beziehung zur Wirklichkeit unvergeßlich anschaulich machten. Es war der Höhepunkt der Kubakrise, die dadurch ausgelöst wurde, daß die Sowjetunion auf Kuba, also in unmittelbarer Nähe der USA, Raketenbasen errichtet hatte. Der Konflikt hatte sich ultimativ zugespitzt. Die USA forderten den Abbau der russischen Stützpunkte und hatten ihre Flotte ausgeschickt, um einen russischen Geleitzug abzufangen. Das schien der Vorabend des Dritten Weltkrieges zu sein, der diesmal ein Atomkrieg werden würde. Auf der Fahrt durch die DDR hatte ich auf allen Autobahnbrücken die antiamerikanischen Parolen gelesen. Berlin war nicht fern vom Konflikt, es war ein Ort, wo er sich mehr als an den meisten anderen Punkten der Welt atmosphärisch verdichtete; die Stadt war ja umgeben von der russischen Armee. Ich hatte hier das Ende des Zweiten Weltkrieges erlebt und auch das trug dazu bei, daß ich diesen Abend überschattet sah von einer kommenden Katastrophe.
Es war vielleicht verrückt, ins Theater zu gehen, andererseits konnte man nichts Besseres machen, man war drinnen und draußen nur noch Zuschauer. Das Theater war ausverkauft. Bei Eintritt empfand ich es als

eine geschlossene Welt. Doch das Draußen blieb nicht ganz draußen. Während der ganzen Aufführung war im Hintergrund meines Bewußtseins das wirkliche Geschehen dieser Stunden anwesend und das steigerte die Enthobenheit dieses Theaterabends ins Phantastische. Ich wußte, daß das immer so gewesen war, auch zu Shakespeares Lebzeiten, immer hatte es diese Kluft gegeben zwischen der Wirklichkeit der Geschichte, den wirklichen Kämpfen der Menschen um die Gestaltung ihres Lebens und der fiktionalen Welt des Theaters; an diesem Abend war der Sprung von einer Dimension in die andere nur fühlbarer.

Ein Historienstück, eine Tragödie hätte vielleicht eine Bezüglichkeit bekommen, doch diese Komödie war beziehbar nur in der allgemeinsten Weise, daß sie Entzweiungen und Verwirrungen zeigte, die alle am Ende glücklich geheilt wurden und sich lösten. Das war nicht die Sache, um die es den Menschen an diesem Abend gehen konnte und trotzdem ging es um sie. Ich habe zugeschaut mit jener entrückten Aufmerksamkeit, die ein Schweben zwischen Beteiligtsein und Distanz ist. Die Lüge, der Schein der poetischen Versöhnung, ihre völlige Irrealität bannte mich.

Kortner hatte das Stück auf fast dunkler Bühne langsam, in tiefer, lastender Schwermut beginnen lassen. Herzog Orsino, der sich nach der schönen Olivia sehnt, ist liebeskrank, und krank ist ebenso Olivia, die sieben Jahre lang um ihren toten Bruder trauern und sich vorm Leben verschließen will. Die Menschen seufzen im Banne der Entzweiung und der wahnhaften Phantasie – so beginnt das Stück, das eine Kur dieser Krankheit ist: Erst wird sie ganz ausgespielt in immer neuen Verwirrungen, dann löst sich alles am Ende unglaublich und glaubhaft in einem Tanz.

Gemessen an einem realistischen Anspruch ist das ein miserables Stück, eine Anhäufung von Unwahrscheinlichkeiten, die pure Konstruktion. Der Herzog liebt Olivia (oder bildet sich das ein), Olivia trauert um ihren Bruder (oder bildet sich das ein), Viola und ihr Bruder Sebastian erleiden Schiffbruch, Viola, die ohne ihren Bruder an Land kommt, trauert indessen nicht, sondern verkleidet sich als Mann und tritt in den Dienst des Herzogs. Sie wird als Liebesbote zu Olivia geschickt, die sich in sie, den vermeintlichen jungen Mann verliebt, während Viola, angesteckt durch ihres Herrn Sehnsucht nach Olivia, sich in den Herzog verliebt. Olivias Haushofmeister Malvolio wiederum verliebt sich in Olivia, wird von deren Hofstaat in eine groteske Falle gelockt und macht sich lächerlich. Es ist eine Welt der Täuschung, der Isolation, in der jeder einen anderen sucht und nichts zueinander zu passen scheint. Doch die mühsam aufgebaute Verwicklung wird mit leichter Hand wieder gelöst. Violas Bruder Sebastian hat den Schiffbruch ebenfalls überlebt, und da er aussieht wie seine als Mann verkleidete Schwester, läßt sich Olivias Liebe sofort auf ihn übertragen, und ebenso rasch erwidert er sie auch. Viola kann sich dem Herzog als Mädchen offenbaren, der nun seine bisher unerwiderte Liebe auf sie überträgt und sie zur Frau nimmt. Auch der genarrte Malvolio wird beiläufig getröstet.

Malvolio ist der Sündenbock in dieser Welt der wahnhaften Sehnsucht und der Verkennung. Alle sind wie er, blind gemacht von narzißhaften Wünschen, doch an ihm wird die Schuld der anderen mitgerächt. Er ist lächerlicher als sie, weil er in seinem Liebeswahn eine gesellschaftliche Schranke zu überschreiten wagte, die

noch am härtesten vom Realitätsprinzip und seinen Exekutoren bewacht wird. Das Lachen, das er auf sich zieht, spricht die anderen Liebesnarren frei. Ihre Wünsche können erfüllt werden, doch nur in dieser Welt des Scheins, in der die Verwirrung ebenso künstlich inszeniert wird wie ihre Auflösung. Die Täuschbarkeit der Sehnsucht, die die Verwirrung ermöglicht, und ihre widerstandslose Übertragbarkeit, die die Lösung der Verwirrung möglich macht, ist unausgesprochene Kritik an der Verfassung der Welt. In Shakespeares Augen sind die Menschen Narren, die von Phantasmen beherrscht werden, sie sind »aus solchem Stoff wie der von Träumen«, besessene, mörderische, sehnsüchtige Kinder, unfähig, die Wirklichkeit zu erkennen.
Doch während ihre irrationale Natur in der Tragödie zu Bluttat und Wahnsinn führt, wird sie in der Komödie so weit entkörpert und sublimiert, daß sie sich gewaltlos mit der Vernunft versöhnen läßt. Jeder findet einen passenden Partner, die Widersprüche werden geschlichtet, die Zeit der Entzweiung wird zu einem glücklichen Ende gebracht. Die poetische Irrealität dieses Endes, von Kortner als ein seliger Tanz inszeniert, in dem sich die Paare mehrfach austauschten und schließlich wie von selber fanden, hat den Glanz einer Utopie.
Doch ihre Erfüllung ist scheinhaft und nur vom Dichter gewährt als Entgelt für eine unversöhnte Wirklichkeit, die die Komödie als ihr Negativ immer mitdenkt und mitrealisiert. Die Heiterkeit des Publikums, sein folgenloses Darüberstehen und seine Einwilligung in den verklärenden Zauber ist ein kurzfristiges Privileg, das bezahlt wird mit seiner unabwendbaren Kündigung. Zum Schluß, wenn die glücklichen Paare der ge-

spielten Welt abgetreten sind, beherrscht der Narr die Szene und durchschaut das Happy-End. Sein Lied vom Regen, der jeglichen Tag regnet, erinnert nach der weltfernen Glücksgestalt der Komödie an die materielle Dichte des Lebens. Auch die Liebe ist in seiner Sicht etwas Gröberes, Gewöhnlicheres, Gewaltsameres, als die poetischen Seufzer des Stückes glauben machen wollen. So war es schon immer, solange er sich erinnern kann:

»Und als ich ein winzig Bübchen war,
  Hop heisa, bei Regen und Wind!
Da machten zwei nur eben ein Paar;
  Denn der Regen der regnet jeglichen Tag.«

Es ist die Erfahrung eines Ausgestoßenen, eines Vagabunden und Tagediebes, vor dem sich die Häuser der Menschen verschlossen haben und der betrunken in Wind und Regen lag. Sein Leben dementiert den schönen Schein der Komödie. Nur in ihrem abgeschlossenen irrealen Raum gibt es die Versöhnung der Widersprüche und die Vollendbarkeit des Glücks. Nur deshalb ist die Komödie nicht Lüge, sondern Utopie, weil sie sich als Fiktion zu erkennen gibt. Das Stück ist aus, aber das Leben, in dem jeden Tag der Regen fällt, geht weiter, draußen in der wirklichen Welt.
Doch an diesem Abend war das nicht mehr sicher. Vielleicht hatte sich während dieser Theateraufführung das große Welttheater draußen tödlich zugespitzt. Niemand, der der letzten Strophe des Narrenliedes lauschte, konnte es wissen. Etwas Bodenloses hatte sich aufgetan: die Welt des poetischen Scheins hatte keinen festen realen Hintergrund mehr, auf den,

zwar wie auf etwas Unverläßliches, Gefährliches, Widerspruchsvolles, immerhin Verlaß war. Die Schlußstrophe des Narrenliedes ist gemeint als Zuspruch an das Publikum, aus der Welt der Komödie in die Wirklichkeit zurückzukehren. Aber in diesem Augenblick konnte die Aufhebung der Fiktion schon überholt sein durch ein bevorstehendes umfassendes Ende. So, schwebend zwischen Enthobenheit und bodenlosem Stürzen, haben an diesem Abend wohl viele die letzte Strophe des Narrenliedes gehört:

»Die Welt steht schon eine hübsche Weil
  Hop heisa, bei Regen und Wind!
Doch das Stück ist nun aus, und ich wünsch' euch viel Heil
  Und daß es euch künftig so gefallen mag.«

Destruktion als Befreiungsversuch

Über Rolf Dieter Brinkmann

1975

»Die Dichter verabschiedeten sich mit Flüchen / ehe sie verschwanden.« Diese Zeilen fand ich in dem letzten Gedichtband Rolf Dieter Brinkmanns und habe sie unterstrichen. Der plötzliche Tod des Autors im April dieses Jahres scheint ihnen eine besondere Bedeutung zu geben. So ist es gewesen in seinem Fall.

Das Gedicht, in dem die Zeilen stehen, hat den Titel »Die Einladung«. Es ist nicht ganz verständlich, denn es besteht aus unausgeführten, wie zufällig zusammengerückten Gedanken, Eindrücken, Phantasien, hinter denen ein Befremden spürbar wird, das vielleicht etwas mit einer Einladung zu tun hat, die ihm, dem Autor, den Boden unter den Füßen weggezogen hat. Während alltäglicher Tätigkeiten – er selbst oder jemand anderes, den er »du« nennt, hat Kartoffeln aus dem Keller geholt und öffnet eine Dose – denkt er unbestimmt »da sind Bäume, einige besondere Wege«, denkt er wie abwesend an einen anderen Ort. Er scheint im Süden zu liegen, in einem sehr fremdartig gesehenen Süden, denn er »rasselte mit getrockneten Zähnen / und Blechdosen, mit harten vertrockneten / Blättern«. Aber das ist nun auch schon wieder eine Erinnerung, ein leeres entrücktes Bild von Einsamkeit und Selbstentfremdung. Er fragt sich »warst du die / vergessene Fortsetzung, die auf der Straße / sich selber anschaut?« Und schneidet das ab mit der Bemerkung »Die Fragen waren vorbei.« Aber eine andere Frage beschäftigt ihn, wie die Erfahrung sich in den Nervenzellen fortsetzt. Das Gedicht endet mit der Vorstellung von dressierten Ratten »die gelernt hatten, auf einem ein Meter langen und / 45 Grad geneigten Draht zu balancieren / um zu ihrer Futterstelle zu kommen«, und deren Gehirnextrakt ein Wissenschaftler untersucht.

Ich glaube nicht, daß sich alle Einzelheiten des Gedichtes verstehen lassen. Und der Autor scheint auch nicht vorgehabt zu haben, sich verständlich zu machen. Er war gleichgültig gegen den Leser. Vielleicht, weil er so verstrickt war in seine eigene Erfahrung, daß er sich die Perspektive eines Außenstehenden überhaupt nicht vorstellen konnte. Die subjektive, privatisierte Sprache, die darauf verzichtet zu überzeugen, zu belehren, etwas deutlich zu machen, gibt aber dem Gedicht eine unbestimmte Faszination, die Faszination einer verwischten Spur.

Rolf Dieter Brinkmann ist in London beim Überqueren einer Straße von einem Auto überfahren worden und war sofort tot. Am Tag vorher hatte er an einem Lyrik-Festival in Cambridge teilgenommen. Vor seiner Abreise hatte ich ihn noch gesehen. Er saß in seiner halb leergeräumten Wohnung, allein, ohne Geld und ohne Aussichten, welches zu bekommen, verstört von einer tiefen Lebensangst, manchmal aufspringend, unruhig hin- und hergehend und redend, ganz beherrscht von seinen sprunghaften Gedanken, die immer abzugleiten schienen an der feindlichen, undurchlässigen Wirklichkeit. Die Reise nach Cambridge war seine letzte konkrete Lebensaussicht. Wie es danach weitergehen sollte, wußte er nicht.

Das war im Grunde nichts Neues für ihn. Er war seit Jahren in der Situation, von solchen Einladungen leben zu müssen. Er hatte ein Stipendium für die Villa Massimo in Rom gehabt, und später war er ans German Department der Universität Austin in Texas gegangen. Jedesmal waren diese Einladungen die vorübergehende Rettung vor dem wirtschaftlichen Ruin, denn er brachte es nicht fertig, vom Schreiben zu leben. Ein Gefühl von Abwesenheit, Befremden und Einsamkeit muß sich dadurch allmählich in ihm festgesetzt haben. Davon spricht das Gedicht »Einladung« auf eine merkwürdig zerfahrene Weise und verrät etwas von dem irritierenden Widerspruch, daß die Rettung zugleich ein weiteres Sich-Entfernen oder Entferntwerden bedeutete und man, um dem Schlimmsten zu entgehen, einwilligen muß in das Falsche. »Du bist sicher ganz verloren«, heißt es in einer Zeile. Und diese lakonische Erkenntnis wird nicht weggewischt von der nachfolgenden ironischen Bemerkung »vorher umsteigen«, die in diesem Zusammenhang nur eine unauffällige Einzelheit der unauffälligen Exekution benennt. Denn so muß er es wahrgenommen haben, durch alle, auch besseren Erfahrungen, oder wie er wohl meinte, alltäglichen Täuschungen hindurch. Von lang her war etwas gegen ihn in Gang, etwas Bedrohliches, eine wachsende undurchschaubare Beeinträchtigung. Er kam nicht zurecht mit dem Leben, mit den Leuten, er verdarb es mit allen. Er hatte Angst und überspielte sie, indem er andere angriff und beleidigte, indem er durch unmögliche Forderungen den guten Willen verbrauchte und die Freunde vertrieb. Seine Lage verschlechterte sich mehr und mehr. Er konnte sich nicht mehr verständlich machen, mit seinem hilflos oder trotzig vorgetragenen Wunschgedanken, alles könne einfach sein. Alles wurde immer schwieriger. Die Ratte vom Ende des Gedichtes, die man in einem mörderischen Experiment gezwungen hat, über einen langen schrägen Draht zu ihrer Futterstelle zu balancieren, muß ihm als ein Bild seiner Lage erschienen sein.

Vielleicht sehe ich Brinkmanns Person und Lebensgeschichte jetzt zu sehr von ihrem abrupten, aber doch zufälligen Ende her. Er hatte Zeiten, in denen er ganz anders erscheinen konnte, voller Überfluß und Vitalität. Sein heftiges, explosives Temperament, sein schnell entflammbarer Enthusiasmus, seine Eindrucksfähigkeit, sein Einfallsreichtum waren unerschöpfte Möglichkeiten, die auch dann, wenn er sich für verloren hielt, und vielleicht gerade dann, wieder durchbrechen konnten. Er schien sich selbst und andere genug bestraft zu haben, um für eine Weile wieder frei sein zu können von seinen destruktiven Zwängen.

Doch seine Wahrnehmung der Welt und der Menschen hatte, auch wenn sie gelöst und heiter schien, einen Untergrund von Angst, Unsicherheit und Fremdheit. Die Dinge waren vollgesogen damit, sie verzerrten sich, zeigten sich mit tyrannischer Präsenz oder lösten sich auf in diffusen Stimmungen und Impressionen. Sie waren die nach außen projizierte eigene Verfassung, und zugleich etwas Abgetrenntes, das ihn bedrängte und in Bann schlug.

»Man hörte nichts mehr. Sämtliche Geräusche waren verstummt. Selbst die ganz kleinen unscheinbaren Bewegungen am Rand waren zur Ruhe gekommen, dieses Flimmern, ein dünnes Zittern, nichts, das Bild stand fest, zur Ruhe gekommen. Die feinen weißen Partikelchen, die eine Zeitlang noch gleichmäßig langsam niedergefallen waren, deckten alles zu, und da gab es jetzt nur noch diese helle körperlose Leere, gleichmäßig glatt, eben, als habe man die Augen geschlossen. Die Leere nahm zu, der Raum ein Loch, das so in sich selbst zurückging, bis nichts mehr übrigblieb. Alles war wieder gut, konnte man sagen, und man sagte das auch.«

So beginnt der Roman »Keiner weiß mehr« (1968), mit dem Brinkmann bekannt wurde. Sehr differenziert wird hier das allmähliche Verebben einer Erregung dargestellt. Aber dieser Vorgang erscheint wie eine unbekannte Naturerscheinung in einer fremdartigen Landschaft, an einem nie gesehenen Ort. Das ist ein Beispiel für die imaginäre Sinnlichkeit, die in den frühen Prosatexten Brinkmanns, dem Roman und den beiden Erzählungsbänden »Die Umarmung« (1965) und »Raupenbahn« (1966) immer wieder aus dem Befremden und der Wehrlosigkeit des Wahrnehmenden entsteht, einem Zustand, den er selbst einmal bezeichnet hat als »eine Ohnmacht, die einem Wachtraum gleichkommt.« Manchmal gibt es eine starke Spannung zwischen der geringfügigen oder stillstehenden Bewegung auf der Handlungsebene und den vorwärtsdrängenden und kreisenden Bewegungen der Gedanken. Durch diese Kluft, diesen Widerspruch blickt man immer wieder auf die traumatischen Motive von Sexualität, Tod, Kontaktlosigkeit und Gewalt. Auch wenn es zwischendurch stille, entlastete Momente einfacher Wahrnehmung und innerer Beruhigung gibt, bleiben sie die Gravitationspunkte der Phantasie und geben der erregten Rhetorik, mit ihren Stauungen und Wiederholungen ihre emotionale Glaubwürdigkeit.

Der Roman, der die stehenden Bilder der Erzählungen in Handlung auflöst, geht konkreter an die angstmachenden Motive heran. Er zeigt die vergeblichen Versuche eines jungen Ehepaares, zu einem sexuellen Einverständnis und einer erträglichen Form des Zusammenlebens zu kommen, zeigt den peinigenden Krampf ihrer Liebesversuche, ihres sinnlosen Redens, ihrer Ersatzhandlungen und Ausweichmanöver. Aber die Kühnheit der Darstellung wird wieder abgebogen durch eine Erklärung des Unglücks, die allzu geläufig und vordergründig ist: Das Scheitern der intimen Beziehung hat seine Ursache in den falschen Bildern, den illusionären Glücksverheißungen der Reklame und des konformen Lebensstils, die sich im Kopf des Mannes festgesetzt haben und sein Verhalten, seine Reaktion fehlleiten.

In diesem Erklärungsangebot mischen sich Wahrheit und Verdrängung. Das eigene Leiden ist zwar Indiz des gesellschaftlichen Zustandes und befugt so auch zu anklagender Zeugenschaft, läßt sich aber in seiner konkreten Gestalt nicht unmittelbar und notwendig daraus ableiten. Es bleibt zugleich eine unvertretbar persönliche Erfahrung und muß vom Subjekt als solche zugegeben und begriffen werden. Es pauschal abzubuchen auf gesellschaftliche Entfremdungsstrukturen, denen mehr oder minder alle ausgesetzt sind, verstellt den Durchblick auf die wirklichen, immer auch besonderen Ursachen des Unglücks, es ist eine falsche Aufhebung des Individuellen in einem nur abstrakten Allgemeinen, dem großen leeren Hut, in dem der Zauberer das zappelnde Kaninchen für immer verschwinden läßt.

Dieses Verdrängungsmanöver, das der Abwehr einer

für das Selbstgefühl vernichtenden depressiven Erfahrung dient, ist im Roman nur ansatzweise zu erkennen, wächst sich aber in der Folgezeit zu einer Strategie aus: Was man bei sich selbst nicht ertragen kann, wird verallgemeinert, nach außen verlegt und zu einer feindlichen Macht hochstilisiert. Doch zunächst zeigt sich die Wirklichkeitsverkennung in einem illusionären Befreiungsversuch. Brinkmann wollte weg von dem Elend und der Lebensenge, die er in seinem Roman dargestellt hatte, und versuchte sich einzubilden, daß ihm das gelang. Das Vehikel der Illusion war die These, daß das falsche, das mißglückte, das unglückliche Leben nichts Objektives sei, sondern eine Bewußtseinstatsache, die Folge eben eines falschen Programms. Man mußte also die schlechte, alte Programmierung löschen und sie durch eine bessere ersetzen. Das schien die Lösung aller Probleme zu sein.

Brinkmann hat das Ende der 60er Jahre zu glauben und zu leben versucht. Das neue, bessere Programm sah er in der Subkultur, der Pop- und Drogenszene und er machte sich in Deutschland zu einem ihrer Wortführer. Zusammen mit seinem Freund Ralf Rainer Rygulla gab er 1968 die Anthologie ACID heraus, in der er die amerikanische Underground-Kultur mit beispielhaften Texten, Gedichten, Statements, Fotos, Comic-Strips vorstellte, um die europäische Kultur herauszufordern, die ihm traditionsgebunden, wortorientiert, unsinnlich, schwierig und elitär erschien. Dagegen stellte er die Direktheit, die bewußte Banalität, den absurden Witz und die Obszönität der amerikanischen Texte, die, wie er meinte, die alte »Angst-Szene Kultur« sprengten und eine totale Befreiung versprachen. Er glaubte, diesen Weg der Bewußtseinsbefreiung gehen zu können, einen ganz unpolitischen Weg, denn Politik, das war in seiner Sicht noch die alte falsche Programmierung oder »der alte Muff«, und an ihre Stelle sollte eine Art naturhafter Befreiungsprozeß treten: eine neue Generation betrat die Szene und mit ihr eine neue, schönere, lebendigere Welt.

Unter dem Stichwort »Neue Sensibilität« hat Herbert Marcuse das partielle Recht dieser Hoffnungen dargestellt. Im 1969 erschienenen »Versuch über die Befreiung« heißt es: »Die neuen Rebellen wollen neue Dinge in einer neuen Weise sehen, hören und fühlen; sie verbinden Befreiung mit der Auflösung der gewöhnlichen Art des Wahrnehmens. Der ›trip‹ schließt ein, daß sich das durch die etablierte Gesellschaft geformte Ich auflöst – künstlich und kurzfristig. Gleichwohl antizipiert die künstliche und ›private‹ Befreiung in einer verzerrten Form ein Erfordernis der gesellschaftlichen Befreiung: Die Revolution muß gleichzeitig eine Revolution der Wahrnehmung sein, welche den materiellen und geistigen Umbau der Gesellschaft begleitet und die neue Umwelt hervorbringt.«

Doch eben dies, der Umbau der Realität fand nicht statt. Der vermeintliche »Bruch mit dem Kontinuum der Unterdrückung« blieb privat und subjektiv, und die Neue Sensibilität und was sie hervorbrachte an Musik, Kunst, Mode, freierem Verhalten ließ sich mühelos durch Erweiterung der Toleranzräume als neue Ersatzbefriedigung in die technokratische Leistungsgesellschaft einordnen, sozusagen als ein neuer Freizeitstil. Inzwischen hat die Tendenzwende auch diese Manifestationen des gelockerten Lustprinzips der 60er Jahre weitgehend wieder ausgelöscht. Die Beatles exi-

stieren nicht mehr, die Rolling Stones sind alt geworden, die Pop-Art ist passé, die langen Haare werden seltener, der Mini-Rock ist aus dem Straßenbild verschwunden und die Drogenszene ist wieder ganz abgesunken in das Dunkel der Kriminalität.
Diese Veränderung spiegelt sich auch in der Biographie Rolf Dieter Brinkmanns. Es war für ihn eine Zeit der Vereinsamung und Verfinsterung und der halben Vergessenheit. Was macht eigentlich der Brinkmann, wurde man gefragt. Bevor die Gesellschaft der Literaten über eines ihrer verstummenden Mitglieder zur Tagesordnung übergeht, dreht sich der eine oder andere beiläufig noch einmal nach ihm um. Brinkmann hat seine Vereinsamung halb erlitten, halb betrieben, durch wildes Umsichschlagen und heftige Rückzüge aus einer Situation, die er nicht mehr verstand. »Die Dichter verabschiedeten sich mit Flüchen, ehe sie verschwanden«, diese Zeilen aus dem zitierten Gedicht charakterisieren vor allem ihn selbst. Er mußte nach Italien, dann nach den USA gehen, um leben zu können. Zwischendurch versuchte er wieder in Deutschland Fuß zu fassen und seine Lage zu konsolidieren. Aber es gelang ihm nicht, und je ratloser, hilfloser er sich fühlte, um so aggressiver wurde er. Er zerstörte seine Arbeitsbeziehungen, vertrieb seine Freunde und Bekannten durch Wutausbrüche, Beleidigungen und einen wirren, paranoiden Monolog, der allmählich jede vernünftige Verständigung und Auseinandersetzung unmöglich machte. Sollte der Kontakt mit ihm nicht sofort abbrechen, mußte man vorbehaltlos mit ihm übereinstimmen, daß alles kaputt war, tot, verrottet, leergelaufen und was er sonst noch an heftigen Worten fand, die von vorneherein jede Differenzie-

rung, jede Analyse verweigerten. Je verlorener er sich fühlte, um so heftiger wurde die Abwehr. Er verbarrikadierte sich immer verbissener hinter Verallgemeinerungen und Projektionen und ersetzte die Wahrnehmung der Wirklichkeit durch Phantasien.
Der literarische Niederschlag dieser Phase sind drei Hörspiele, die einander thematisch und formal so sehr gleichen, als entstammten sie einem einzigen Schreibvorgang. Sie sind Halluzinationen der Gewalt und des Todes, düstere apokalyptische Phantasmagorien von einer sterbenden, stillstehenden, zukunftslosen Welt. Im zweiten Hörspiel, das den Titel »Tierplanet« (1972) hat, sprechen nur noch Stimmen, die keine Individualität mehr gewinnen, an keiner Geschichte, keiner Auseinandersetzung, keiner Entwicklung mehr teilnehmen. Sie drücken alle nur die finsteren Obsessionen des Autors aus. So zum Beispiel diese Männerstimme, die seine sein könnte, nach der Rückkehr von einer Reise, und doch anonym und wesenlos bleibt wie ein verirrtes Gespenst:
»Also war ich zurückgekommen in die Stadt und sah diesen faulen Geruch über den Straßen und Plätzen wie immer, und da war dieser Haß, unbestimmt und drohend, der aus den Körpern strömte, fixiert zu starren Bildern, und ich hatte den Eindruck, mich in einer Rumpelkammer verirrt zu haben, Staub, und totes Rascheln alter Zeitungen in der Luft, aus denen brüchiges Grinsen fiel. Und überall farblose Laute, brechendes Genick. Und ich ging wieder über diesen kleinen schäbigen Platz mit den herumhängenden Gestalten in einer grauen, trüben Dämmerung, die rasch verschwand und in der Dunkelheit fantomhafte leere Straßen und Plätze zurückließ mit dem kriechenden kleinen Ge-

murmel zurückgelassener leerer Stimmen von gestern, vorgestern wie Dreck, so als ob eine unsichtbare Tür für immer zugefallen sei und zurückgeblieben war nichts als ein paar gespenstische Wörter ohne Zusammenhang.«

Man kann die verschiedenen Phasen von Brinkmanns Entwicklung mit verschiedenen Autoren in Verbindung bringen, die ihn offensichtlich beeinflußt haben und von denen er dann auch dauernd redete. Während er seine Erzählungen und den Roman schrieb, waren es vor allem Robbe-Grillet und Céline, die kalte Deskription und die rücksichtslose persönliche Exaltation, von denen er sich stimuliert fühlte. Danach in der Phase der Neuen Sensibilität entdeckte er die amerikanischen Lyriker für sich, vor allem die New Yorker Frank O'Hara und Ted Berrigan, an denen er bewunderte, wie leicht und selbstverständlich sie kleine alltägliche Erfahrungen ins Gedicht hereinholten. Der beherrschende Eindruck und das Vorbild der dritten Schreibphase, in der die Hörspiele entstanden, war dann die Schreckens- und Phantomwelt von William S. Burroughs »Naked Lunch«.

Der Titel »Naked Lunch«, die nackte Mahlzeit, meint das Rauschgift, und die monströsen Bildsequenzen des Buches, seine Fäkalien-, Sex- und Gewaltphantasien, seine synästhetischen Vermischungen von Gesichts- und Gehörseindrücken, die permanente distanzlose Gegenwart der vorbeizuckenden Bilder, ihre Vervielfachung und Unstetigkeit, ihre visionäre Aura, die Fremdheit und Deformiertheit der Einzelheiten, Gesten, Handlungen, Worte und die allseitig wuchernde Uferlosigkeit des Ganzen lassen das Werk als die unüberbietbare literarische Entsprechung einer von halluzinogenen Drogen erzeugten Psychose erscheinen. Wolfgang Iser nennt »Naked Lunch« eine Entgrenzungsphantasie eines nach Selbstentgrenzung strebenden Subjekts. Das Subjekt strukturiert die Welt nicht mehr, sondern »ist in diesen Visionen als Orientierungskategorie verschwunden und nur noch im Erleiden der aus aller Zuordnung befreiten Dinge gegenwärtig.«

Diese anarchische Welt mit ihren deliriös übersteigerten Erlebnisreizen mußte auf Brinkmann einen tiefen befreienden Eindruck machen. Wenn sich die Welt so zerstört und zerstörerisch sehen ließ, war man durch Überbietung entlastet von seinem privaten Unglück. Man war im schrecklichen Ganzen aufgehoben und konnte ungehemmt seine destruktiven Phantasien ausleben. Er tat das in den drei Hörspielen wie nirgendwo sonst.

Zwar wird das begründet durch die Behauptung, daß es sich um alltägliche Schreckbilder aus der Presse und den Massenmedien handele, verdichtete und kollektiv gewordene Angstvorstellungen, die unser Bewußtsein bestimmen. Doch nun anzunehmen, der primäre Antrieb beim Schreiben der Hörspiele sei Gesellschaftskritik gewesen, heißt einer Rationalisierung aufsitzen. Vielleicht hat das Brinkmann manchmal selbst getan. Sonst hätte er nicht die Angst überwinden können, die beim Umgang mit verbotenen Phantasien entsteht. Aber die exzessive Dynamik der Vorstellungen, die in immer neuen Schüben und Wiederholungen entfaltet werden, spricht eine andere Sprache. Man wird Zeuge der Ekstasen eines destruktiven Allmachtstraums, in dem Schnellzüge aufeinanderprallen, Autokreuzungen explodieren und zerfetzte Körper durch die Luft wirbeln, in dem Verbrechen und Folterungen im Gang sind und ferne Schreie ertönen, ein Traum, der sich nicht nur in der Sprache ausdrückt, sondern in aggressiven Geräusch- und Lärmcollagen aus Explosionen, Martinshörnern, Feuerbränden, Maschinengewehrsalven, Preßlufthämmern und allen denkbaren Äußerungen der menschlichen Stimme.

Gerade diese Geräuschsequenzen, die manchmal seitenlangen Aufzählungen von akustischen Erscheinungen, verraten etwas von dem totalen Terror, den Brinkmann entfesseln wollte. Doch diese Anweisungen sind nicht realisierbar. So viele aufeinanderfolgende Geräusche hätten sich zu einer diffusen Lärmmasse vermischt, viele jedenfalls wären unerkennbar geblieben. Raoul Wolfgang Schnell, ein erfahrener Hörspielregisseur, hat deshalb die Geräusche überhaupt weggelassen und zu dem gesprochenen Text ein Trio moderner Musiker improvisieren lassen. Das Hörspiel wirkt in dieser Inszenierung wesentlich sublimer und geordneter als es vom Autor gedacht war. Anscheinend hat sich Brinkmann über die Realisierbarkeit des Ganzen keine Gedanken gemacht. Er wollte die Chaotisierung, die Entgrenzung. In welchem Ausmaß kann man nur noch beim Lesen erfahren. Die vermeintlichen Regieanweisungen sind im Grunde auch keine Regieanweisungen, sondern eine andere Art von Text, der von den gleichen Phantasien beherrscht wird wie der Sprechertext.

Wie soll man sich einstellen zu solchen regressiven Phantasieszenarien, deren unmittelbarer gesellschaftskritischer Erkenntniswert gering und vielleicht fraglich ist? Ich meine, der Fall Brinkmann ist eine neue Belehrung über die Unangemessenheit der sich immer wiederherstellenden, immer wieder geäußerten Erwartung, der Schriftsteller solle einen Bewußtseinsvorsprung vor seinen Lesern haben, er solle die Welt richtiger, umfassender verstanden haben als sie und vielleicht sogar praktikable Lösungen für die dargestellten Probleme oder Mißstände bereithalten. Vielleicht ist auch der umgekehrte Fall zu erwägen: die Leser sind aufgeklärt und realitätstüchtig, aber der Autor befangen in seinem verzerrten, unglücklichen Bewußtsein, seinen unangepaßten Bedürfnissen und neurotischen Antrieben, ist es nicht. Dann hätte er ihnen immer noch eines voraus, daß er nicht die abgeschliffene funktionelle Sprache des Allerwelts-Diskurses redet, sondern die dunkle und erschreckende Sprache seines Begehrens und seiner Angst. Der Sinn dieser Sprache ist es nicht zu informieren, zu belehren, zu vernünftigem angepaßten Handeln anzuleiten, sondern sie ist Ausdruck und Evokation. Noch einmal muß man sich der gefährlichen Ungeschiedenheit von Wunsch- und Alptraum aussetzen, um mit der vollen Resonanz der leerstehenden unbewußten Erlebnisbereitschaften auf die Herausforderung zu antworten und sich neu als Subjekt zu konstitutieren.

Doch ein Defizit an Erfahrung ist auf beiden Seiten des Gegensatzes, im Bescheidwissen des common sense und seiner geläufigen Sprache und in den Wucherungen privatisierter, undurchschauter Phantasien. Ein solches Auseinanderklaffen zeigt eine Krankheit des Ganzen an, eine gestörte Kommunikation. Und es bleibt zu fragen, auf welcher Seite des Gegensatzes die hartnäckigeren Verdrängungen und Verleugnungen am Werk sind und wie sie einander bedingen.

Vielleicht kann man auch sagen, daß eine weitgehend

rationale oder funktional organisierte Gesellschaft umgrenzte, aber intensive Kontakte mit ihrem Unbewußten braucht, und manche Dichter, manche Künstler sind die durchlässigen Stellen, an denen sie ihre geheimen Phantasien abhören kann.
Solche Erfahrungen sind nicht gefahrlos zu haben. In der Biographie der Autoren werden sie mit Ängsten, Depressionen, Verzweiflungen und Zusammenbrüchen bezahlt. Aber manchmal sind die Krisen und Regressionen Durchgangsphasen, nach denen eine neue Stufe der Objektivation erreicht wird, und zwar oft sehr viel überzeugender, als bei einem ungestörten, gleichmäßigen Entwicklungsgang. Auch für Brinkmann möchte ich das sagen, jedenfalls für einige Gedichte seines neuen und nun letzten Gedichtbandes »Westwärts 1 & 2« (1975). In ihnen ist eine neue Weite der Erfahrung, mehr Freiheit und in einem ganz persönlichen Sinn mehr Wissen. Das ist vielleicht nicht offensichtlich, denn die Gedichte entziehen sich durch ihre sprunghafte, ungebärdige Subjektivität jedem konventionellen Begriff von Reife. Liest man sie aber neben dem Roman, Brinkmanns erstem Hauptwerk, dann weiß man plötzlich, daß mit dem Autor etwas vorgegangen ist. Da ist jemand, der sich nicht ohne Niederlagen durchgeschlagen hat, aber offen geblieben ist, sich von vielerlei berühren zu lassen, jemand, der nicht bloß älter geworden ist, sondern gelebt hat. Wenn man ihm zuhört, spürt man den erweiterten Hintergrund.
Ich sage das mit Zögern, denn ich weiß, er hätte sich dagegen gewehrt. Es wäre ihm wie eine Vereinnahmung, eine falsche Belobigung erschienen. »›Lebenserfahrung‹, du Misthaufen«, sagt er in einem Gedicht

dieses Bandes, das dauernd von seiner Lebenserfahrung spricht. Das ist nicht einfach nur ein Widerspruch, oder eine Tarnung. Dieser trotzige, wütende Seitenhieb beglaubigt ihn noch einmal als jemand, der wußte, wovon er sprach: Worin man tief steckt, darüber kann man nämlich nicht hinausblicken, um die Bilanzen der Weisheit und der Versöhnung zu ziehen.

Mehrere Aussagen über Wirklichkeit

Heinrich Böll zum 60. Geburtstag

1977

Lieber Heinrich Böll,
Ihr bevorstehender sechzigster Geburtstag war für mich ein Anlaß, wieder einige ältere Texte von Ihnen zu lesen und zwar vor allem das Beiwerk der großen literarischen Werke: – kleine Aufsätze, Kritiken, Vorworte, Marginalien für den Tagesgebrauch. Manches davon, vielleicht das meiste, ist nicht unmittelbar aus der inneren Logik der schriftstellerischen Entwicklung entstanden, sondern wurde zunächst einmal veranlaßt durch äußere Gelegenheiten oder Anforderungen, etwa die Bitte einer Redaktion, sich zu einem bestimmten Thema zu äußern. Mit zunehmender Bekanntheit wird es für einen Autor fast unmöglich, sich solchen Gelegenheiten und Aufforderungen dauerhaft zu entziehen, und Sie selbst haben Ihre Rolle als Autor ja auch immer als eine Verpflichtung zu kritischer Zeitgenossenschaft verstanden. »Einmischung erwünscht« ist der Titel eines Ihrer Bücher, das solche Arbeiten zusammenfaßt. Sie haben immer teilgenommen, Stellung bezogen, die alltäglichen und aktuellen Probleme der Gesellschaft, von denen und für die Sie beansprucht wurden, mögen dem Romanautor oft lästig gewesen sein, aber sie waren Ihnen nie unwichtig oder uninteressant. Und so ist Ihnen eine gesellschaftliche Autorität zugewachsen, die sicher, zumal nach der Verleihung des Nobelpreises, eine Bürde ist.

Es wäre notwendig, einmal darüber nachzudenken, wie heute Autorität noch erworben werden kann, was sie bedeutet für die Strukturierung des gesellschaftlichen Lebens und was diese Rolle dem Träger der Autorität zumutet an inneren und äußeren Lasten, an Widersprüchen und Entscheidungen. Die Wirklichkeit, so könnte man vermuten, ist so komplex, daß ein Mensch, der sie durch seine Haltung, sein Urteil, sein Exempel für die anderen überschaubar und beurteilbar machen soll, tendenziell immer wieder überfordert wird. Es wird ihm aber zugemutet, dieser Überforderung geistig und emotional standzuhalten und eine deutliche Orientierung zu setzen, weil sonst der Druck der Realität für viele Menschen zu groß und ihre undurchschaute Komplexität zu verwirrend wäre. Immer wieder muß er sich durch alle Schwierigkeiten und Widersprüche zu einer Klarheit und Einfachheit durchfinden, die nichts an sich hat von Verleugnung der Wirklichkeit und doch zweifellos nicht ohne Opfer erreicht werden kann, und sei es nur, daß der Komfort einer meditativen Betrachtung des Lebens, die so viele Reize der Differenzierung oder der Ironie oder auch des absurden Schreckens bietet, immer wieder verlassen werden muß.
Wir haben nie ausdrücklich über diese Fragen gesprochen, aber ich habe gelegentlich aus Nebenbemerkungen von Ihnen herausgehört, daß sie natürlich ein Problem für Sie sind.
Doch das war nicht die Fragestellung, die mein Lesen und Herumblättern in Ihren älteren Aufsätzen und Gelegenheitstexten leitete. Ich suchte nichts Bestimmtes, sondern suchte das Denkklima dieser Arbeiten zu erspüren, wollte gerade im eher Beiläufigen, sozusa-

gen noch vor der literarischen Gestaltung und Stilwerdung, die ja schon wieder eine Objektivierung ist, die Ideenkeime des Autors entdecken. Ich stieß dabei auf einen kleinen Aufsatz mit dem Titel »Der Zeitgenosse und die Wirklichkeit« aus dem Jahre 1953. Es ist nur eine kleine lockere Notiz zum Thema, eine Glosse, in der mehrere Aussagen über Wirklichkeit lose verbunden beieinanderstehen.

»Die bloße Nennung des Wortes Wirklichkeit löst im allgemeinen Unbehagen aus«, so beginnt der Aufsatz, und das ist auch schon seine erste These. Wirklichkeit ist belastend, schmerzlich, sie hat etwas mit Not und Sorgen zu tun, und so ist es verständlich, daß wir sie verleugnen wollen. Zwei eingängige Beispiele stehen dafür in diesem Aufsatz: Man schiebt den Besuch beim Zahnarzt hinaus und man schwänzt die Schule. Doch auf die Dauer kann man das nicht, die Wirklichkeit ist etwas, das sich nicht vermeiden läßt. Nur in der Kindheit ist das möglich, denn die Kinder leben in der »Wirklichkeit des Augenblicks« und können sie »mit so beneidenswerter Intensität genießen, daß sie ihnen ewig erscheint.« Die Kinder können noch die Schule schwänzen und statt dessen zur Kirmes gehen und können glauben, »daß die grellgefärbte Zuckerstange ewig, der Luftballon unsterblich und die Kirmes eine Dauereinrichtung sei.«

Im verborgenen Netzwerk des Textes besteht natürlich eine Verbindung zwischen dieser Zuckerstange und dem dann nicht mehr aufschiebbaren Zahnarztbesuch. Mit leisem, unausdrücklichen Humor sind diese Verkörperungen des Lust- und des Realitätsprinzips, wie Freud es sagen würde, aufeinander bezogen, und der Humor zeigt sich als das seelische Klima angstfreier

Einsicht in die unvermeidbaren Widersprüche, zwischen denen sich unser Leben abspielt. Humor ist ein Gewinn des Erwachsenseins, der den notwendigen Illusionsverlust, der mit dem Erwachsensein verbunden ist, in etwas Positives verwandelt hat, nämlich in Erkenntnis und Verstehen. Gerade die erweiterte Realitätskenntnis ermöglicht das freundliche, duldende Verstehen der Ausflüchte, Illusionen und Träume, in denen das kindliche Lustverlangen auch der Erwachsenen sich bergen möchte, um nicht zusammenzusinken in Depression und Verzweiflung. Immer wieder muß es dieses Atemholen geben, das »Schuleschwänzen«, den Rückzug, das Tagträumen, das Spiel. Der Humor weiß das und billigt es, denn er weiß auch, idyllische Asyle sind unhaltbar und werden gekündigt werden, und dann kommt der Punkt, wo der Zusammenbruch droht oder aus einer Schwäche eine Stärke werden muß, der Humor weiß das aus Erfahrung, und das macht seinen Realismus human. Er hält in sich eine gute Erinnerung an die Kindheit wach, ganz im Gegensatz zu den vielen trostlosen und verbitterten Erwachsenen, die im Erwachsenwerden nichts gewonnen, sondern nur verloren haben, und die nun aus Haß alles verfolgen, was den starren Normen ihrer eigenen Anpassung widerspricht. Der Humor ist das Gegenteil solch selbstgerechter Abgrenzung. Er nimmt auch das Abseitige, Verquere, Mißlungene, Unreife in seinen Blick auf. Und weil er zugibt, daß es zur Wirklichkeit des Menschen gehört und zuläßt, daß das Normwidrige die Norm kritisiert, öffnet er neue Möglichkeiten seelischen Wachstums und geistigen Verstehens.

Humor, so verstanden, ist eine Kraft der Synthese, aber keine Harmonisierungstendenz, wie jener goldene Humor, der eine falsche Beruhigung, eine faule Versöhnung mit dem Schlechten erstrebt. Der realistische Humor richtet sich nicht ein, er neigt sich verstehend dem Individuum zu, aber er gibt sich nicht zur Verklärung der Verhältnisse her. Er wurzelt ja im Realismus, das heißt in dem Bestreben, die Wirklichkeit ohne den Schutz angenehmer Täuschungen und Lügen wahrzunehmen und wenn möglich, entsprechend darauf zu antworten.

Hier schließt eine andere Gruppe von Aussagen über Wirklichkeit an, die ich in dem zitierten Aufsatz fand. Realistische Wahrnehmung von Wirklichkeit hat demnach zwei Vollzugsformen, erstens die Konkretisierung des Gegebenen und dann seine imaginäre Überbietung, die Ausfabelung seiner noch nicht realisierten Möglichkeiten. Ihr erstes Beispiel ist ein stalinistisches Straflager am Eismeer. Man sieht den Ort im Schulatlas als einen kleinen schwarzen Punkt in einer grünen Fläche. Wirklichkeit nimmt er erst an, wenn man weiß, daß dort Temperaturen bis zu 70 Grad unter Null herrschen können, daß 20 bis 30 Prozent der Gefangenen jährlich sterben und daß vielleicht »der Mann, der in der Wohnung unter uns wohnte, dort lebt.«

Ihr Beispiel für die Erforschung von Wirklichkeit durch Phantasie ist die Atombombe. Sie gehen von einer aktuellen Nachricht aus. Japanische Fischer waren in ein amerikanisches Sperrgebiet geraten und radioaktiv verseucht worden. Das Aktuelle ist hier nicht die ganze Wirklichkeit, sagen Sie, sondern nur sein Schlüssel, den die Phantasie in die Hand nehmen muß, um die ganze Dimension des Schreckens zu erschließen. Was tatsächlich geschehen ist, wirft einen riesigen Schatten des Möglichen voraus. Für die meisten bleibt er blaß bis zur Unsichtbarkeit, erst die kritische Vorstellungskraft kann ihn kenntlich machen, und dann erst sehen wir, was sich im noch eng umgrenzten Faktischen gezeigt hat: – wir alle sind bedroht vom kollektiven Tod. »Der Regen, der auf uns herabfällt, die Luft, die wir atmen, sie können diesen neuen Tod enthalten. Der Bäcker kann uns – ohne es zu ahnen – diesen neuen Tod ins Brot kneten, der Briefträger kann ihn mit der Post ins Haus bringen.« Sie haben für dieses Verfahren der überbietenden Erkenntnis in diesem Aufsatz auch ein Bild gebracht. Der Schütze, der einen fliegenden Vogel erjagen will, muß ein Stück vorhalten, dann erst trifft er ihn. So kommt erst die Phantasie, die das Faktische überbietet, dem Prozeßcharakter der werdenden Wirklichkeit bei.

Es gibt aber noch eine dritte Aussage über Wirklichkeit in diesem Aufsatz, die mit den anderen kaum vermittelt ist und mich am meisten beschäftigt hat. Sie schreiben: »Die Wirklichkeit ist wie ein Brief, der an uns gerichtet ist, den wir aber ungeöffnet liegenlassen, weil die Mühe, ihn zu öffnen, uns lästig ist – oder weil uns die Vorstellung quält, der Inhalt könne unerfreulich sein, eine Vorstellung, die uns fast gewiß erscheint. Die Wirklichkeit ist eine Botschaft, die angenommen sein will – sie ist dem Menschen aufgegeben, eine Aufgabe, die er zu lösen hat.«

Das ist eine sehr eigenartige und archaische Vorstellung. Sie sagt ja, jeder Mensch bekommt seine besondere Aufgabe gestellt. Es ist wie ein Brief, der an ihn gerichtet ist, und der ihm einen Anteil am Wirklichen zuweist, und er hat nun die Möglichkeit, auszuweichen und damit seine Existenz zu verfehlen oder die ihm zugewiesene Last zu übernehmen. Ich glaube, daß nicht mehr sehr viele Menschen das heute so sehen können. Die Lebenspakete, die sie erhalten, sind zu unpersönlich und auswechselbar, als daß die Vorstellung einer persönlichen Berufung sich noch damit verbinden könnte. Es ist ein Privileg und es ist die Bürde des Schriftstellerberufes, das so sehen zu können, und das ist wohl auch die Voraussetzung dafür, daß ein Schriftsteller Autorität gewinnt. In dem Maß nämlich, in dem er den ihm bestimmten Text entziffert hat, kann er auch für andere sprechen. Was ihn dabei legitimiert, ist die erreichte und allen sichtbare Authentizität.

Lassen Sie mich nun dieses Bild des persönlichen Briefes, den jeder zu öffnen hat, noch ein wenig festhalten und ausführen. Der Schriftsteller liest diesen an ihn gerichteten Brief, indem er ihn schreibt. Und das ist ein schwieriger Vorgang, denn der Brief ist nicht immer deutlich und manchmal dunkel und unverständlich, und das Glück des Erkennens und Verstehens wird immer wieder gefährdet von der Angst, den Text zu verfehlen. Diese Dunkelheit, die immer wieder die Zeilen des Briefes unsichtbar macht, kommt von der Dunkelheit der letzten Nachricht her, die der Brief enthält. Eins Ihrer bewegendsten Bücher, die Erzählung »Der Zug war pünktlich« handelt davon, daß einer diese Nachricht plötzlich unverschleiert vor Augen hat und sie kaum ertragen kann, es ist ein junger Soldat, der eine Reise beginnt, an deren Ende sein Tod steht.

Erst wenn man das weiß, kann man einschätzen, was es heißt, zu versuchen, den ganzen Text zu lesen. Man kann sich dabei fühlen wie jener Reisende, den Sie auch in diesem Aufsatz zitieren. Er steigt auf seinem

Heimatbahnhof in einen Zug und fährt in die Nacht hinaus, und später wird er aufschrecken, wenn fremde Lautsprecherstimmen die Namen unbekannter Bahnhöfe ausrufen. Er wird sich unwirklich vorkommen, wie ausgelöscht, doch er muß sich klarmachen, daß er »sich immer innerhalb des Wirklichen bewegt«. Letzten Endes geht es nämlich darum, keine Angst mehr zu haben. Ich glaube, das ist das wichtigste beim Schreiben.

Ich grüße Sie herzlich als
Ihr Dieter Wellershoff

Der Roman als Krise

1978

Aus dem Fenster eines fahrenden Zuges zu blicken, erzeugt manchmal einen leichten Rausch. Vorne, dicht beim Bahnkörper, schnellt und rauscht die Nähe vorbei, und in der Tiefe verlangsamt sich das dauernde Erscheinen und Verschwinden der Landschaft zu einem trägen Gleiten. Das Fenster, es ist vielleicht ein wenig trübe, läßt die Welt draußen bleiben. Man ist von ihr getrennt und wird weggerissen von der schnellen Fahrt, man selbst ist ortlos, ist nirgendwo, ist unterwegs.

Überall ist Leben, überall leben Menschen, die ich nicht kenne. Ist es das, was ich denke?

Ich habe ein Ziel, zu dem ich hin will, an dem ich ankommen werde zu einer bestimmten Zeit. Dort wird mich jemand empfangen. Wir werden zusammen den Abend verbringen. Das ist vorhersehbar. Es ist ein Faden aus dem unsichtbaren Netz von Absichten, Bindungen, Verpflichtungen, Notwendigkeiten und Gewohnheiten, das mein Leben bestimmt. Nur jetzt, hier am Zugfenster bin ich scheinbar daraus entlassen und sehe die vorbeiziehenden Häuser, Straßen, Ortschaften, Felder, Waldränder, sehe eine Frau auf einem Fahrrad, einen streunenden Hund, ein Kind in einem Garten, zwei Männer auf einer Schutthalde, die ein kleines Feuer schüren, wie Zeichen eines geheimnisvollen, unbekannten Lebens.

Nein, ich werde nicht auf der nächsten Station aussteigen, eine fremde Straße entlanggehen und irgendwo in einem fremden Ort ein anderes Leben beginnen. Ich bin definiert, ich bin in meinem eigenen Leben. Aber ich sehe, daß ich umgeben bin von anderen Möglichkeiten, und ein wenig fühle ich mich herausgerückt aus dem eigenen Zentrum, dem blinden Fleck der Gewohnheit, von dem aus man sich nicht wahrnimmt. Ich verstehe, fühle, daß ich zufällig bin, diese bestimmte, einmalige Person mit dieser besonderen Geschichte, dieser Gegenwart, diesen Begrenzungen. Etwas von mir, das Ungewordene, Nicht-gelebte, das vielleicht immer noch Mögliche, wird dort draußen gelebt, von einem anderen Menschen, vielleicht in diesem Haus dort. Nein, in all diesen Häusern leben Menschen, die etwas von mir haben und doch anders sind. Ich unterscheide mich, ich bin ihnen ähnlich. Ich möchte sie kennenlernen, ich möchte mich kennenlernen. Ich möchte an dem fremden Leben teilnehmen, ich möchte mich davon abgrenzen. Ich werde einen Roman schreiben.

Einen Roman schreiben heißt, dem Leben eine neue Dimension öffnen, ein fiktionales Spielfeld, in dem unsere Erfahrungen, Wünsche, Ängste, Träume sich deutlicher zeigen, neue Verbindungen miteinander eingehen und sich dadurch verändern und erweitern. Die eingeübte Balance zwischen dem Bedürfnis nach Sicherheit und dem Bedürfnis nach Wachstum und Veränderung ist hier zugunsten der Veränderung verschoben. Denn im fiktionalen Raum sind auch die Risiken fiktiv, und so ist die Angst vermindert, sich auf sie einzulassen. Wir steigen also aus dem Zug aus, wir kommen nicht am gewohnten Ziel an. Oder dort hat sich etwas verändert, falls wir doch noch hingelangen.

Jeder Roman, nicht nur der phantastische und surreale, auch der realistische, muß Denk- und Wahrnehmungsgewohnheiten des Lesers irritieren. Er muß etwas nicht Erwartetes enthalten. Das brauchen keine sensationellen Überraschungen zu sein, die unsere alltägliche Erfahrung einfach außer Kraft setzen oder überfliegen, sondern tiefer wirkend, erkenntnisreicher sind gerade jene Veränderungen, die das scheinbar Bekannte und Verläßliche unsicher machen und versteckte, noch nicht gesehene Züge und Einzelheiten aus ihm hervorholen. Die kleinen Abweichungen oder Widersprüche problematisieren gründlich unsere schematischen Ansichten der Realität, mit denen wir uns gewöhnlich rasch über sie verständigen, und erzeugen so eine neue Aufmerksamkeit.

Kaum etwas verhält sich so, wie man auf den ersten Blick denkt. Schon deshalb nicht, weil die Menschen sich oft selbst nicht kennen, weil sie sich vor sich selbst und vor den anderen verbergen. Diese leise, ein wenig flache Frauenstimme, die lange, ohne Hast und mit vernünftigen Argumenten auf ihr Gegenüber einredet, man hat sie für den Ausdruck von Geduld gehalten. Doch jetzt beginnt man zu ahnen, daß sich etwas anderes dahinter verbergen könnte, heimliche Grausamkeit und sublime Herrschsucht. Und jener fleißige Vorarbeiter, der seine Kolonne zu größeren Leistungen treibt, ist er ein positiver Held oder ein unglücklicher Mensch, der unbewußt andere für sein Unglück bestrafen möchte? Vielleicht ist er beides. Vielleicht müssen wir unseren verständlichen Wunsch nach einfachen, einheitlichen Kriterien und einer übersichtlich geordneten Welt verabschieden und zugeben, daß es solche Widersprüche gibt, und daß viele Probleme, die wir sonst gar nicht einmal erfassen könnten, mit solchen Widersprüchen zusammenhängen.

Aber ich möchte jetzt gar nicht mit dem praktischen Wert erweiterter, kritisch vertiefter Realitätskenntnis argumentieren, sondern ich berufe mich auf das elementare Gefühl von Glück, das sich einstellt, wenn man fähig wird, die angstmindernden Vereinfachungen, mit denen wir gewöhnlich die Welt betrachten, abzuwerfen und unsere Wahrnehmung des Lebens frei zu machen für die Anarchie in der Ordnung, die Abweichung von der Norm, das Individuelle im Typischen, das Unerwartete im Erwartbaren, oder für schwierige Umkehrungen von Erfahrungen, wie das Scheitern im Gelingen und das Gelingen im Scheitern, und schließlich auch für Zufall und Tod als Durchkreuzungen und Begrenzungen unserer Vernunft, die konstituierend sind für die Einzigartigkeit unserer Lebensaugenblicke.

Jeder Roman ist der Totalität des Lebens verpflichtet, auch wenn sich seine Perspektive auf ein einziges besonderes Leben verengt. Nicht im konformen Überblick über das ganze gesellschaftliche Leben wird Totalität ergriffen, sondern sie dringt durch die Breschen, die der Konformität geschlagen werden, ins Besondere ein. Sie zeigt sich in den instabilen Momenten, den problematisierten Bedeutungen. Vorübergehende Orientierungslosigkeit kann ihr Preis sein. Doch ihr Gewinn ist inneres Wachstum, tieferes Verstehen, eine erweiterte Wahrnehmung des Lebens, mehr Freiheit und Realismus.

Bevor ich weiter vom Roman spreche, eine Zwischenbemerkung über einige benachbarte Medien: die Malerei, die Fotografie und den Film. Schauen Sie sich einen Bildband mit Reproduktionen alter Gemälde an und daneben einen Band mit modernen Fotografien, dann wird deutlich, daß Gemälde, auch realistische, im Vergleich zu Fotografien in der Regel gestellter, komponierter, repräsentativer wirken. Natürlich gibt es in der Geschichte dieses Mediums verschiedene Stiltendenzen. Michelangelo hätte niemals ein individuelles Gesicht gemalt, denn für ihn bedeutete Kunst die Erhöhung des Gegenstandes zum Ideal. Auch Landschaft war in langen Kunstepochen nur als Ideallandschaft und bühnenhafte Szenerie bildwürdig. Die holländischen Maler des 17. Jahrhunderts und die Naturalisten und Impressionisten des 19. Jahrhunderts wandten sich dagegen dem Individuellen, Intimen und Momentanen zu. Aber erst durch die Entwicklung der Fotografie, die ja auch im 19. Jahrhundert begann, ist dieses neue Sehen kollektiv eingeübt und zu seinen äußersten Konsequenzen geführt worden.
Das hat objektive Ursachen. Auf die ausgebreitete Vielfalt der Erscheinungswelt und ihre dauernd fließenden Veränderungen kann der Maler nur mit wenigen, stillstehenden Bildern antworten. Also trifft er notwendig eine Auswahl, was vor allem zu malen sich lohnt. Er hebt aus der Fülle der Erscheinungen die ihm als wesentlich einleuchtenden Ansichten der Realität durch seine Bilder hervor, und das bindet auch das unkonventionellste Auge an begrenzte Bedeutsamkeiten. Erst die Entwicklung der Fotografie hat diese alte Knappheit der Bilder beseitigt und damit nicht nur tendenziell, sondern auch praktisch den Blick für die

potentielle Unendlichkeit des Sichtbaren geöffnet. Da es nun möglich wird, alles abzubilden, beginnt man zu entdecken, daß alles interessant ist, auch Müll am Strand, ein rutschender Strumpf, ein Schweißfleck, eine flüchtige Bewegung, ein unbewußter Gesichtsausdruck und vielleicht auch Teile eines solchen Ausdrucks, wie der Mund und die Zähne. Das Teleobjektiv kann unbeobachtet an die Lebensvorgänge herangehen, die immer kürzeren Belichtungszeiten und die raschen Bildfolgen der automatischen Kameras dringen in alle Phasen des Zeitablaufs ein. Durch seine technische Perfektionierung und seine Billigkeit unterläuft das Medium unsere Sehgewohnheiten und offenbart uns Aspekte des Wirklichen, die wir noch nicht kannten.

Natürlich ist das auch ein Distanzverlust. Er ist indessen so selbstverständlich geworden, daß man ihn sich erst an anderen Auffassungen über die Funktion des Bildes wieder verdeutlichen muß. Die amerikanische Schriftstellerin Susan Sontag hat das getan am Beispiel der empörten chinesischen Reaktion auf den Film, den Antonioni über China und vor allem über das Leben auf dem Tien An Men-Platz in Peking gedreht hat. Für die Chinesen gibt es repräsentative und nicht-repräsentative Ansichten der Realität, und sie warfen Antonioni vor, sich in böswilliger Absicht auf die unrepräsentativen spezialisiert zu haben: »er suchte und fotografierte verfallende Mauern und längst ausrangierte Wandzeitungen«, er filmte »auf die ekelhafteste Weise Menschen, die sich gerade die Nase schneuzten oder zur Latrine gingen«, »er machte keine Aufnahmen von den Schülern im Klassenzimmer unserer fabrikeigenen Grundschule, sondern filmte die Kinder, als sie nach dem Unterricht aus der Klasse liefen«.

In den Augen der Chinesen waren das falsche, bildunwürdige Motive. Nach ihrer Auffassung hätte sich Antonioni an die offiziellen Schauseiten der Dinge und Vorgänge halten müssen, und es wäre seine Anstandspflicht gewesen, den Menschen Gelegenheit zu geben, sich in Positur zu stellen, bevor er sie filmte. Die Reize des Momentanen, Zufälligen, Intimen und Besonderen, die Antonioni suchte, waren ihnen unverständlich. So gab es für die Chinesen auch unerlaubte Blickwinkel. Die Nah- und Detailaufnahmen fanden sie überflüssig oder indiskret, und es verwirrte sie und schien böser Absicht zu entspringen, daß Antonioni ein und denselben Gegenstand »manchmal aus der Ferne, manchmal aus der Nähe, manchmal von vorn, manchmal von hinten« gefilmt hatte. »Die Kamera wurde absichtlich aus sehr ungünstigen Winkeln auf diese herrliche moderne Brücke gerichtet, um sie schief und wackelig erscheinen zu lassen«, beschwerten sie sich. Es war ihnen nicht möglich zu verstehen, daß Antonioni ihre Sicht langweilig und konventionell gefunden hätte und ganz selbstverständlich nach neuen, subjektiven, bewegten Perspektiven suchte, und daß für ihn und seine Zuschauer der Gegenstand dadurch an Wirklichkeit und Faszination gewann, ja überhaupt erst anschaubar und lebendig wurde.

Dennoch, so paranoid der Verdacht ist, Antonioni habe mit seiner Kameraführung böse Absichten verfolgt, tendenziell haben die Chinesen recht: Die moderne Fotografie und der Film zerstören, wenn ihre realistischen Möglichkeiten verwirklicht werden, die fassadenhafte Autorität sinnstiftender Bildsignale und machen den Blick frei für eine nähere, kritischere, komplexere Wahrnehmung der Welt. Sie verändern so auch Denken und Handeln. Andere Interessen, andere Wertigkeiten und Sensibilitäten werden eingeübt. Bloße Rollenträger imponieren nicht mehr, aber alles Individuelle wird interessant. Posen und Attitüden wirken unglaubhaft, aber der lebendige Ausdruck beginnt zu sprechen. Und anstelle einer starren, das kollektive Leben dirigierenden Symbolwelt, tritt die Vielfalt der Erscheinungen.

Nebenbei ist damit auch einiges über den Roman gesagt. Auch hier gibt es – modellhaft gesehen – einen Gegensatz zwischen Werken, die normenorientiert sind und deshalb Abweichungen von der geltenden Lebensinterpretation als Störung, Irrtum, Wahrheitsverlust verstehen, und anderen Werken, die im Namen des Besonderen, auch des individuellen Scheiterns und der ruinösen Abweichung, die herrschende Norm kritisieren. Die erste Gruppe von Werken dient der Bewahrung der gesellschaftlichen Struktur, insofern sie Lösungen dafür anbietet, wie die individuelle Abweichung wieder mit der Vernunft des Ganzen zu vermitteln sei, die zweite Gruppe ist eher strukturauflösend, denn sie will Prozesse der Veränderung und Individualisierung in Gang setzen.
In den Kategorien der chinesischen Kritik an Antonioni wäre das der Roman der nicht-repräsentativen, falschen und verbotenen Motive und der unerlaubten, aggressiven Blickwinkel. Ich möchte ihn den Roman der Krise nennen. Nicht, weil er von Krisen handelt. Das tut sogar der Trivialroman, dessen Figuranten ja auch erst nach vorübergehenden Verwirrungen in die Harmonie des Happy-ends gelangen. Der Roman der Krise ist vielmehr dadurch gekennzeichnet, daß er die

von ihm entfalteten Probleme, Widersprüche, Irritationen nicht in exemplarischer und allgemein verbindlicher Weise löst. Sein Autor lädt den Leser nicht ein, mit ihm zusammen gegenüber dem irrenden, blinden Leben, das er darstellt, eine komfortable, nicht zu gefährdende Position überlegener Einsicht zu beziehen, und auch zum Schluß stellt er keinen Hochsitz des besseren Wissens bereit – der Leser kann ihn sich nur selbst errichten.
Weil der Autor von seinen eigenen Betroffenheiten ausgeht, die er über seine fiktionalen Personen bis zu den äußersten Möglichkeiten auslebt, weil er also als Zeuge, als Faszinierter spricht, nicht so sehr als Richter und Lehrer, deshalb mutet er auch seinem Leser das ganze Gewicht der Erfahrung zu. Er unterläuft die Distanzierungsversuche des Lesers und zieht ihn in die Verwirrungen und Begrenzungen der handelnden Personen hinein. Nah bei ihnen, manchmal in ihnen, muß der Leser die Erfahrung der Romanhelden mitagieren, um dabei durch Identifikation und Unterscheidung neu zu erfahren, wer er selber ist.

Der Roman der Krise, wie ich ihn skizziert habe, ist ein Feld problematisierter Bedeutungen und Zusammenhänge, in dem der Leser sich zurechtfinden muß. Er soll sich darin verlieren, um sich neu zu vergewissern. Das Grundmuster dieser Leseerfahrung ist das Abenteuer. Der Leser soll nicht bloß Zuschauer sein, sondern ist selbst der Held, der in die fremde Welt eindringt und sie erobert und dabei Gefahren besteht. Die fremde Welt ist allerdings seine eigene, die schon unsichtbar zu werden drohte durch Gewohnheit, und die er nun durch eine verfremdete Optik wieder zu sehen lernt. Vielerlei Wirkungen sind darin zusammengefaßt: Der Roman erneuert und erweitert die Wahrnehmung des Lebens, aber er kompensiert auch seine Ereignisarmut, er kann Ablenkung bedeuten, aber auch ein Training der Autonomie. Je mehr er den Leser beansprucht durch Schwierigkeiten, Unsicherheitszustände, Widersprüche, Probleme, um so mehr erkennt er ihn an als Subjekt. Er braucht einen Leser, der Lust an komplexen Situationen hat und fähig ist, versuchsweise die Perspektiven zu wechseln, den das Individuelle reizt und der es nicht nötig hat, sich in festen, pauschalen Übereinkünften zu bergen, der sich von widerspruchsvollen Erfahrungen eher stimuliert als bedroht fühlt.

Sein positives, soziales Komplement wäre eine Gesellschaft, die nicht durch übergreifende Konformitäten gesteuert wird, sondern durch die Kommunikationsprozesse zwischen den Gruppen und Individuen. Selbstverständlich ist eine solche Gesellschaft, in der die Menschen weitgehend privatisiert werden, auch von Entfremdung bedroht. Die einzelnen Lebenshorizonte können sich isolieren, und der ganze Gesellschaftsprozeß kann unverständlich, undurchschaubar werden. Das ist die andere Seite, aus der der Roman der Krise seine objektive Legitimation bekommt. Er zeigt die Opfer der gesellschaftlichen Komplexität, die scheiternden Vermittlungen des Einzelnen mit dem Ganzen – Angst, Einsamkeit und Versagen, Depression und Aggression –, und er tut dies, ohne das Leiden gleich wieder abfließen zu lassen durch die wohlfeilen Kanäle reformerischer oder utopischer Hoffnungen. Der Druck des Leidens soll spürbar bleiben als Potential eines Protestes, der dem Leser nicht vorgesprochen werden soll, sondern in ihm selbst zünden muß.

Der Bruch zwischen dem Individuum und der Gesellschaft wird in den Romanen der Krise zweimal aktualisiert: Einmal thematisch, indem sie von Menschen erzählen, die nicht sicher aufgehoben sind in der Gesellschaft, die an ihr leiden, in ihr scheitern oder auch sich gegen sie empören. Zum anderen aber lösen die Romane ihre Leser durch Irritation ihrer Denk- und Sehgewohnheiten aus unbewußt gewordenen gesellschaftlichen Konformitäten und öffnen ihnen so die Möglichkeit neuer, eigener kritischer Erfahrung. Beides, die Anklage im Namen der Opfer, wie die Einübung eines komplexeren, freieren Sehens sind Kräfte der Veränderung, die im Leser wirksam werden können, wenn auch wahrscheinlich nicht direkt und nicht meßbar, sondern als Faktoren unter anderen Faktoren seiner ja nie ganz abgeschlossenen Sozialisation und Personalisation.

Aber das sind anspruchsvolle Bildungsprozesse. Man muß Vorstellungskraft, Konzentrationsfähigkeit, Ruhe, aber auch Spannung in sich haben, um fähig zu sein, intensiv zu lesen. Man muß sich abgrenzen können von der Außenwelt, muß allein sein können, um seine innere imaginäre Welt zu bevölkern. Denn der Leser ist ja ein Mitautor, der den Text aus seinen eigenen Vorstellungen belebt und sich so das Buch zu eigen macht. Er braucht dazu ähnliche Eigenschaften wie der Autor selbst. Es gibt in den modernen Industriegesellschaften eine wachsende Zahl von Menschen, die diese psychischen Voraussetzungen des Lesens nicht mehr mitbringen. Ihr Ich ist so schwach und ihre Reizbedürftigkeit so groß, daß sie sich von der Außenwelt leben lassen. Dauernd müssen sie stimuliert werden durch Umweltreize, durch künstliche Verstärkungen ihres

Lebensgefühls, wie das Autofahren, oder durch das Programm der Massenmedien, das sie Abend für Abend wahllos konsumieren. Zum Lesen bringen diese Menschen nicht genügend Autonomie auf. Lesen bedeutet für sie Arbeit, nicht Entlastung, Entspannung, denn sie erfahren Entspannung nur in der Zerstreuung, nicht in der Konzentration. Es gibt auch eine Unfähigkeit zum Alleinsein, gerade unter jungen Menschen. Sie haben das Gefühl, sie würden das Leben verpassen und ihre sozialen Kontakte verlieren, wenn sie sich mit einem Buch zurückziehen würden. Und wieder andere, vor allem Männer, die glauben, mitten im praktischen Leben zu stehen, wollen aus Büchern nur anwendbares, instrumentelles Wissen gewinnen. Sie suchen Informationen, keine Erfahrungen, sie wollen sich nicht sensibilisieren, nicht berühren, nicht irritieren lassen, sondern sich besser ausrüsten, um Erfolg zu haben und so zu bleiben, wie sie sind.

In diesem Klima haben Romane nur Durchsetzungschancen, wenn sie einem verschärften, man kann auch sagen dokumentarisch verengten Authentizitätsanspruch genügen. Sie müssen ein Stück beglaubigtes Leben – noch rot vom frischen Blut – auf den Tisch legen.

Der Roman steht also in Gefahr, zur Autobiographie zu schrumpfen. Wobei vor allem die Lebensbeschreibungen von Randexistenzen mit voyeuristischer Neugier rechnen dürfen. Sie sind Ersatz für die Erlebnisarmut ihrer Konsumenten.

Trotzdem möchte ich dem Roman keine tödliche Prognose stellen. Denn er ist die komplexeste, universellste Ausdrucksform, die der menschliche Geist sich ge-

schaffen hat. Er kann abstrakt und sinnlich sein, er kann Innen- und Außenwelt in ihren feinsten Wechselwirkungen erfassen. Die gegenständliche Welt ist ihm prinzipiell grenzenlos zugänglich. Denn er kann Ort und Zeit, Nähe und Ferne beliebig wechseln. Er kann jede Ebene der Sprache, von der Reportage bis zum sublimen Lyrismus, in sich integrieren. Gedanken, Gefühle, Empfindungen, Einbildungen und Wahrnehmungen gehören gleichermaßen zu seinem Material. Er ist potentiell die vollkommene Entsprechung aller Dimensionen des menschlichen Lebens. Ich denke, daß man auf eine so phantastische Möglichkeit sinnlicher Erkenntnis nicht verzichten kann.
Und zwar um so weniger, je komplexer das Leben wird. Der Roman ist wegen seiner Undefiniertheit und Vielförmigkeit dem sozialen Wandlungsprozeß prinzipiell gewachsen. Sein Überleben hängt allerdings davon ab, wie entschieden man von seinen Möglichkeiten Gebrauch macht.

Erkenntnisglück und Egotrip

Über die Erfahrung des Schreibens

1978/79

Wer schreibt, wer seine Phantasien preisgibt, hat sich immer wieder zu rechtfertigen. Und fast alle Rechtfertigungsversuche sprechen eine falsche Sprache. Es ist ein Element von Verrat oder Heuchelei darin aufspürbar, und zwar gerade dann, wenn die Versuche der Selbsterklärung und Rechtfertigung besonders gediegen und vernünftig klingen. Literatur wird hochrespektabel vorgestellt als ein Instrument der Gesellschaftskritik, ein Medium der Sensibilisierung und Bewußtwerdung. Und das beschreibt auch ihre kritischen und aufklärerischen Möglichkeiten. Doch es verschweigt etwas, das schwer zu fassen und zu erklären ist, das aber den feurigen Kern, die Essenz der literarischen Erfahrung bildet. Deshalb ist das Ganze eine Verfälschung. Prächtig aufgezäumt mit emanzipatorischen Wirkungen und gesellschaftlichen Brauchbarkeiten wird die Literatur in den Stall der Konformität zurückgeführt.

Warum diese Vorsicht, diese Anbiederung? Zur Erklärung könnte man ein Wort Nietzsches aus »Jenseits von Gut und Böse« zitieren, und zwar aus dem zweiten Hauptstück, das vom »freien Geist« handelt. »Unsere höchsten Einsichten«, sagt er, »müssen – und sollen wie Torheiten, unter Umständen wie Verbrechen klingen, wenn sie unerlaubterweise denen zu Ohren kommen, welche nicht dafür geartet und vorbestimmt sind.«

Der hochfahrende exklusive Gestus dieser Zeilen läßt uns zurückweichen. Es scheint unerlaubt zu sein, so zu denken. Das beweist immerhin noch einmal die Angst vor der Absonderung, dem Exponiertsein, zu dem das Zitat Mut machen möchte. Es macht fühlbar, daß auf jedem, der sich exponiert, der Blick moralischer Kontrolleure ruht. Sie haben die Mehrheit hinter sich und verlangen Anpassung, ja Übereinstimmung. Es gibt Gründe, sie zu fürchten.

Zwei Abschnitte weiter macht Nietzsche deutlich, worin der immer drohende Konflikt zwischen der Mehrheit und den Andersdenkenden, die er freie Geister nennt, beruhen könnte. In der längsten Zeit der Menschheitsgeschichte, meint er, sei der Wert oder Unwert einer Handlung nach Erfolg und Mißerfolg bewertet worden. Das war eine noch vormoralische Orientierung. Danach geschieht eine Umkehrung. Nicht in den Folgen, sondern in der Absicht einer Handlung wird ihr Wert oder Unwert gesucht. Das ist die moralische Betrachtungsweise. Durch die Aufmerksamkeit, die sie dem handelnden Ich und seinen Absichten zuwendet, ist sie ein erster wichtiger Schritt der menschlichen Selbsterkenntnis. Nun aber, meint Nietzsche, sei der nächste Schritt zu tun, hinein in eine neue Realisationsphase des Menschen, die zunächst einmal negativ als außermoralische Periode zu bestimmen sei. Denn längst habe sich doch der Verdacht geregt, »daß der entscheidende Wert einer Handlung gerade in dem zu suchen sei, was nicht absichtlich an ihr ist«. Die Absichtlichkeit der Handlung, das, was von ihr bewußt werden könne, gehöre noch zu ihrer

Oberfläche, und die verberge mehr als sie zeige. Die Absicht sei nur ein Zeichen, ein Symptom. Die Absichtenmoral also eine Voreiligkeit, vom Range der Astrologie und Alchemie, die überwunden werden müsse. Diese Überwindung der Moral sei eine lange und geheime Arbeit, die »den feinsten und redlichsten und auch boshaftesten Gewissen« vorbehalten sei. Nietzsche nennt die Menschen, die diese Arbeit leisten sollen, »lebendige Probiersteine der Seele«.

Es scheint mir nötig, den Gedanken Nietzsches noch ein wenig nachzuzeichnen. Menschliche Gesellschaften sind kollektive Überlebenssysteme, die ein angemessenes Verhalten entwickeln müssen, nach außen, gegenüber der Natur oder konkurrierenden Gesellschaften, und nach innen, um den Verkehr der Gesellschaftsmitglieder untereinander zu regeln. Nietzsche spricht von zwei Regelmechanismen, die das leisten: einmal die Bewertung der Handlungen nach Erfolg und Mißerfolg und zum andern die Orientierung an moralischen Normen. Für ihn repräsentieren sich darin zwei verschiedene kulturelle Entwicklungsstufen.

Richtiger ist es zu sagen, daß erfolgs- und normenbestimmtes Handeln immer schon nebeneinander bestehen und ineinandergreifen, und daß die Freisetzung ganzer Handlungsbereiche, zum Beispiel von Wissenschaft und Technik, die sich vor allem an Erfolg und Mißerfolg und nicht primär an moralischen Normen wie gut und böse orientieren, vor allem eine Errungenschaft der Neuzeit ist.

Was aber Nietzsche meint und mit dem Begriff der »Absichtenmoral« anspricht, ist ein anderer Entwicklungsschritt: die Verlegung der Verhaltenskontrolle von den äußeren Autoritäten und Machtinstanzen der Gesellschaft ins Innere der Menschen, die Entwicklung also einer seelischen Instanz, die in der Person selbst die Interessen der Gesellschaft vertritt. Wir nennen sie das Gewissen oder, psychoanalytisch gesprochen, das Überich. Diese Verinnerlichung der Verhaltenssteuerung ist die Bedingung dafür, daß auch in unübersichtlichen Situationen und komplexen gesellschaftlichen Verhältnissen, in denen das einzelne Individuum der dauernden Kontrolle durch die anderen entzogen ist und nicht bei jeder Abweichung vom Üblichen sofort mit Sanktionen zu rechnen hat, daß also auch bei wachsenden Gelegenheiten zur Verwilderung und Anarchie ein sozial akzeptables Verhalten erwartbar bleibt.

Eine schwierige Synthese wird hier verlangt. Das Individuum muß selbständig *und* verantwortlich werden, es muß autonom *und* sozial handeln, und damit das möglich wird, müssen seine eigenen Lebensimpulse mit den Forderungen der Gesellschaft in wechselseitiger Belebung und Formung zu einer lebendigen Einheit verschmelzen. Die Sozialisation muß aufgehen in der Personalisation und ganz individuell werden. Vielleicht kann daraus sogar etwas Neues, Schöpferisches, ein neuer Wert, eine neue Lebensmöglichkeit für die Gesellschaft entstehen.

Doch das glückt selten und keineswegs total und für immer. Denn jede Gesellschaft, auch die freieste, enthält Elemente von Zwang, so daß die Heranwachsenden, die lernen müssen, sich den kollektiven Lebensbedingungen anzupassen, immer auch von Deformation und Entfremdung bedroht sind. Nach Freuds tragischer Auffassung vom Menschen besteht sogar ein untilgbarer Widerspruch zwischen dem ursprünglich grenzenlosen Lustverlangen des Individuums und der Gesellschaft, die in einem mühsamen und schmerzlichen Erziehungsprozeß diese Antriebe in sozial nützliche und erlaubte Bahnen zu lenken versucht. Da das nie ganz gelingt, bleibt jeder Mensch insgeheim mit einem Teil seines Wesens ein potentieller Feind der Gesellschaft. Das wiederum macht Angst, so daß die bedrohlichen, unangepaßten Impulse der fremden und vor allem auch der eigenen Wahrnehmung entzogen werden. Sie bilden einen dunklen, exterritorialen Persönlichkeitsbereich, der zwar weiter wirksam bleibt, aber nur in den bizarren Vermummungen der Träume oder durch den Schutzfilter falscher, konformer Umdeutungen wieder ins Bewußtsein eindringen kann. Ein ganzes System aus undurchschauter Heuchelei und Selbstbetrug wird aufgebaut und möglichst lebenslänglich festgehalten, um die Schrecken einer unverkürzten Selbstwahrnehmung abzuwehren. Überall begegnen uns diese Charaktermasken: als moralischer Biedermann, als eine Hausfrau und Mutter, die das Opferlamm spielt, als Fanatiker der Gerechtigkeit, als guter Kumpel, als stiller Helfer, als Spaßmacher, als Schlaukopf, als demütiger, bescheidener Mensch, in jeder denkbaren Gestalt, die ein schematisch auf Erwartungen eingestelltes Verhalten zeigt und durch ihre Starrheit zu der Vermutung Anlaß gibt, daß das nicht die ganze Wahrheit ist.

Solche zur Person erstarrten Systeme falscher, unvollständiger Selbstwahrnehmung und Selbstdarstellung werden in der neueren psychoanalytischen Theoriesprache als Falsches Selbst bezeichnet. Ein Falsches Selbst entsteht, wenn der jedem Menschen, wie jedem Lebewesen innewohnende Drang nach Selbstaktualisierung, Selbstverwirklichung und freier Expression mit den Werten und Forderungen der Umwelt in Konflikt gerät und dann, unter dem Druck der Umwelt oder ihrer verinnerlichten Normen, verleugnet und falsch symbolisiert wird. So kann zum Beispiel ein Kind die Abweisung der eigenen Begehrlichkeit ganz in sich hineinnehmen, indem es das Selbstbild aufbaut, ein bescheidener Mensch zu sein. Es ist dann angepaßt auf Grund einer Lebenslüge. Aber die Kehrseite dieser falschen Tugendhaftigkeit könnten Ressentiment und Neid sein, geheime Rachsucht, Depression. Carl R. Rogers gibt folgendes Beispiel: Man liebt den kleinen Bruder und man haßt ihn. Das ist, mit allen Zwischenstufen, die Spannbreite der wirklichen Erfahrung, die ein Kind macht. Doch seine Eltern geben ihm zu verstehen, daß das Kind mit einem Teil seines Lebensausdrucks ihre Werte verletzt, und sie drohen ihm deshalb mit dem Entzug ihrer Liebe. Das ist eine so katastrophale Drohung, daß das Kind genötigt wird, seine ihm nun selbst Angst machende Erfahrung zu verleugnen. Es lernt die Kunst, die falschen Gefühle und Gedanken zu haben. Es willigt ein in die konformistische Heuchelei, so zu sein und sich selbst so zu verstehen, wie die anderen es erwarten, bleibt aber in der Tiefe unsozial, weil es den Konflikt zwischen sich selbst und der Umwelt nicht durchgearbeitet, sondern nur verdeckt hat. Alles wird nun Maske, Vorwand, Täuschung und Selbstbetrug, oft in kontrastreicher Verkehrung: Fürsorge kann Unterdrückung sein, Anlehnung geheime Herrschaft, Freundlichkeit kann

Haß bedeuten. Dieses Maskenspiel des falschen Selbst meinte Nietzsche, als er davon sprach, daß Absichten nur Symptome eines verborgenen Hintergrundes seien, und daß man die Moral der guten Absichten durchschauen und überwinden müsse, wenn man jenseits von Gut und Böse die Realität sehen wolle.

Es wird Zeit, zur Literatur zurückzukehren, zum moralischen Verdacht gegen sie und zu ihrer Rechtfertigung, und zwar am besten mit einer Szene, die deutlich macht, auf welche Weise es gewöhnlich den Autoren nahegelegt wird, ein falsches Selbst zu entwickeln. Der Autor hat einen Roman geschrieben, der die Geschichte eines Mordes erzählt, und wird nun von den Teilnehmern eines Literaturkurses eingeladen und nach seinen Absichten befragt. Weshalb haben Sie dieses Buch geschrieben? Was wollten Sie damit sagen und was erreichen?
Es ist klar, der Autor soll sich legitimieren. Er steht unter dem Verdacht, einer unerlaubten oder doch unabsehbaren, fragwürdigen Tätigkeit nachzugehen, die ihm auch noch soziale Anerkennung verschafft. Es soll nun noch einmal geprüft werden, ob die Anerkennung berechtigt ist, und gleichzeitig auch, ob man selbst recht daran tat, den Autor zu lesen, oder ob das nicht eher ein bedenkliches Unternehmen war.
Zur Beschwichtigung des Verdachtes und als ein Angebot der Übereinstimmung wird dem Autor in Form einer Frage auch eine Interpretation nahegelegt, die ihn akzeptabel macht. Wollten Sie zeigen, wie ein Mensch unter den Bedingungen des Konkurrenzkampfes scheitert, und dann vereinsamt und destruktiv wird? Diese Bewegung, diese Beweisführung könnte

man aus dem Roman herauslesen. Der Autor überlegt sich das, er will da nicht widersprechen. Doch kaum hat er zugestimmt, kommt er auf das Streckbrett der akzeptierten Begriffe, und siehe da, er ist zu kurz. Warum nämlich hat er keine praktischen Lösungen des Problems gezeigt, keine besseren Alternativen zum schrecklichen Schluß des Buches? Das wäre der wichtigste Teil seiner Arbeit gewesen und er ist ihn schuldig geblieben.

An dieser Stelle revoltiert der Autor. Er habe überhaupt nichts demonstrieren, beweisen und lehren wollen, sondern er habe das Buch geschrieben, um seine verbrecherischen Instinkte auszuleben. Und sie, die Leser, seien Heuchler, wenn sie vorgäben, Romane zu lesen, um zu praktikablen Einsichten zu gelangen und in guten Gesinnungen bestärkt zu werden. Auch sie wollten im Geheimen nichts anderes als Phantasiereize, Erregungen, die ihr Lebensgefühl verstärken. Auch sie wollten sich am Fenster wärmen, und alle die herbeizitierten Aufklärungswerte, auf die sie ihn verpflichten wollten, hätten nur den Sinn, ihre Schuldgefühle zu beschwichtigen und dienten ihnen vor sich selbst als Alibi.

Wie immer, wenn man auftrotzt, hat der Autor mit dieser Antwort die Wahrheit verzerrt. Er hat sie verkürzt und vereinseitigt, er hat ihre Komplexität verfehlt. Ich will also versuchen darzustellen, was ein Autor über das Schreiben sagen könnte, wenn er sich dem Kern, der Impulszone seiner Erfahrung nähert, wenn er zu beschreiben hätte, wie er sich in den Augenblicken des Gelingens und der Selbstgewißheit erlebt. Es ist eine idealtypische Skizze. Doch ich glaube, sie beschreibt eine wiedererkennbare Erfahrung, die im übrigen ein sehr viel breiteres Realisationsfeld hat als nur die Literatur.

»Das Begehren schreibt den Text«, hat Roland Barthes gesagt. Und das ist festzuhalten gegen die Vorstellung, daß eine gute Absicht den Text schreiben solle. Absichten müssen schon die Gestalt des Begehrens annehmen, sie müssen persönlich und subjektiv werden, um literarisch gestaltbar zu sein. Als Vorsatz müssen sie verschwinden und wiederkehren als eine innere Tendenz der Wahrnehmung, die alles Fremde von sich abgestreift hat und dadurch fähig wird, die Welt in einer neuen Beleuchtung zu sehen.

Beckett hat in seinem Aufsatz über Proust diese Umwandlung der äußeren Orientierung in eine innere Erfahrung am Verhältnis von Gedächtnis und Erinnerung dargestellt. »Proust hatte ein schlechtes Gedächtnis«, sagte er. Und da das angesichts der monumentalen und zugleich intimen Wiederherstellung einer vergangenen Welt, die das Romanwerk von Proust ausmacht, eine verblüffende, ja absurde Feststellung zu sein scheint, fügt er erklärend hinzu: »Ein Mensch mit einem guten Gedächtnis erinnert sich an nichts, weil er nichts vergißt. Sein Gedächtnis ist einförmig, ein Geschöpf der Routine, zugleich Bedingung und Funktion einer unfehlbaren Gewohnheit, ein Instrument der Bezugnahme, statt ein Instrument der Entdeckung.« Das Gedächtnis, so kann man ergänzen, hält zu unveränderlichen Fakten erstarrte und jederzeit abrufbare Informationen bereit. Sie sind gebrauchsfertig präsent bezogen auf gewohnte, wiederholbare Situationen, eine bekannte, verfügbare, beherrschte Welt. Sie verdanken sich dem Beobachten, dem raschen, praktischen Begreifen und haben sich abgelagert als Stereotyp. Die Erinnerung dagegen ist ein Neusehen der Vergangenheit. Beckett schreibt: »Genau gesagt, können wir uns nur an das erinnern, was durch unsere äußerste Unaufmerksamkeit registriert und in jenem letzten und unerreichbaren Verließ unseres Seins aufgestapelt wurde, zu dem die Gewohnheit keinen Schlüssel besitzt.« Aus dieser Quelle schöpft Proust. Nicht die Intelligenz, nicht Wille und Vorsatz bringen die Bilder der verlorenen, verschütteten Vergangenheit wieder hervor, sondern ein unkalkulierbarer Prozeß, den er die »unwillkürliche Erinnerung« nennt, und der erlebt wird als plötzliche Offenbarung einer Fülle, einer Gegenwart und Daseinsdichte, die der alltäglichen, routinierten, immer schon abgeblaßten Wahrnehmung der Welt weit überlegen ist. Das Leuchten, das an den Bildern aufgeht, ist die Energie seines innersten Begehrens, noch einmal zu leben, die Wärme des Lebens noch einmal und vielleicht erst jetzt wirklich zu erfahren, um sterben zu können. Erst das Wiederfinden des Verlorenen ermöglicht auch den Abschied.

Man kann vielleicht einwenden, das ichzentrierte, autobiographische Schreiben von Proust sei ein Sonderfall, und das fiktionale Schreiben anderer Autoren ließe sich nicht damit vergleichen. Doch fiktionales Schreiben ist nur eine kompliziertere Variante desselben Prozesses. Denn auch hier findet ein Erinnerungsprozeß statt, nur eben ein fiktional übersetzter und erweiterter. Die heraufkommenden Bilder haben sich nur aus der biographischen Verankerung in der eigenen Vergangenheit gelöst und sind freibewegliche Vorstellungen geworden, die auf der Projektionsleinwand der fiktionalen Geschichte sich entfalten und über diesen Umweg des Autors Verhältnis zur Welt, seine Ängste, Wünsche, sein Begehren zum Ausdruck bringen. Das Begehren bringt auch hier den Text hervor und organisiert ihn nach den Geboten einer Faszination, der der Autor folgen muß, wenn seine Vorstellungskraft nicht erlöschen und seine Einfälle nicht versiegen sollen.

In dieser Faszination steckt allerdings etwas Unaufgeklärtes. Der Autor muß beispielsweise nicht wissen, weshalb er die Geschichte eines Mordes erzählt. Er weiß nur, die anerkannten guten Motive der Aufklärung waren es nicht. Sie allein hätten seine Phantasie nicht in Bewegung gebracht. Vielmehr ist irgendwann, vielleicht beim Lesen, beim Nichtstun, im Gespräch oder auch, als er eine andere Arbeit unterbrach, ein Gedanke, eine Vorstellung in ihm aufgetaucht, die nicht gleich wie üblich wieder zerrann, sondern ihn, als sei sie mit einem unhörbaren Glockenton, einem besonderen Zeichen verbunden, aus dem Halbschlaf der Gewohnheit aufweckte. Das ist der Moment, in dem der Autor mit seinen tiefsten Interessen, seinem Begehren in Berührung kommt. Er spürt es als leise Erregung, Wachheit, Lust, dabei zu bleiben, und vor allem auch als Beginn eines Kristallisationsprozesses, in dem sich seine Vorstellungen zu größeren, komplexeren Mustern zusammenfinden.

Selten wird der Autor gleich zu schreiben beginnen. Vielleicht tut er das erst Jahre nach diesem Initialmoment. Er muß die Faszination nur festhalten als eine innere Gewißheit, die er immer wieder überprüft. In dieser Zeit kann sie verblassen oder zunehmen. Läßt sie sich immer wieder beleben und nimmt ihre Strahlkraft zu, so zieht der erste Ideenkeim immer mehr Vorstellungen und Bilder an sich heran und läßt sie miteinander in Verbindung treten. Der Autor wird diesen Prozeß nicht nur passiv in sich geschehen lassen, sondern in tastender Aufmerksamkeit fördern und ausweiten. Er kennt sich, seine Mittel, seine Schreibweise, er hat Erfahrungen, wie er umgehen kann mit seinem inneren Material. Unter Umständen muß er auch Studien machen, Recherchen. Er notiert sich einzelne Fakten oder erste Wort- und Satzzusammenhänge. Und vielleicht, wenn er ein umfangreicheres Buch schreiben will, macht er sich sogar einen ungefähren Plan, eine Vorstellung von Anfang und Ende und einigen wichtigen Szenen, die ihm schon vor Augen stehen. Doch bei allen diesen Vorbereitungen und natürlich beim Schreiben muß er in Berührung bleiben mit der Dynamik des Phantasieprozesses oder wie Barthes sagt, mit seinem Begehren.

Die Faszination, der der Autor folgt, der er sich überlassen muß, wird indessen nicht als fremder Zwang erlebt, der das Ich überwältigt und entmündigt, sondern im Gegenteil als Ichstärkung. Das deutet darauf hin, daß seine Person im Schreiben einen höheren Grad an Integration erreicht hat, eine dynamische Verschmelzung von Antrieb und Bewußtsein, von Es und Ich. Dabei wirkt sich aus, daß die Fiktionalität des Textes die Person des Autors vor Entblößung und feindlicher Kontrolle schützt. Das macht den Umgang mit den Phantasien angstfreier. Der Autor spricht ja von anderen Menschen, nicht von sich selbst. Er kann sich zwar in sie hineinversetzen, doch das geschieht nicht in blinder, abstandsloser Identifikation. Er unterscheidet sich schon von seinen Figuren, indem er sie aus sich hervorbringt. Er läßt sie dabei bedingt frei, damit sie ihre eigene Wirklichkeit gewinnen. Je freier sich seine Vorstellungen entfalten, um so mehr nehmen sie den Charakter von etwas Objektivem an.

Diese Distanzierungs- und Objektivierungsprozesse finden auch beim autobiographischen Schreiben statt. Der Autor verschwindet hinter seiner selbstgeschaffenen Gestalt, so als sei er sicher, daß sie nun mit größerem Recht vor den Augen der anderen für ihn einstehe. Umgekehrt weiß der Autor eines fiktionalen Romans, oder ist sich dessen ungedacht sicher, daß seine Figuren auch in ihrem Anderssein zu ihm gehören, als Möglichkeit, Widerspruch, Konsequenz, als Wunsch- oder Angstbild, oder, funktional gesehen, als Erkundungs-, als Pilotfiguren, die an seiner Stelle in ungewohnte, bedrohliche, auch ausweglose und tödliche Situationen geraten. Sie sind die äußersten Enden seiner Phantasietentakeln, Organe einer Selbstverwirklichung, mit der der Autor sein empirisches Ich überschreitet, um über sich selbst durch Umformung seiner Erfahrungen, auch andere Menschen zu verstehen.

Während er schreibt, ist der Autor in einem Zustand erregter Spannung. Doch seine emotionale Verfassung entspricht nicht den Stimmungen und Gefühlen seiner Figuren. Obwohl oder weil er sie aus sich hervorbringt, ist er nicht deprimiert, wenn sie deprimiert sind, fühlt er sich nicht angesteckt oder bedroht von ihrer Leere, ihrer Verzweiflung, ihrer Wut, sondern ist, jedenfalls in den Momenten des Gelingens, erfüllt von einem Gefühl der Begeisterung, der Befreiung, des Mit-sich-einig-seins. Er mag etwas Schreckliches darstellen, ein scheiterndes, unglückliches Leben, das sich dem Tod zuwendet, doch seine Wahrnehmung ist ohne Angst und deshalb genau und konkret. Befreit von den gewohnten Klassifikationen, den abstrakten Gegensätzen von gut und böse, schön und häßlich, positiv und negativ, kann sie die Einzigartigkeit der Lebensaugenblicke erfassen und durch sie hindurch, wie einen anhaltenden Grundton, den Zusammenhang des ganzen Lebens, das in jeder einzelnen Lebenserscheinung mitgegeben ist. Diese Augenblicke befreiter Wahrnehmung werden sofort bestätigt durch ein Gefühl der Evidenz. Manchmal ist es eine kleine Verrückung des Bildes, eines Satzes, die das verdeckende Schema der Gewohnheit zerfallen läßt und einen individuellen Moment erzeugt. Die innere Antwort ist ein spontanes: Ja, so ist es, das ist es, jetzt weiß ich es! Diese Zustimmung ist rückhaltlos und fundamental. Sie schließt auf ihren Höhepunkten Tod und Unglück und alle Kontingenzen der menschlichen Verfassung mit ein. Und wenn jemand den Autor angesichts solcher Erfahrungsaugenblicke fragte, wo das Positive bleibe, müßte er antworten: Es steckt in dem durchdringenden Glück der Erkenntnis, und das wird auch nicht geschmälert, wenn sein Gegenstand der Tod ist.

Immer wieder vorzudringen zu diesen Momenten der Selbstgewißheit und der befreiten Wahrnehmung ist das treibende Motiv des Schreibens. Sie machen auch die Lebendigkeit und den Gehalt der Werke aus. Allerdings müssen sie hervorgebracht werden von einem weiterreichenden Prozeß, der die einzelnen Bilder, Wahrnehmungen, Erfahrungsmomente in Beziehung setzt. Er gibt ihnen einen Ort in einem imaginären Szenarium, das vielleicht noch unvollständig sichtbar ist, aber aus all diesen zersprengten Einzelheiten allmählich zusammenwächst wie ein bisher verborgener, stückweise an die Oberfläche tretender Sinn.

Ohne einen solchen Zusammenhang entsteht nur kulinarischer Impressionismus. Auch die kostbarsten Augenblicke profaner Erleuchtung erstarren zu toten, schnell verstaubenden Trophäen einer Schmetterlingsjagd. Vielleicht liest man solche Sammlungen feiner Beobachtungen, Empfindungen und Gedankensplitter richtig, wenn man sie als vorläufige Spurensicherung versteht. Der Zusammenhang ist das Leben des Autors, doch das kann zunächst nur bruchstückhaft und momentweise erfaßt werden. Andererseits ist das auch ein Indiz dafür, daß ein strukturierendes und weitertreibendes Interesse sich noch nicht durchsetzen konnte und der Autor in einer vorsichtig neugierigen Distanz verweilt. Er macht Schnappschüsse ringsum. Doch wenn alles reizvoll erscheint, kann alles bald beliebig sein. Die in der Evidenz des spontanen Sehens erreichte Objektivität fällt in bloße Subjektivität zurück.

Das Gegenteil dieser fragmentarisierten Welt der erlesenen Wahrnehmungen, die ja immerhin Zeugnisse individueller Sensibilität sind, wäre ein erzählerischer Text, der vor allem aus Bindegewebe besteht, ich meine aus dramaturgischen Vorrichtungen, aus Erklärungen, Beschreibungen, vernetzten Informationen ohne Gesamtvision und ohne das blitzartige Aufleuchten individueller Momente. In solchen Büchern dominiert die Erzählabsicht, das Vorausgewußte. Ihr Textkörper besteht aus funktionellen Teilen und undurchdrungenem Stoff, manchmal ist ein Firnis von Rhetorik darüber gelegt, eine Oberflächenbewegtheit der toten Textmasse. So sehr sich die Autoren dieser Bücher auch um Anschaulichkeit und Spannung bemühen mögen, die Texte bleiben trocken und abstrakt. Was sie zu sagen haben, ließe sich auch kürzer sagen, in der informationsraffenden Sprache einer Nacherzählung. Es sind breitgetretene Fleißarbeiten, denen die innere Legitimation fehlt, und die deshalb mit aktuellen Themen und Motiven um Beachtung werben und mit guter Gesinnung um Akklamation. Es fehlt ihnen das Vibrieren eines existentiellen Interesses, denn der Autor ist nicht vorgedrungen zu der Geschichte, die er eigentlich zu erzählen hat, sondern hat sich nach fremden Erwartungen umgeblickt und hat dann unter eigenem Namen wie ein Ghost-writer geschrieben. Weder dramaturgisches Geschick, noch Aktualität, noch gelegentliche Stilgrimassen können über seine Belanglosigkeit hinwegtäuschen.

Und dann gibt es wieder andere Bücher, deren Autoren auf Spontaneität setzen und dazu den Weg der Regression gehen. Sie setzen, wie beim automatischen Schreiben der Surrealisten, die synthetisierenden, formenden, ordnenden Funktionen des Ichs außer Kraft und überlassen sich dem Spiel der freien Assoziationen. Nonsens und Zufallsformulierungen werden verstanden als Winke und Anstöße für die Weiterführung des Textes. Es sind sprunghafte, zuckende Texte, die manisch weiterreden, auch wenn sie zum bloßen Wortschwall werden, so als müsse man die Textproduktion nur in Gang halten, um neue Erfahrungen hervorzubringen. Doch alles, was in ihnen zu Wort kommt, bleibt stecken in purer Unmittelbarkeit, wird grell beleuchtet und verschwindet, weil es sich nicht festmachen kann an einem allmählich auftauchenden, verborgenen Sinn. Gerade das wird verweigert durch die Methode, die das eben Gesagte, Gesehene im nächsten Moment schon wieder verwischt, versetzt oder verwirft und dadurch einen ständig flakkernden, diskontinuierlichen Text erzeugt, der schnell monoton und beliebig wird. So könnte es weitergehen, auf derselben planen Ebene, denn man kommt nirgends an, außer im schon wieder vergehenden Moment. Der Text sprudelt und hüpft, aber er arbeitet nicht. Seine Turbulenz ist ebenso maskenhaft wie die glatte Konvention. Subjektivität kann sich nur darstellen an einer Notwendigkeit, die sie aus sich hervorkehrt, einem immanenten Objektiven. Andernfalls zerflattert sie zu nichts.

Selbstverständlich kann man Legitimationen für solche Schreibweisen finden. Sie können der Unterhaltung und der Erbauung dienen, sie können anarchisches Spiel und artistisches Vergnügen sein. Als defizitär erscheinen sie nur im Rahmen der Erwartung, daß Literatur ein Medium der Erfahrungserweiterung sein soll, eine imaginäre Probebühne, auf der in immer neuen Phantasieszenarien das menschliche Leben zur Anschauung seiner selbst gelangt, und zwar aus allen möglichen Erfahrungslagen und Perspektiven. Die beiden letzten der skizzierten Schreibweisen genügen deshalb diesem Anspruch nicht, weil in ihnen die Subjektivität des Autors die Realität nicht verändernd durchdringt, sondern sie entweder, wie im konventionellen Roman, in ihrer scheinbaren Bekanntheit kaum antastet, oder sie aber, wie in der spielerischen, aus sich selbst bewegten Assoziationsprosa, nicht berührt und an ihr vorbeirauscht. Der Begriff des Erkenntnisglücks, den ich in den Mittelpunkt meiner Überlegungen gerückt habe, meint indessen gerade einen Augenblick, in dem die gewohnten Verschränkungen von Subjekt und Objekt, Innen- und Außenwelt ins Wanken geraten, und die Möglichkeit einer neuen Zuordnung sich zeigt. Das kann erlebt werden als eine leise Irritation, ein Befremden, ein Aufleuchten neuer, individueller Lebensmomente und bisher nicht wahrgenommener Züge der Realität, aber eben auch als eine tiefe, umwälzende Krise. Ein katastrophaler Orientierungsverlust kann drohen. Aber es können sich auch neue Möglichkeiten des Lebens öffnen. Der Beginn von etwas Neuem ist immer ein Dissoziationsprozeß.

Ich möchte ein Beispiel dafür anführen, die Beschreibung eines typischen, krisenhaften Initialmoments. Nehmen wir an, ein Mann, vielleicht ein Geschäftsreisender oder ein Politiker, unterbricht eine lange anstrengende Autofahrt, um in einem Gasthof eine Tasse Kaffee zu trinken. Dort sitzt er in der Ecke in sich selbst versunken, durch niemanden gestört, und ohne etwas zu denken. Doch dann hört er durch seine Isolation hindurch, daß die ganze Zeit aus einem unsichtbaren Lautsprecher eine Musik kommt. Es ist eine sehr leise, fast unterschwellig eingestellte Musik, aber jetzt ist er auf sie aufmerksam geworden und kann sie nicht mehr verdrängen. Die Musik ist heiter, munter, lebhaft. Ihr Rhythmus hat etwas Vorwärtstreibendes, und er spürt ihn als eine heimliche Aufforderung, sich einem allgemeinen Optimismus anzuschließen und in Schwung zu bleiben. Und dadurch erst empfindet der Mann seine Müdigkeit und sein Bedürfnis nach Ruhe. Plötzlich tut sich ein tiefer Widerspruch auf zwischen ihm und seiner Umgebung, aber auch zwischen ihm und der Welt und ihm jetzt, dort am Tisch, und seinem bisherigen Leben. Auf einmal sieht er alles anders, in einem neuen befremdenden Licht: Er kann nicht mehr so weitermachen.

Das könnte der Anfang eines Romans sein, der von einer Identitätskrise handelt. Jemand verliert sein inneres Gleichgewicht, entfremdet sich seiner Umwelt, gefährdet seine soziale Existenz, weiß vorübergehend nicht mehr, wer er ist, und gelangt gerade dadurch zu einer neuen, vertieften Kenntnis seiner selbst und einer weniger bornierten, erweiterten, persönlicheren Sicht des Lebens. Das ist, modellhaft formuliert, ein mögliches Grundmuster einer Krise. Sie ist ein Prozeß der Umstrukturierung der Person und ihrer Neuorientierung in der Welt, bei dem alle seelischen, geistigen, vitalen Latenzen in Bewegung geraten. Die geistige Aufmerksamkeit ist gesteigert, die Emotionen sind geweckt und die Wahrnehmung verschärft sich wie bei drohender Gefahr. Aber die inneren Widersprüche können die Person zerreißen, und je mehr ihr Gefüge auseinanderbricht, um so zerrissener, verzerrter, grimassierender erscheint auch die Welt. Das aufgewühlte Innere projiziert sich nach außen und droht und lockt von dort mit seinen magischen Gesten zurück. Momente der inneren Diffusion erfassen auch die Umgebung als Stimmungen des Schwebens, als ein Oszillieren der Bedeutungen, als angstmachende Entgrenzung. Ein Zauber kann davon ausgehen, eine gefährliche Versuchung. Unerkannte Tendenzen des eigenen Lebens bemächtigen sich des geschwächten Ichs, und es fühlt sich nun von seiner eigenen Kraft wie von etwas Fremden ergriffen und fortgezerrt.

Der Mythos vom Gesang der Sirenen, der die Seefahrer in den Tod lockt, beschreibt diesen Vorgang. Die Seefahrer, die sich von der Sicherheit der Küsten, vom festen, verbürgten Boden gelöst haben und das weite, anhaltslose Meer befahren, beginnen die Stimmen des eigenen Inneren zu hören wie beschwörende Einflüsterungen, die die Lüste der Regression, der Entgrenzung und des Ichverlustes versprechen, deren noch unsichtbarer Fluchtpunkt der Tod ist. Tod, noch ungeschieden von Heimkehr, Erfüllung, Wiedergeburt, bis er diese Bilder ablegt als täuschende Masken.

Reisen ist gefährlich, jedenfalls in seinen archaischen Formen. Es ist ein Zustand der Instabilität. Man hat die sicheren Gewohnheiten verlassen und sich ins Ungewisse begeben. Das begründet die Beziehung der Reise nicht nur zum Abenteuer, als einer unvorhersehbaren Herausforderung durch die Außenwelt, sondern auch zur Krise als einer gefährlichen, aber auch heilkräftigen Erschütterung der eigenen Verfassung.

Das bedeutendste mythische Modell einer Krise, das die Weltliteratur kennt, stellt sich auch als Reise dar. Ich meine das Tibetanische Totenbuch. Es ist die Erzählung der Schrecken und Gefahren, denen die Seele nach dem Tod begegnet, wenn sie im Zwischenzustand des Bardo durch ihre eigene Unterwelt wandert. Die Wanderung beginnt mit der Loslösung von der vertrauten Welt. »Du siehst deine Verwandten und Angehörigen und sprichst zu ihnen, erhälst aber keine Antwort.« So erst begreift die Seele, daß sie gestorben ist. Es ist ein Zustand der Haltlosigkeit und des Orientierungsverlustes. »Wenn du durch den ewig sich bewegenden Wind des Karma hin und her getrieben wirst, ist dein Geist, da er keinen Gegenstand hat, auf dem er ruhen kann, wie eine Feder, die vom Winde dahingetrieben wird, reitend auf dem Pferde des Atems.« Unaufhörlich und unfreiwillig irrt die Seele umher. Manchmal ist ihr Wissen trüb, manchmal flüchtig und ohne Zusammenhang. Höllenhafte Schrecken und Versuchungen begegnen ihr. Sie hört furchterregende Geräusche wie das Einstürzen eines Berges, das Brechen sturmgepeitscher Meereswogen, das Brennen eines Dschungels und den Widerhall von tausend Donnern. Der Todesgott und seine Furien erscheinen, fesseln die Seele und schleifen sie fort, zerstückeln sie und fressen sie auf. Aber sie kann nicht sterben, nur leiden. Es gibt auch Zustände farbloser, unempfindlicher Gleichgültigkeit, Nebellandschaften, die durchwandert werden, oder düstere Länder mit schwarzen Häusern, schwarzen Wegen und schwarzen Löchern in der Erde, auf die unentwegt schwarzer Regen fällt. Alles das sind selbsterzeugte Trugbilder. Wenn die Seele das erkennt, indem sie sich »von Angesicht zu Angesicht« setzt und in ihr eigenes Gedächtnis blickt, zerfallen die Schrecken zu nichts. Aber Selbsterkenntnis ist eine riskante und schwere Arbeit, umstellt von allen Gefahren des Selbstverlustes.

Man kann die Schrecken dieser Wanderung durch die eigene Innenwelt als das mythische Äquivalent eines Traumes oder einer Psychose lesen. Darin kann man sich verirren und untergehen. Oder man kann geheilt werden und eine neue Stufe der Existenz erreichen. Versteht man die Innenwelt als Außenwelt, dann ist diese Unterweltswanderung auch ein abenteuerliches Reisebuch wie die Odyssee. Und umgekehrt kann die Odyssee, dieses berühmteste Abenteuerbuch der Weltliteratur, als ein Traumbuch erscheinen, und seine von mythischen Gestalten bevölkerte Welt als nach außen gewendete Seelenlandschaft, in der alle Gefahren und Möglichkeiten eines kühn und weit entworfenen Lebensweges imaginiert werden. Krise und Reise sind beide Erkenntnistrips, einander entsprechende und oft verschmelzende Seiten des Abenteuers der Erfahrung. Auch heute, nach vielen Schritten der Entmythisierung, durch die Innen- und Außenwelt auseinandergerissen und technischer Beherrschung und Kontrolle unterworfen worden sind, setzen wir in unseren Fiktionen dieses Abenteuer der Erfahrung fort. Jedenfalls so lange Menschen nach Selbstverwirklichung streben und deshalb bereit sind, oder wenigstens davon träumen, den Schutz der Gewohnheiten zu verlassen und ins Unbekannte vorzudringen. Es ist eine Geschichte, die noch in vielen Geschichten erzählt wird.

Kehren wir zurück zu dem Mann dort im Gasthof. Was ist mit ihm geschehen? Vielleicht äußerlich nichts. Er hat da gesessen und eine Reise nach innen gemacht, wo seine Vergangenheit und seine Zukunft sich neu aufeinander zuordnen. Er hat seine Konflikte, seine Ängste und seine Wünsche durchgespielt und einen »Roman im Sitzen« erlebt, um diesen Begriff von Benn auf ihn anzuwenden. So könnte die Geschichte erzählt werden. Wir sehen, wie der Mann aufsteht und seinen Kaffee bezahlt. Sein Drama sieht man ihm nicht an. Vielleicht bleibt es auch nur ein kurzes, flüchtiges Schattenspiel. Aber wenn es erzählt wird, gewinnt es eine deutlichere Gegenwart und wird übertragbar.
Nehmen wir an, es ist der Autor, der diesen Moment der Irritation erlebt hat. Er wird zum Autor, weil diese kleine Bewegung in ihm eine größere auslöst und er

nun wirklich die Geschichte eines Mannes erzählt, der aus einer kleinen Irritation in eine umwälzende Veränderung gerissen wird. Der Autor wird über diesen kleinen, alltäglichen Moment der Irritation nicht einfach hinweggehen, weil ein eigenes Begehren nach Veränderung oder Erneuerung seines Lebens sich darin meldet, und er – das ist seine Disposition – darauf eingestellt ist, solche Impulse in sein Bewußtsein einzulassen und in seinen Phantasien auszuspielen und zu objektivieren. Vielleicht sind es auch andere Impulse: – Angst, Ambivalenz, Skepsis. Und die Geschichte kann ganz anders ablaufen, auf Zerstörung und Zusammenbruch zu, und möglicherweise steckt auch in diesem negativen Ausgang ein Moment der Positivität, insofern nämlich überhaupt die Möglichkeit der Veränderung eines verfehlten Zustandes sichtbar wurde. Oder aber das Ende bleibt offen, schwebend, mehrdeutig. In einer Hinsicht gewinnt der Mann, in einer anderen verliert er, in einer Hinsicht ist sein Verhalten richtig, in einer anderen war es falsch. Oder aber alles dreht sich am Ende zum Anfang zurück, der Ausgangspunkt wird wiederhergestellt, identisch, oder auf einer anderen Ebene und mit anderen Mitteln. Vielleicht sieht der neue Zustand zunächst wie Veränderung aus. Dann zeigt sich allmählich, daß er es nicht ist, er war nur eine Maske der Wiederholung.
Das alles sind mögliche Dramaturgien von Erfahrungsprozessen. Ihr Grundmuster ist es, daß ein eingelebtes System von Sinn von einem Gegensinn durchkreuzt wird. Das bestehende Lebensmuster und das störende Motiv – sagen wir ein unverwirklichter Traum – bilden dann Zonen der Mehrdeutigkeit, der Brüche und Konflikte, bis das eine System das andere

überwältigt oder eine Synthese entsteht. Die Inszenierung dieses Geschehens erzeugt in allen denkbaren Abläufen eine Folge von Unsicherheitszuständen. Durch sie wird der Leser in die Krise hineingezogen und gezwungen, der Geschichte nicht nur unbeteiligt zuzuhören, sondern sie mitzuagieren. Je mehr Unsicherheit der Autor dem Leser zumutet, und zwar auch strukturell durch Perspektivenwechsel, inszenierte Widersprüche, Informationsentzug, um so mehr wird er sich bemühen, einen Standpunkt zu finden, von dem aus das Geschehen überschaubar und beurteilbar wird, möglicherweise sogar voraussagbar. Aber immer wieder werden Erwartungen des Lesers als zu einfach oder zu ungenau, zu abstrakt von der Geschichte dementiert. Und entsprechend der wachsenden Komplexität des Ganzen differenzieren sich seine Vorstellungen und verschärft sich seine Aufmerksamkeit. Auch seine Einstellung zum Helden wechselt. Er entdeckt möglicherweise Verwandtschaften und Unterschiede, versteht ihn und kritisiert ihn, hofft auf seine Rettung und stimmt ein in seinen Untergang. Das ist lustvoll und erregend. Die Geschichte ist ein Reiz- und Problemfeld, das den Leser in einen künstlichen Alarmzustand versetzt. Sie weckt seine Erlebnisbereitschaften und bringt ihn so in Berührung mit seinen brachliegenden und unbewußten seelischen Dispositionen. Obwohl die Geschichte von einem anderen handelt, den er als anderen auch begreift, und wie auch immer sie ausgeht; – wenn sie nur die Kraft hat, ihn in Bewegung zu bringen, erlebt er sie als eine Steigerung seiner selbst.

Der Leser macht ähnliche Erfahrungen wie der Autor, denn er erfüllt den Text mit seinen Vorstellungen, belebt ihn mit seinen Gefühlen, Stimmungen, bereichert ihn durch seine Assoziationen. Und je mehr ihm das gelingt, je mehr ihn der Text dazu herausfordert, um so besser findet er ihn. Das ist die gleiche Bestätigung wie das Evidenzgefühl, das den Autor während des Schreibens führt und vorantreibt. Autor wie Leser erleben den Text, den sie hervorbringen oder schöpferisch nachvollziehen, als ein Medium ihrer Selbstaktualisierung, auch wenn sie dabei ganz von sich absehen und ihre Aufmerksamkeit gebannt ist durch das imaginäre Szenarium, das vor ihren Augen entsteht. Die Energie auch dieser Selbstvergessenheit, in der sie über sich hinausgehen und sich öffnen für das Leben, das sie umgibt, stammt aus einem fundamentalen Wunsch, den der schon zitierte Psychotherapeut Carl R. Rogers immer dann bei seinen Patienten auftauchen sieht, wenn sie schon auf dem Weg der Heilung sind. »Dieser Wunsch, das ganze Selbst in jedem Augenblick zu sein, mit aller Reichhaltigkeit und Komplexität, mit völliger Offenheit und ohne eine Spur von Angst.«

So zu sein, das wäre ein Zustand völliger seelischer Gesundheit und Reife und vollkommen entwickelter Kreativität. Sicher ist das nur ein Grenzwert, der nur vorübergehend auf der Höhe der Selbstentfaltung erreicht werden kann, und kein fester, unverlierbarer Besitz. Jedenfalls scheinen gerade schöpferische Menschen unter großen Schwankungen ihres Selbstgefühls zu leiden. Und immer ist die Produktivität der Indikator ihrer Verfassung. Wenn sie gehemmt ist, stockt das ganze Leben, und nur über ihre Befreiung scheint das

Leben wieder in Gang zu kommen. Deshalb sind sie genötigt zu arbeiten, in Fluß zu bleiben oder immer wieder neu anzufangen. Es geht dabei tatsächlich um ihr Leben. »Wenn ich nicht arbeite, existiere ich nicht«, hat der Filmregisseur Ingmar Bergmann gesagt. Und Kafka, der von schweren Selbstzweifeln und Lebenshemmungen bedroht war, scheint darauf in seinem Tagebuch zu antworten mit einem Satz, der seinen einzigen Rettungsweg bezeichnet: »Die Festigkeit aber, die das geringste Schreiben mir verursacht, ist zweifellos und wunderbar.« Genauso, nur ein wenig robuster im Ton, hat Faulkner einem Interviewer geantwortet, der ihn nach den emotionalen Hintergründen des Schreibens fragte: »Mr. Faulkner, ich glaube, Sie sagten neulich zu jemandem, solange Sie an etwas schrieben, also etwas hätten, deswegen Sie jeden Morgen aufstünden, um sich an die Arbeit zu machen, solange brauchten Sie vor nichts in der Welt mehr Angst zu haben. Könnten Sie mir erklären, was Sie damit meinten?« Faulkner antwortete: »Ich meinte damit, daß die Angst, wie so vieles Böse, in der Hauptsache dem Nichtstun entspringt. Wenn Sie etwas haben, deswegen Sie jeden Morgen aufstehen müssen, dann haben Sie keine Zeit, sich viel um Ihre Angst zu kümmern, weil Sie zu beschäftigt sind. Natürlich ist die Angst noch immer da, aber Sie haben keine Zeit, sie allzu ernst zu nehmen.«

Das ist ein Einblick in den Untergrund des lebenslänglichen Kampfes um Selbstverwirklichung, den der Schriftsteller führt. Denn die Angst, die immer da ist, aber schweigt, solange der Autor täglich mit seiner Arbeit fortschreitet, ist eine tief sitzende, fundamentale Angst, das eigene Selbst zu verfehlen und dann eingeholt zu werden von der Selbstverneinung. Faulkner antwortet darauf im Understatement, nämlich mit einer konventionellen puritanischen Moral: Arbeit ist ein probates Mittel gegen Angst, weil man dann keine Zeit hat, an sie zu denken. Doch das ist eine Abwehr, die mit der Angst auch den Anspruch zu verdrängen sucht, der sich in der Angst meldet und der schöpferisch erfüllt werden muß, wenn die Angst nicht doch wieder durchschlagen und das Werk vereiteln soll. Schuften als ein Mittel der Ablenkung nützt auf die Dauer nichts, kann vielmehr zum Instrument der Angst werden und in quälender Verkrampfung enden. Denn was allein die Angst besiegt, weil es die Antwort ist, die sie fordert, das ist die anschauliche Erfahrung eines entstehenden Sinns, die Selbstverwirklichung im Werk. Im weiteren Verlauf seiner Antwort hat Faulkner dann die abstrakte Arbeitsmoral differenziert. Arbeit muß Sinn und Wert haben, wenn man durch sie verstärkt werden soll. Erst dadurch kommt die innere Bewegung zustande, in der die Angst, das heißt das Stocken des inneren Lebens, sich umwandelt in vitale Energie. »Wenn es etwas ist, das Sie selber für wertvoll halten in dem Sinne, in dem der Künstler das für wertvoll hält, was er macht, dann mag dies zeitweise sogar einen seelischen Aufschwung für Sie bedeuten.« Faulkner spricht von zeitweisen Aufschwüngen. Er wird die Gegenbewegung gekannt haben. Jedenfalls schwankt er ungeheuer in der Einschätzung seines Werkes. Aber man hat den Eindruck, daß er die Negation einsetzt, um sich anzutreiben. Gelegentlich hat er gesagt, er halte sein ganzes Werk für mißglückt, aber er sei überzeugt, er würde es besser machen, wenn er es noch einmal schreiben könne und das – dem Traum zu folgen – sei die einzig zählende Moral für einen Künstler. Er muß ein manischer Arbeiter gewesen sein. Als ihn ein Interviewer fragte, ob er auch im Zug, auf dem Rücksitz eines Autos oder im Büro schreiben könne, bejahte er es, fügte aber hinzu, daß er das Schreiben immer so lange wie möglich hinausschiebe. Er mußte die Spannung in sich so stark werden lassen, bis er von ihr fortgerissen wurde und es kein Einhalten mehr gab.

Ganz anders Flaubert, dessen hochbewußte, heikle Arbeitsweise einer gefährlichen Selbsthemmung nahe verwandt war. In seinen Briefen an seine Freunde stehen erschreckende Bekenntnisse über die Qualen der Stagnation. An George Sand schreibt er: »Sie wissen nicht, was es heißt, den ganzen Tag zu sitzen, den Kopf in beide Hände gepreßt, und sein unglückliches Hirn zu zermartern, um ein Wort zu finden. Bei Ihnen fließt der Gedanke breit und unaufhörlich wie ein Strom. Bei mir ist er ein dünnes Rinnsal. Ich muß große kunstvolle Arbeiten unternehmen, bis ich einen Wasserfall erhalte. Oh, ich kann sagen, daß ich die Schrecken des Stils kennengelernt habe.«

Als er an »Madame Bovary« arbeitet, schreibt er an Louise Colet: »... in einer Woche zwei Seiten!!! Manchmal könnte man sich vor Mutlosigkeit den Schädel einrennen.« Doch im selben Brief baut er seine Person wieder auf. »Ich habe Arbeitspläne bis ans Ende meines Lebens, und wenn ich manchmal bittere Augenblicke erlebe, die mich fast vor Wut schreien lassen, weil ich meine Ohnmacht und meine Schwäche spüre, so gibt es auch andere, in denen ich Mühe habe, meine Freude zurückzuhalten. Etwas Tiefes und außerordentlich Wollüstiges fließt in mir in

heftigen Strahlen über wie ein Ausspritzen der Seele.«
Die Metaphern, in denen Flaubert über das Schreiben spricht, setzen es ganz unverhüllt in Beziehung zu den vitalen Prozessen des Lebens.

Aber was meint er, wenn er von den Schrecken des Stils spricht? Offenbar ein Kunstprinzip, das in Gegenstellung zur Spontaneität steht und sie hemmen, den Fluß der Produktion abgraben und stauen kann. Ganz anders ist Kierkegaards Auffassung von Stil, wenn er schreibt: »Der Existierende ist beständig im Werden; ... und setzt all sein Denken in das Werden. Es ist hiermit beschaffen wie mit dem Stil-Haben; nur der hat eigentlich Stil, der nie etwas auf Vorrat hat, sondern jedesmal, wenn er beginnt ›die Wasser der Sprache bewegt‹, so daß der alleralltäglichste Ausdruck für ihn mit neugeborener Ursprünglichkeit ersteht.« Auch hier also die Analogie zum Wasser, dem fließenden, strömenden Element, ein Bild, das auch Flaubert in vielfacher Abwandlung für alle seine Erfahrungen von Produktivität gebraucht.
Damit ist unterstellt, daß Produktivität ein Ausdruck von Leben ist, das ja auch immer als Prozeß, Strom, dauernde Verwandlung, dauerndes Werden beschrieben wird. Kierkegaard bezieht auch den Begriff des Stils ganz in die Perspektive des Werdens ein. Stil-Haben ist kein verdinglichter Kulturbesitz, sondern eine Kraft der Selbsthervorbringung, die alle Elemente schlackenlos einschmilzt und ganz eigen, frisch wie Natur, objektiviert. Bei Flaubert dagegen ist Stil ein auferlegtes Prinzip, unter dem er leidet und unter dem manchmal seine Spontaneität zum Rinnsal verküm-

mert. Mit dem er aber auch, im Unterschied zu dem breit dahinströmenden Fluß, mit dem er die Bücher von George Sand vergleicht, einen Wasserfall erschaffen kann. Stil bricht die Unmittelbarkeit, steigert aber auch das Artikulationsniveau, verwandelt die rohe oder flache Entäußerung eines bloß spontanen Schreibens in die subtile, geordnete Bewegung einer gestaltenden Produktivität. Denn jeder Künstler, jeder Schriftsteller muß zwei Bedingungen erfüllen, wenn er etwas schaffen will, das ursprünglich und zugleich sozialfähig ist: Er muß sich seinem Unbewußten öffnen und die Gefahr der Regression bannen, indem er die aufsteigende Phantasiematerie in eine Form bringt.
Darin liegt der Doppelcharakter des Stils begründet. Stil, das Prinzip der Notwendigkeit in der Subjektivität, ein Objektivierungsweg, der sie über längere Zeiträume hinwegträgt, kann eine abstrakte Kontrollzeremonie werden, um beunruhigende Triebkräfte in Schach zu halten. Er kann aber auch eine verinnerlichte Form sein, die wieder ganz spontan wird und so, als persönliche Gestaltungskraft, den Kierkegaard'schen Begriff des Werdens erfüllt. Stil ist dann nichts anderes als die geistige Identität und Selbstgewißheit des Autors, die ihn befähigt, ins Ungebahnte vorzudringen, ohne vor Angst zu erstarren und zu allerlei Sicherheitsvorkehrungen Zuflucht nehmen zu müssen.
Denn das weiße Papier kann zweierlei bedeuten: einen furchterregenden leeren Raum, in dem man sich verlieren und umkommen kann, oder eine lockende, freundliche Weite, die einlädt zu einem Abenteuer der Selbsterfahrung. Es gibt die verschiedensten Wege, sich darauf einzulassen, so viele verschiedene, wie es

Individualitäten gibt. Aber vielleicht kann man sie alle der polaren Typologie des englischen Psychoanalytikers Michael Balint zuordnen, der zwischen Menschen unterscheidet, die sich angstvoll am Vertrauten, Überschaubaren festhalten, und anderen, die sich lustvoll ins Ungewisse stürzen. Beides können pathologische Haltungen sein. Aber so viel ist sicher, daß bei schöpferischen Menschen, die Lust am Neuen, am Wagnis das Bedürfnis nach Sicherheit und Kontrolle überwiegen muß, und daß Pläne und rationale Methodik die Spontaneität nicht ersticken dürfen. Das Problem ist nämlich dies: Man kann jeden Satz umstellen, jeden Gedanken so und so inszenieren, jede Geschichte auf vielfältige Weise erzählen. Wenn dies erst ins Bewußtsein gelangt, kann es einem passieren, daß man sich im Kreise der Möglichkeiten dreht und nur noch durch auferlegten Zwang daraus entkommt. Dann ist alles schon verloren. Ein mechanisches Prinzip übernimmt das Kommando und produziert trockene Konvention.

Das organisierende Prinzip darf also nur ein offenes, weitgespanntes Konzept sein, und seine Konkretion muß dann mit dem Stoff zugleich auftauchen, und das ist nur möglich, wenn der Autor das weiße Papier nicht als eine ich-verschlingende Leere, sondern als einen Raum seiner freien Entfaltung erlebt. Als innere Entsprechung dazu stellen viele Autoren einen Zustand der inneren Stille und Konzentration her, in dem sie sich von der Umwelt zurückziehen und isolieren. Sie wollen jetzt nicht mehr von außen gelebt und stimuliert werden, sondern sich ganz einstellen auf ihr inneres Leben. Als Virginia Wolfe an ihrem Roman »The Waves« arbeitet, muß sie zwischendurch andere Korrekturen lesen und wird von häufigen Freundesbesuchen unterbrochen. Das erschöpft sie seelisch. Sie hat Kopfschmerzen und kommt nur noch sehr langsam mit dem Buch voran. In ihr Tagebuch schreibt sie: »... was ich mir wünsche, ist nicht, es (das Buch) zu schreiben, als vielmehr, sagen wir, zwei oder drei Wochen daran zu denken – um in diesen Gedankenstrom hineinzukommen und ihm alles andere zu unterwerfen.« Franz Kafka schreibt in sein Tagebuch: »Ein wenig Gesang unter mir, ein wenig Türenschlagen auf dem Gang und alles ist verloren.« Aber auch: »Das Alleinsein hat eine Kraft über mich, die nie versagt. Mein Inneres löst sich ... und ist bereit Tieferes hervorzulassen.« Dem entspricht auch die Situation, die Henry James in seinen »Notebooks« schildert: »Ich habe hier vor dem Kaminfeuer gesessen – und an diesem stillen Weihnachtsabend im leeren London die Spur eines ›Themas‹ zu finden versucht. Vage, blasse Formen unvollkommener Entwürfe scheinen mit dem Schleier einer Andeutung, dem Flattern unfühlbarer Flügel über das Gesicht zu streichen. Der umsichtige Verstand notiert promt alles, was am wenigsten verschwommen wirkt –.«

Dieses Hörenkönnen, dessen Bedingung die vorübergehende Abkehr von der äußeren Welt ist, bildet den Anfang des schöpferischen Prozesses und setzt sich in ihm unentwegt fort, so daß der Autor im Grenzfall das Gefühl hat, er stünde unter Diktat und müsse nur aufschreiben, was die Inspiration ihm einsagt. Es ist ein Zustand, in dem die Subjektivität ganz übergeht in Notwendigkeit, der kontrollierende Verstand aber nicht überrollt wird, sondern hellwach übereinstimmt mit den spontan sich entfaltenden Imaginationen. Das

kritische Bewußtsein rückt nur an Einzelheiten ein wenig herum, um die allmählich sich entfaltende Gestalt noch deutlicher hervorzuheben, den unbewußten Plan des Ganzen, der sozusagen als Kettenreaktion einander hervorrufender und bedingender Einfälle und Setzungen sich immer mehr objektiviert. Es ist ein sich selbst bestätigender Prozeß, der den Autor mit dem Gefühl höchster Kompetenz erfüllt, obwohl er weniger zu machen als zu finden scheint.
Faulkner hat auch das in einem Interview geschildert: »Wenn Sie das Schreiben erst einmal richtig gepackt hat, dann haben Sie keine Zeit mehr, sich hinzusetzen und lange nachzudenken. Sie haben dann bereits schon wieder einen neuen Gedanken, während Sie noch mitten dabei sind, den ersten niederzuschreiben, und der neue Gedanke drängt Sie dann dazu, ihn Gestalt annehmen zu lassen, es sei denn, der erste wäre so heiß, wie ich dies nenne, daß Sie im Augenblick alles andere unterdrücken, um ihm nachgeben zu können. Doch verhindert wahrscheinlich zunächst eine Art ›Schutzfärbung‹, wie man es nennen könnte, einen Gedanken daran, als neu im Bewußtsein aufzutauchen, ehe er nicht eine gewisse Zeit im Unterbewußtsein gelegen hat, so daß er, wenn er ins Bewußtsein dringt, dann schon angefangen hat, seine endgültige Form anzunehmen.«
Dieses spontane Produzieren ist außerordentlich lustvoll und bestätigend. Das immer deutlichere Gelingen des Werkes wird von wachsenden Gefühlen der Freiheit, Fülle und Intensität begleitet, wie immer, wenn Menschen für einen Augenblick oder eine kurze ekstatische Zeitspanne das Funktionieren aller ihrer Kräfte erleben. Die Psychoanalyse sieht darin eine Er-

Autonomie als Prozeß

innerung an kindliche Allmachtsträume. Doch die frühe Erfahrung passiver Wunscherfüllung ist jetzt produktiv gewendet und eingelöst als Selbstverwirklichung. Dabei erlebt der Autor nicht nur die Dynamik seiner Antriebe, sondern auch seine integrativen Kräfte. Das entstehende Werk ist gleichsam seine objektivierte Kompetenz, sich auf seine Impulse, Wünsche, Ängste einzulassen, also seine Wirklichkeit wahrzunehmen und durch sie auch die Wirklichkeit der anderen. Henry James hat das in einer Eintragung in seine Notebooks »das schreckliche Gesetz des Künstlers« genannt, »das Gesetz, durch das alles Wasser auf seine Mühle wird – kurz das Gesetz von der Annahme aller Erfahrung, alles Leidens, allen Lebens, aller Eingebung, Empfindung und Erleuchtung.«

Das wirft noch einmal ein Licht auf Nietzsches Bemerkung in »Jenseits von Gut und Böse«, in der er von der Notwendigkeit spricht, die »Absichtenmoral« zu überwinden, um einen höheren Grad geistiger Freiheit zu erreichen. Was James als das »Gesetz des Künstlers« beschreibt, die völlige Offenheit und wunschlose Bewußtheit, in der er sich fähig fühlt, den Gesamtcharakter des Daseins in seiner Vielgestaltigkeit und Widersprüchlichkeit wahrzunehmen und sich zu eigen zu machen, erfüllt durchaus Nietzsches Erwartung. Die von der Moral, oder von Absichten bestimmte Wahrnehmung ist trennend. Die freie, empfangende Wahrnehmung, zu der sich das Ich öffnet, wenn es seine Ängste überwunden hat, schließt alles in sich ein. In ihr verschmelzen die Gegensätze zu neuen, komplexen Einheiten, deren Hintergrund die dialektische Spannung von Leben und Tod ist. Es gibt nun nichts mehr, was als trivial, geringfügig, böse, häßlich, lächerlich, abseitig aus der Welt hinausfiele. Jeder Mensch, es kann ein Mörder, ein Verräter, ein Schwächling, ein Perverser sein, gewinnt in dieser Perspektive sein individuelles Recht. Das heißt nicht, daß alle Unterscheidungen verwischt würden, sondern daß sie neu vermittelt sind mit einer umfassenden Wahrnehmung des Lebens, in der es möglich wird, das Einzelne, das Partikulare als Teil des Gesamtlebens nicht nur zuzugeben, sondern auch zu verstehen.

Was James »das schreckliche Gesetz des Künstlers« nennt, nämlich die Bereitschaft, alle Erfahrungen anzunehmen und sich zu eigen zu machen, ist auch eine Bedingung des Erwachsenseins. Nur wer fähig ist, jenseits aller Wünschbarkeiten die realen Bedingungen der menschlichen Existenz wahrzunehmen, nur wer den Tod und alle seine Abwandlungen und Vorformen in seine Erfahrung aufnimmt und durch diese Widersprüche hindurch eine tiefere Zustimmung zum Leben gewinnt, ist erwachsen. Es ist eine Stufe des Realismus, die den Charakter der Utopie hat. Man kann nicht dauernd in Zuständen höchster Bewußtheit und gesteigerten Selbstgefühls existieren. Aber wenn sie als Grenzwerte der Erfahrung immer wieder erreicht werden, durchleuchten solche Momente der Selbstverwirklichung und Selbsttranszendenz das ganze Leben und erweisen sich als wirksame Heilmittel gegen Borniertheit, Destruktivität und Depression.
Solche Erfahrungen können sich überall und jederzeit ereignen, scheinbar unvorbereitet, als eine plötzliche, durchdringende Einsicht, als ein gesteigertes Sehen. Es kann geschehen beim Hören von Musik, in der Betrachtung der Natur, während man allein ist oder in ei-

nem befreienden Gespräch und natürlich in der Liebe. Aber dieses Unvorbereitet-Plötzliche ist nur Schein. Lange Prozesse inneren Wachsens sind diesen Momenten, in denen sie sich erfüllen, vorausgegangen.
Meistens aber ist die Steigerung des Daseinsgefühls das Ziel einer bewußten, künstlichen Anstrengung. Der Dauerläufer, der seinen toten Punkt überwindet und nun mit neuem Atem und gelockerten Muskeln weiterläuft, als brauche er nie mehr aufzuhören, das Eistanzpaar, dessen gleitende, schwebende Bewegungen den verzückten Zuschauern das Bild einer fast überirdischen Gelöstheit und Harmonie darbieten, die Mitglieder der Jazzband, die sich im Rausch des gemeinsamen Musizierens gegenseitig zu immer neuen Einfällen anregen und sie überraschend und mühelos zu einer bewegten Einheit zusammenfügen – sie alle haben hart gearbeitet und trainiert, um die Stufe der Vollendung zu erreichen, auf der dann alles wie ein Geschenk erscheint. Und dieses Erlebnis ist ihnen so begehrenswert, es geht davon eine so tiefe Bestätigung aus, daß sie immer wieder zu jeder Anstrengung bereit sind, um erneut dort hinzugelangen. Der Anthropologe Arnold Gehlen sieht in diesem Wunsch nach »Veränderung des eigenen Innenzustandes« und nach »Höherlegung des Erlebnisniveaus« die gemeinsame Wurzel für kultische, ekstatische und ästhetische Verhaltensformen. Doch die Veränderung des eigenen Zustandes zielt über sich hinaus auf eine neue, tiefergreifende und umfassendere Beziehung von Ich und Welt.
Als Zeugen möchte ich den Bergsteiger Reinhold Messner anführen, der in seinen Büchern, Aufsätzen und Interviews eine neue Auffassung des Bergsteigens

entwickelt hat. Messner, der die höchsten Berge aller Kontinente bestiegen hat, darunter fünfmal einen Achttausender, und dem rund um die Erde, oft im Alleingang, über hundert Erstbesteigungen gelangen, sieht trotz solcher Leistungen den Sinn seines Bergsteigens nicht im Rekord und nicht im Kampf gegen die Natur, sondern in der existentiellen Erfahrung, die ein ganz auf sich selbst gestellter Mensch in der menschenfernen Einsamkeit einer extremen Umwelt machen kann. Ohne Sauerstoffgerät, das er als einen technischen »Erfahrungsdämpfer« und unehrlichen Trick ablehnt, ist er in die Todeszone der Achttausender vorgedrungen und hat als erster Mensch auf diese Weise den Gipfel des Mont Everest erreicht. Aber nicht, um den Berg zu besiegen, sondern um – wie er es nennt – »eine natürliche Seinserhellung zu erleben« und zwar »im Widerstand gegen den herausgeforderten Tod.« Messner schreibt: Bergsteigen birgt »viele Anregungen in sich, uns zum Seinsmenschen zu machen: den Zwang, hier und jetzt da zu sein; das Erwachen des unterbewußten Selbst im Grenzbereich; das Erkennen der eigenen Begrenztheit. Die Erkenntnis erst, daß nichts und niemand außer ich selbst meinem Leben Sinn gebe, die Erkenntnis dieser Nichtheit also, läßt eine freie Aktivität zu. Dabei verstehe ich unter Freiheit weniger die Möglichkeit, zu tun und zu lassen, was ich will, als vielmehr die Chance, ich selbst zu sein. Die Entfaltung der eigenen Persönlichkeit und die meiner Mitmenschen wird das Ziel der Existenz, Leben und alles, was es fördert, unantastbar. Wer Leben gelernt hat, wer also mit dem eigenen Nichts konfrontiert war, kann andere nicht umbringen. Für ihn sind Dinge, Macht, Idole und Ideologien sekundär, sein

Selbstvertrauen und sein Identitätsbewußtsein und damit auch seine Sicherheit beruhen auf dem Glauben an das, was er ist, was er kann. Die Fähigkeit zu kritischem Denken entwickelt sich nicht nur von seinem gegebenen Leben, sondern auch von seinem Tode her.« Und: »Das Risiko, nicht mehr zurückzukehren, flickt die letzten Teilungen in unserem Bewußtsein. Nach solcherart Erleben fühlt man sich wie neu geboren.«

Man muß diesen letzten Satz wörtlich nehmen. Das Abenteuer, in dem das Leben aufs Spiel gesetzt wird, um es neu zu gewinnen, hat tatsächlich den Charakter einer zweiten Geburt, mit der das Trauma der ersten Geburt getilgt wird. Denn die »Teilungen in unserem Bewußtsein«, die Messner im abenteuerlichen Egotrip des Bergsteigens vorübergehend aufzuheben vermag, sind Folgen des einschneidenden ersten Trennungserlebnisses, das damit beginnt, daß das Kind die bergende Symbiose mit dem Mutterleib verläßt, um nun schrittweise am Widerstand der Realität zu erfahren, daß es ein begrenztes Individuum ist, umgeben von einer fordernden, widerständigen, oft bedrohlichen Welt, die sich nicht einfach seinen Wünschen fügt. Es muß nun lernen, sich in sie einzufügen und sie sich anzueignen. Aber das gelingt nur mit Einschränkungen und Verlusten: Ich und Welt, Wunsch und Wirklichkeit, Individuum und Gesellschaft, das Besondere und das Allgemeine, Theorie und Praxis klaffen auseinander, und die ursprüngliche, alles umfassende Einheit ist in alltäglicher Lebenspraxis nicht wiederherzustellen. Nur in Ausnahmezuständen geschieht das, in jenen Zuständen vollkommenen Gelingens, in denen aller Widerstand, alle Entzweiungen und Widersprüche

aufgelöst scheinen in neuer wiedererrungener Harmonie.
Auch das Bergsteigen, so wie Messner es betreibt, gehört in die Reihe dieser phantastischen Versöhnungen. Es stellt einen heroischen und absurden Versuch dar, das Einheitsgefühl des Anfangs an einem Ort wiederherzustellen, der der äußerste Gegensatz zur bergenden Nähe der Mutter ist: in der tödlichen, abweisenden Einsamkeit des Hochgebirges. Die Strapazen und Gefahren, die der einsame Kletterer überwinden muß, übersteigen so sehr alles normale Maß, daß das Gelingen des Aufstiegs, aber auch schon das Wagnis überhaupt, wie ein Freispruch von allen übrigen Ängsten ist, eine grandiose narzistische Selbstheilung. Auf dem höchsten und fernsten Punkt, umgeben von grenzenloser Weite, erscheinen die ursprünglichen Trennungsängste triumphal überwunden, denn der Kletterer hat seine seelische, geistige, körperliche Kompetenz bewiesen, auf jeden Schutz zu verzichten und sich der härtesten Wirklichkeit auszusetzen. Da sie ihn nicht getötet hat, fühlt er sich von ihr angenommen. Er weiß nun, er kann leben.
Danach beginnt der Abstieg in die Bereiche der Relativität. Der Kletterer ist wieder bei den Menschen, bei ihren engen Gewohnheiten, ihren kleinlichen Ängsten und Sorgen, die er durch die bewußte Herausforderung des Todes so weit überstiegen hatte. Das Echo seines großen Erlebnisses wird nachhallen und ihn nicht ganz verlassen. Immer wieder kann er das Leben im Licht dieser Erfahrung sehen. Aber allmählich wird es schwächer werden, und das Bedürfnis nach einem neuen einheitstiftenden Abenteuer wird sich erneuern. Nie hat man die Wahrheit ein für alle Male, jeden-

falls nicht in der leuchtenden, brennenden Gestalt ekstatischer Gewißheit. Und weil sie das Maß der Befriedigung setzte, verschärfte sie auch die Bedürftigkeit nach grandiosen Bestätigungen. Deshalb ist auch Bergsteigen eine Sucht.

Es mag zunächst befremdlich erscheinen, von hier aus wieder auf das Schreiben zurückzukommen. Denn es ist eine Tätigkeit, die nicht die leibhaftigen und tödlichen Risiken des Bergsteigens in sich birgt. Der Körper ist ruhig gestellt, umgeben und geschützt von einem vertrauten Zimmer, und das Abenteuer ist ins Imaginäre verschoben. Doch ohne diesen Unterschied zu verwischen, drängen sich auch die Parallelen auf. Beides – Bergsteigen und Schreiben – sind selbstgesetzte, künstliche Anstrengungen, frei gewählte Egotrips zu einer erweiterten Selbsterfahrung und einer neuen Vermittlung des Ichs mit der Welt. Auch der Autor muß mit jedem neuen Werk einen noch unbezwungenen Berg besteigen. Jedesmal setzt er sich dabei der Gefahr des völligen Scheiterns aus. Er setzt seine Identität aufs Spiel, um sie in einem Prozeß der Selbstentfaltung neu und vollständig zu gewinnen. Das gelungene Werk repräsentiert sein erweitertes Ich wie die Welt, die es darstellt, und weil es beides ineins ist, heilt es die Entzweiung. Das entspricht durchaus dem Einheitserlebnis des Bergsteigers, der nach Überwindung aller Widerstände sich als Teil der ganzen Welt, aber auch die ganze Welt als seine narzistische Hülle erlebt. Doch das sind vergehende Erfüllungen. Die Entzweiung macht sich immer wieder geltend und wird zum Antrieb zu neuen Anstrengungen der Selbstverwirklichung. Auch der Schriftsteller befindet sich auf einem lebenslänglichen Trip.

In den Notebooks von Henry James finden sich viele Belege für die Umsetzung von Versagungserlebnissen in neue Arbeit und vor allem für die dauernde Selbststimulation und Selbstmotivierung, mit der der Autor den Schaffensprozeß in Gang hält, als sei er nichts anderes als das Leben selber. James, der viele bedeutende Romane und Erzählungen geschrieben hat, war lange Zeit beherrscht von dem »tief verwurzelten Entschluß«, »den vollkommenen und bedeutenden Erfolg beim Theater zu erreichen«. Es war ein großer Kummer und eine schwere Kränkung für ihn, als er mit seinem Stück »The American« scheiterte. Seine Reaktion auf diese Erfahrung ist eine neue, noch entschlossenere Konzentration auf seine Arbeit. Er schreibt: »Inzwischen bleibt meine lindernde, versöhnende, heilige und heilsame Zuflucht vor all diesen Gemeinheiten und Schmerzen, mich in diesem stillen, diesem gesegneten und unangetasteten Arbeitszimmer der unschätzbaren, belebenden Bemühung um die Kunst, entschlossener und wohltuender Arbeit hinzugeben.« Und er gelobt sich: »mit Geduld, Mut und Stetigkeit, nur vom eigenen klaren Licht erleuchtet, fortzufahren, mit der hohen Vorstellung und Bemühung zu leben, sich selbst – und oh wie sehr! – mit der Zeit völlig zu rechtfertigen: Dies und dies allein kann die einzige Lehre sein, die ich aus allem ziehe.«
In ein paar Zeilen umreißt hier James die Mechanismen schöpferischer Selbstheilung. Schon der letzte Satz verbannt mit der doppelten Beschwörungsformel »Dies und dies allein« jede mögliche depressive Alternative zu dem Entschluß, sich durch zähe, unbeirrte Arbeit zu rehabilitieren. Die Heftigkeit dieser Abwehr läßt das Ausmaß der Verletzung ahnen. Der Autor hat

sein geträumtes ideales Selbstbild, das die Quelle seiner Kraft ist, in der Welt nicht verwirklichen können. Der Mißerfolg dementiert den Traum und bedroht seine Ichstärke. Die Enttäuschung ist eine tiefe Kränkung. Der Autor antwortet darauf, indem er sich zurückzieht in den »unangetasteten« Bereich seines Arbeitszimmers, ganz ähnlich wie der Bergsteiger, der zur neuen Entfaltung seiner Kräfte die Einsamkeit der Berge sucht. Es ist eine Regression um der Progression willen. Diese nach außen magisch abgegrenzte Zuflucht wird hoch idealisiert als »heilig und heilsam« und »gesegnet« wie ein Tempelbezirk. Und das meint eigentlich schon die eigene Person, die vielfach mit ihrem Arbeitsraum verschmolzen ist. Weil der Autor diesen Bereich allein kontrolliert, weil hier die Störungen der Außenwelt ihn gegen seinen Willen nicht erreichen können, kann er unbeeinträchtigt durch den feindlichen oder mißtrauischen Blick der anderen wieder mit seinen Phantasien in Kontakt kommen und seine Kräfte mobilisieren. Geradezu manisch treibt er sich an, wie zum Beispiel in dieser Eintragung: »Vorwärts, mein Junge, und wacker gekämpft, schaff dir einen reichen und langen Nachsommer. Versuche alles, mach alles, gib alles wieder, sei ein Künstler, sei hervorragend um jeden Preis.«

Auch diese Formulierungen ermöglichen einen Einblick in die intimen Motivationsprozesse. Obwohl dies der älter gewordene James ist, der sich auf den Nachsommer seines Lebens einstellt, spricht er sich selbst an, wie einen jungen Mann. »Vorwärts, mein Junge, und wacker gekämpft.« James spaltet sich hier gleichsam in zwei Personen auf, in einen jungen Mann, der noch über den ganzen Elan der Jugend verfügt, und in einen anderen, älteren, der seinem dynamischen alter ego die größte Ermutigung und die weiteste Lizenz gibt. »Versuche alles, mach alles, gib alles wieder.« So kann nur ein alles gewährendes Über-Ich zur Person sprechen, eins, das ihr erlaubt, alle ihre Fähigkeiten unter dem Ansporn eines Ideal-Ichs zu entwickeln und zusammenzufassen. »Sei hervorragend um jeden Preis.«

»Hervorragend.« Das erinnert schon im Wort an die triumphale Exponiertheit des Bergsteigers, der den Gipfel des Berges erklommen hat. Er will sich groß sehen, größer als die meisten, das ist das Bild, das die völlige Rehabilitierung und Wiederaufrichtung des verletzten Selbst verspricht, von der James – »oh wie sehr!« will er sich rechtfertigen – in der Stunde seiner Niederlage träumt. Unübersehbar und unanfechtbar will er sein wahres Selbst zur Erscheinung bringen, und er wird jeden Verzicht, jede Anstrengung in Kauf nehmen, in der Hoffnung, eines Tages, dank der sublimen Verwandlung und Objektivierung, die er mit seiner Arbeit vollbringt, durch sein Werk wieder hervorzutreten, fast so, als sei es ein neuer, spiritueller, seine empirische Existenz überbietender und überdauernder Leib.

Die Übersetzung der eigenen Existenz in das Werk ist allerdings eine schwankende Brücke, die immer wieder zerfällt. Sie scheint nur zu halten, während sie begangen wird, in der Arbeit selbst. Aber schon darin, daß das Werk seine eigene Logik entwickelt, die dem Autor nicht mehr erlaubt, jedem beliebigen Einfall zu folgen, schon in der Evidenz, mit der das subjektiv Hervorgebrachte sich als etwas Objektives zu zeigen beginnt, steckt der Keim der Trennung. Das Werk wird sich verselbständigen, sobald der Autor es aus der Hand gibt, und die anderen, die Kritiker und Leser, es in ihre Hände nehmen. Zwar ist das der Moment, den er während der langen, einsamen Arbeit manchmal innerlich vorweggenommen hat, um die Vorläufigkeit seiner Existenz und die im Unfertigen, Unbestätigten immer noch drohende Verneinung besser auszuhalten: – Ja, er würde dort hingelangen, er würde sich selbst in seinem Werk für alle sichtbar objektivieren und wunderbar belohnt und gerechtfertigt sein. Doch nun, nach der Vollendung des Werkes, bleibt, selbst wenn der Traum von Erfolg und Anerkennung sich erfüllt, ein undurchschautes Defizit. Der Autor ist mit seinen Spannungen und geheimen Leiden, dem ganzen Treibsatz seiner Existenz nicht in seiner schöpferischen Entäußerung aufgegangen, wie es manchmal während der Arbeit erscheinen konnte, als er ganz in sich versammelt und über sich hinaus war. Nein, er ist noch der alte Adam. Mitten in der unbeeindruckten, unveränderten Wirklichkeit findet er sich wieder vor, und statt bereichert zu sein, kann er sich fühlen wie ausgeraubt.

Doch das wäre nur die drastische Variante einer meist wohl nur leise gefühlten Befremdung und Enttäuschung, die Ernst Bloch die »Melancholie der Erfüllung« nennt. »Das Verwirklichte ist prall und verschattet zugleich, weil im Verwirklichenden noch etwas ist, das sich nicht verwirklicht hat«, schreibt er und verweist so auf einen Widerspruch, der nur während der Arbeit, als sich alles immer mehr zu einem geschlossenen Werk zu fügen begann, vorübergehend überwunden schien. Nun jedoch schärft sich gerade am gelungenen Werk die Erfahrung, daß nicht alles gelungen ist. Und das sich erneuernde Ungenügen wird bald eine erneute, überbietende Anstrengung aus sich hervortreiben und mit ihr die neue Hoffnung, daß einmal die Anstrengung in einer dauerhaften Befriedigung zur Ruhe käme und das Motiv des Noch-nicht, Noch-immer-nicht, das alle bisherigen Erfüllungen durchkreuzte, dann schweigt.

Es ist ein verbissenes Duell mit dem Tod, das hier geführt wird. Denn das Schreiben wird erfahren als ein Mehrwerden, ein Wachsen, das das Schwinden der Lebenszeit produktiv umkehrt, so daß am Ende nicht mehr nichts, sondern die höchste Summe auf dem Konto steht. Dank der seltsamen Transsubstantiation des schöpferischen Prozesses tritt die Objektivierung der Existenz an die Stelle des Menschen, der sie vollbracht hat, und auf einer imaginären Waage kompensiert das entstehende Werk das allmähliche Versehrtwerden und Erlöschen der physischen Person. Es ist nur eine Übertragung und Verfestigung dieses Gegensatzes, wenn Autoren wie James und viele andere die Kunst idealisieren und sie zu einem todlosen Bereich erheben. Hier gibt es keine Kränkungen, keine Grenzen, nur ein unendliches Streben und Weiterschreiten. »Trost, Würde und Lebensfreude beruhen darauf, daß Entmutigungen und Fehler, Depressionen und Dunkelheiten uns nur befallen, wenn wir draußen stehen, ausgeschlossen vom strahlenden Paradies der Kunst.« Hier ist er allmächtig und kann unerschüttert Leben und Tod in all ihren Gestalten wahrnehmen, ohne daß Angst seinen Blick verstellt. Er scheint gefeit zu sein an diesem Schutz- und Rettungsort, der ja, wenn man nicht das Arbeitszimmer meint, kein Ort ist, sondern der Vorgang des Machens. Solange er darin bleibt, kann nichts geschehen. James drückt es so aus: »Sobald ich wirklich wieder eintrete – die geliebte Schwelle überschreite –, in dem hohen Raume und den himmlischen Gärten stehe –, breitet sich das ganze Reich wieder vor mir und rings um mich aus –, die Lebensluft füllt meine Lungen – das Licht des Vollbrachten überflutet alles, und ich glaube, ich sehe, ich schreibe.«

Doch während der Schriftsteller immer mehr Schriftsteller wird, folgt ihm beharrlich und schattenhaft eine andere Gestalt. Das ist der Mensch, der nicht ganz aufgegangen ist in dem fanatischen und möglicherweise berühmten Autor, zu dem er für alle anderen geworden ist, sondern wie ausgebeutet und vergessen zurückbleibt in einer formlosen Unmittelbarkeit, lebendig, aber sich selbst verdunkelt. Jorge Luis Borges hat diesem namenlosen Ich und seinem schwierigen Verhältnis zu dem Schriftsteller, als den er sich, immer schon vermittelt durch den Blick der anderen, sehen muß, ein kleines Prosastück gewidmet, das den Titel »Borges und ich« trägt. »Dem anderen, Borges, passiert immer alles. Ich schlendere durch Buenos Aires und verweile mich« – so beginnt der Text, der die Selbstentfremdung durch die déformation professionelle des Schriftstellers als das Nebeneinander zweier Personen beschreibt, die vieles gemeinsam haben und doch ganz verschieden sind. Der Schriftsteller ist der, an den die Post gerichtet ist, dessen Namen in einem Professorenkolleg oder in einem biographischen Lexikon steht, und das namenlose Ich erblickt diese Existenzzeichen wie Nachrichten von einem anderen. Das Ich hat »Spaß an Sanduhren, Landkarten, an der Typographie des 18. Jahrhunderts, an dem Aroma von Kaffee und an der Prosa Stevensons; der andere teilt zwar diese Vorlieben, aber in aufdringlicher Art, die sie zu Attributen eines Schauspielers macht«.

Aber das ist nur die Entfremdung durch die Öffentlichkeit, die den Schriftsteller zu einer prominenten Figur macht und dabei auch seine persönlichen Eigenarten als interessante Züge eines berühmten Mannes verdinglicht und der allgemeinen Neugier darbietet: Borges, der Liebhaber von Sanduhren und der Prosa Stevensons. Schlimmer aber als diese Veröffentlichung des Intimen, seine Umwandlung zu Elementen der Imagebildung, ist die grundsätzlichere Beraubung der Person durch den Vampirismus des Schreibens. Leben ist nicht mehr Selbstzweck, wenn die Literatur ihre Herrschaft über die Existenz errichtet. Sie ist der alleinige Sinn, sie fordert alle Kräfte an und läßt dem namenlosen Ich nur die blinde Unmittelbarkeit einzelner selbstvergessener Momente. »Ich lebe, ich lebe so vor mich hin, damit Borges seine Literatur ausspinnen kann, und diese Literatur ist meine Rechtfertigung.« »Im übrigen bin ich dazu bestimmt mich zu ruinieren, und nur irgendeiner meiner Augenblicke wird in dem anderen fortzuleben vermögen. Allmählich trete ich ihm alles ab ...«

Ist er überhaupt noch jemand außerhalb des Schreibens? Ja, er ist jemand, der auf seinen Spaziergängen gelegentlich unwillkürlich stehenbleibt und ein geschwungenes Hoftor, ein Türgatter betrachtet oder sich im »beflissenen Gezupf« einer Gitarre verliert. Doch er weiß: »Ich muß in Borges verbleiben, nicht in mir (sofern ich überhaupt jemand bin) ...« Einmal hat er das Verhältnis lösen wollen, indem er etwas anderes schrieb als Borges immer geschrieben hatte; er hat das Thema gewechselt, seine Sichtweise verändert, »... doch treibt heute Borges diese Spiele, und ich werde mich nach etwas anderem umsehen müssen. So ist mein Leben eine Flucht, und alles geht mir verloren und fällt dem Vergessen anheim oder dem anderen.«

Dieser Text, der vom existentiellen Preis des Schreibens handelt, verdeutlicht am Schriftsteller zugleich die Exzentrizität der menschlichen Position, dieses dauernde Haben und Nichthaben einer Wechselwirtschaft zwischen dem unmittelbaren Dasein und seiner Objektivierung in Gedanken, Phantasien, künstlerischen Werken, in denen es sichtbar wird, aber nicht mehr bei sich selbst ist. Das »Dunkel des gelebten Augenblicks«, wie Ernst Bloch es nennt, beginnt sich im Schreiben zu lichten. Alles scheint da zu sein, als sei das Leben dem Autor erst jetzt zu eigen geworden in leuchtender Evidenz. Doch wenn die Erfahrung stillsteht als Werk, scheint sie sich wieder zu entleeren und das Nicht-Verwirklichte im Verwirklichten fesselt den Autor erneut an seine Ruderbank. Weiter? Wohin? Muß man ewig im Prozeß leben, um ins Sein zu gelangen? Ist dieser Widerspruch nicht aufzuheben, außer im Moment des Gelingens? Manche versuchen auszusteigen, ins Schweigen, in die Praxis, wie zum Beispiel Rimbaud. Ich glaube nicht, daß sie eine bessere Aussicht haben, näher und zuverlässiger bei sich selbst zu sein, als die Schriftsteller, die weitermachen mit ihrer lebenslangen Traumarbeit. Das Bekenntnis zur Praxis kann auch Anpassung bedeuten, Resignation und Verrat. Doch das ist eine andere Frage. Sie führt zurück an den Anfang.

Das Verschwinden im Bild

Über Blendwerke und Fiktionen

1980

Es gibt eine Legende über einen chinesischen Maler, der sein Leben lang versuchte, die Landschaft vor seinem Fenster zu malen, aber nie mit seinen Werken zufrieden war. Sie erregten allgemeine Bewunderung. Er galt inzwischen als der größte Meister seiner Zunft. Aber er selbst fand, daß seine Bilder den Gegenstand nicht erreichten. Schließlich aber gelang ihm doch ein Bild, das seinen Ansprüchen genügte. Er zeigte es seinen Freunden, die alle übereinstimmten, daß dies ein vollkommenes Werk sei. Darauf soll der Maler sein Malwerkzeug weggelegt haben und vor den Augen seiner Freunde in sein Bild hineingegangen und darin verschwunden sein.
Diese Parabel erscheint einfach und ist doch eine Kristallisation vielfältiger Erfahrungen. Ihr szenischer Schluß erlaubt eine sentenzhafte Zusammenfassung ihres Sinns: Der Künstler geht in seinem Werk auf. Doch gewinnt die Erzählung ihre Spannung, indem sie den Blick auf den langen, beschwerlichen Weg richtet, an dessen Ende der Schritt in eine wunderbare Vollendung möglich wird. Ausgangspunkt ist das schmerzliche Nicht-haben, das Nicht-erreichen-können. Die Landschaft, das sehnsüchtig betrachtete Andere, bleibt unerreichbar für sich. Und die Parabel deutet

nun die künstlerische Arbeit als einen Prozeß geduldiger Annäherung an den umworbenen Gegenstand, an dessen utopischem Zielpunkt die Entzweiung von Subjekt und Objekt in einer vollkommenen Vereinigung getilgt wird, die so triumphal wie unheimlich ist.

Der Geschichte liegt die Vorstellung zugrunde, daß der Künstler, der sich seinen Gegenstand in lebenlanger Arbeit zu eigen macht, sich ihm dabei auch immer mehr ausliefert. Er kommt ihm nicht nur näher, er wird von ihm besetzt. Immer reiner muß sein Geist den Gegenstand in sich abbilden, um ihn gestalten zu können. Er muß ihn erst ganz in sich enthalten, bevor er ihn im Bild objektivieren kann. Erst aus einem vollkommenen Innehaben gelingt die schöpferische Entäußerung ins Werk. Und nun kehrt sich das Verhältnis um: Der Schöpfer geht über ins Werk und verschwindet darin. Er hat sich in das Werk verwandelt und bleibt unsichtbar darin aufbewahrt wie in einem neuen, größeren und dauerhafteren Leib. Seine empirische Person aber hat sich überlebt und kann nun sterben.

Das ist der dunkle Aspekt des vollkommenen Gelingens. Es gibt seiner Idee nach kein Darüber-hinaus mehr. Aber nicht nur deshalb, weil das Werk unüberbietbar ist, sondern weil sein Schöpfer sich ihm ganz übergeben hat und nun ausgeraubt und verbraucht zurückbleibt. Denn um es schaffen zu können, mußte er ihm sein Leben weihen. Er mußte seine Selbstliebe, sein Bedürfnis nach Anerkennung und Bewunderung in den Wunsch verwandeln, durch das Werk Anerkennung und Bewunderung zu finden, freilich grandioser und umfassender als er es je für seine Person erhoffen konnte. Das selbstgeschaffene Werk vertritt ihn nun

strahlend, doch indem es ihn zugleich verdeckt. Das ist es, was der Maler seinen Freunden zeigt, wenn er in sein Bild hineingeht und darin verschwindet. Schaut her, das bin ich jetzt, sagt er, und sein Hineinschreiten verleiht dem Bild die ganze Macht der Wirklichkeit. In der leibhaftigen Identifikation mit dem Werk vollendet der Künstler das Selbstopfer, das sein Leben war. Das sieht aus wie Demut und bescheidenes Beiseitetreten, und mag von allen, auch ihm selbst so erlebt werden. Doch in der Sprache der geheimen Phantasien ist es eine triumphale Selbsterhöhung.
Von hier aus läßt sich die Legende noch anders lesen. Das Verschwinden des Künstlers in seinem Bild hat etwas vom Blendwerk an sich, mit dem er den anderen seine Allmacht beweisen will. Er ist ein Abkömmling der Zauberer. Sie sollen seiner Magie verfallen und wie er eintreten in den totalen Traum. Es ist ein Glücksversprechen, eine gefährliche Verführung. Vor ihnen überschreitet er die Grenze zwischen Fiktion und Wirklichkeit und löscht die Distanz, die uns vor phantastischer Regression, Ichverlust und wahnhaften Verschmelzungen schützt.

Die Unheimlichkeit einer solchen Grenzüberschreitung läßt sich deutlicher machen durch eine andere Geschichte, in der sich die Bewegung umkehrt. Auch hier verschmilzt ein Mensch mit einer imaginären Welt, doch sein Eindringen zeigt sich mehr und mehr als ein Verschlungenwerden. Es handelt sich um eine kurze parabelhafte Geschichte von Julio Cortázar, die ganz unverfänglich beginnt. Jemand, ein Gutsbesitzer, hat vor einigen Tagen einen Roman zu lesen begonnen, ihn aber wegen dringender Geschäfte wieder aus der Hand legen müssen. Als er später im Zug zu seinem Landgut zurückfährt, schlägt er das Buch wieder auf und läßt sich allmählich davon gefangennehmen. Aber noch einmal wird er unterbrochen. Er muß einen wichtigen Brief schreiben und sich mit seinem Gutsverwalter besprechen. Am Nachmittag kehrt er in der friedlichen Stille seines Büros zu dem Roman zurück. Er sitzt in seinem Lieblingssessel aus grünem Samt, mit dem Rücken zur Tür und dem Gesicht zum Fenster, das auf die Bäume des Parks hinausschaut. Draußen wird es dämmrig. Seine Umgebung ist ihm nur noch verschwommen bewußt, denn immer eindringlicher treten die Bilder und Szenen des Buches vor sein inneres Auge.

Er sieht eine Waldhütte. Eine Frau tritt ein, bald danach kommt ihr Liebhaber. Sie umarmen sich leidenschaftlich. Der Peitschenschlag eines Zweiges hat sein Gesicht getroffen. Sie stillt das Blut mit ihren Küssen. Aber nicht wegen der Liebe ist er diesmal gekommen. Es gibt etwas zu besprechen zwischen ihnen, die Existenz eines störenden Dritten, der beiseitegeräumt werden muß. Darüber reden sie, inbrünstig, mit leidenschaftlichen Liebkosungen, die ihre Absicht bestärken. Sie haben schon einen Plan, haben alles bedacht: Alibis, Zufälle, mögliche Irrtümer. Nun steht ihnen nichts mehr im Wege, nichts kann sie mehr aufhalten.

Bei Beginn der Nacht brechen sie auf, die Frau muß auf den Weg nach Norden, ihr Liebhaber in entgegengesetzter Richtung. Er blickt sich noch nach ihr um und sieht sie laufen mit aufgelöstem Haar. Und nun ist man ganz bei ihm, der auf dem Weg ist zu seinem Opfer. Er eilt, er läuft und unversehens ist die Nacht vorbei. In der Morgendämmerung erkennt er die Allee, die zum Haus führt. Und jetzt spitzt sich die Geschichte unheilvoll zu und zeigt immer deutlicher, unverkennbarer auf das Opfer: »Die Hunde durften nicht bellen, und sie bellten nicht. Der Gutsverwalter würde um diese Zeit nicht da sein, und er war nicht da. Er stieg die drei Stufen der Vorhalle hinauf und trat ein. Aus dem Blut, das in seinen Ohren raste, drangen die Worte der Frau an ihn heran: zuerst ein blauer Saal, dann ein Korridor, eine mit Läufern ausgelegte Treppe. Oben zwei Türen. Niemand im ersten Zimmer, niemand im zweiten. Die Tür zum Salon, und dann der Dolch in der Hand, das Licht der Fenster, die hohe Rückenlehne eines Sessels aus grünem Samt, der Kopf des Mannes im Sessel, einen Roman lesend.«

In diesem Augenblick reißt die Geschichte ab. Es ist ein schlagartiges Gefrieren, ein lähmender Schock, der Todesschrecken des Mannes im Sessel, der plötzlich, noch in das Buch starrend, den Mörder in seinem Rükken spürt. Er ist gemeint, niemand anders! Unverkennbar, unverwechselbar sitzt er in dem Zimmer mit den Fenstern zum Park, sitzt, in einem Buch lesend, in einem grünen Sessel mit dem Rücken zur Tür. So sieht er sich, immer noch lesend, mit den Augen des eintretenden Mörders, als der Blitz der Erkenntnis ihn trifft, daß er selbst das bezeichnete Opfer ist. Er hat geglaubt, sich in einen Roman zu vertiefen, doch er ist in eine Falle geraten. Durch eine geisterhafte Vermischung oder Vertauschung der Sphären wird die Fiktion Wirklichkeit. Die Geschichte über das Leben fremder, erfundener Personen entpuppt sich auf einmal als die Vorgeschichte des eigenen Todes.

Der Ruck, mit dem der Text hier anhält, entspricht

dem Tod. Es ist der nicht mehr formulierbare Augenblick, in dem der Dolch den Mann im Sessel trifft und sein in Panik erstarrtes Bewußtsein auslöscht. Oder aber es ist das Erwachen aus dem Alptraum, das den Spuk auslöscht und den zu Tode Erschrockenen in einer bebenden Leere zurückläßt. Das Erwachen ist der jähe Ausbruch aus dem geschlossenen System des Schreckens im Augenblick, da es sich für immer zu schließen und auf ein schwarzes Nichts zu schrumpfen droht.

Durch den Schock macht die Parabel erfahrbar, was es äußerstenfalls heißen kann, in den Bann einer Fiktion zu geraten. Aber sie zeigt auch, daß die Unheimlichkeit viel früher beginnt: dann nämlich, wenn man sich aus seinen gewohnten Orientierungen löst und sich der Führung der Phantasie übergibt. Mit jedem Buch, das wir zu lesen beginnen, setzen wir uns der Gefahr aus, daß die Geschichte uns gefangennimmt und von uns zu handeln beginnt, auch wenn wir es dank vieler Verschiebungen und Verwandlungen zunächst nicht merken, noch nicht erkennen können. Wäre es nicht so, würde der Leser nicht auf Umwegen einbezogen und verstrickt, bliebe das Buch für ihn uninteressant und er würde es beiseitelegen. Er will das Abenteuer, die Versuchung, er will daran teilnehmen. Doch ist beim Lesen die Angst gemildert, weil dem Leser der Horizont seiner gewohnten Realität erhalten bleibt. Auch wenn das Buch ihn fesselt und erregt, bleibt es eine Enklave der realen Außenwelt und hat nur eine jederzeit kündbare Macht über ihn. Er kann sich mitten im Abenteuer mit einem Rest von Aufmerksamkeit seiner beruhigenden Umgebung vergewissern oder auch abrupt die Lektüre beenden.

Es ist die tückische Raffinesse von Cortázars Parabel, daß sie uns zunächst diese Sicherheiten einer bekannten Situation trügerisch gewährt. Man lernt die Außenwelt des Lesers kennen, seine soziale Situation, seine Umgebung, man sieht das Zimmer, den grünen Samtsessel mit dem Rücken zur Tür und kann noch mit dem Leser »spüren, daß sein Kopf behaglich auf dem Samt der hohen Rückenlehne ruhte, daß sich die Zigaretten in Reichweite seiner Hand befanden, daß jenseits der hohen Fenster die Luft der Abenddämmerung unter den Eichen tanzte« und kann sich nun, unbewußt geborgen von dieser allmählich verblassenden Umgebung, wegtreiben lassen in die Welt des Romans.

Doch Cortázar unterschiebt dieser vertrauenerweckenden Situation eine andere: den Traum. Der Träumer hat keine Außenwelt, aus der er in die Enklave der Innenwelt hineinblickt, sondern diese hat sich totalisiert und die Außenwelt verschluckt. Wenn die als Außenwelt beschriebene Situation das Zimmer, der Sessel, der Leser – als Schlüsselszene der Innenwelt auftaucht, gibt es kein Entrinnen in ein rettendes Außen mehr. Der Ort der vermeintlichen Sicherheit zeigt sich als der Ort des Todes. Und in dieser Schrecksekunde erstarrt das Bild.

Es sei denn, wir, die Leser der Parabel über den Romanleser, die den Sog zwar spüren, der jenen in das Zentrum des Schreckens zieht, aber dennoch zuschauen, weil wir noch eine Außenwelt haben, erkennen einen verborgenen Widerspruch zwischen dem Anfang und dem Ende des Textes: Der Leser sitzt in seinem Büro, der Mörder findet ihn im Salon. Durch diese geringe Verrückung entsteht ein kleiner Rand von Unschärfe, wie bei zwei übereinanderprojizierten Bildern, die sich nicht vollständig decken, so daß man sie noch unterscheiden kann. Die Situation des Romanlesers und die des Lesers im Roman sind fast identisch, doch nicht ganz. Und diese verborgene Differenz ist ein Riß in der Gefängnismauer des geschlossenen Systems. Einmal wahrgenommen, läßt sie den Terror zerfallen.

Das Verschwinden im Bild kann auch anders inszeniert werden: Außen- und Innenwelt verschmelzen nicht in einer bestimmten Szene, die, wie der lesende Mann im Sessel, täuschend ähnlich in beiden Dimensionen erscheint, sondern sie alternieren und widersprechen sich, wobei die Imagination allmählich an Macht und Überzeugungskraft gewinnt und an die Stelle der Wahrnehmung tritt, die immer schwächer, immer fragmentarischer wird – denn es ist die Geschichte eines Sterbens. Dem Sterbenden entgleitet die Außenwelt. Sie wird verschlungen von einem inneren Bild, das ihm seinen Tod zeigt.
Auch diese Geschichte stammt von Cortázar und hat den Titel »Die Nacht auf dem Rücken«. Es ist wieder eine einfache Situation, die sich schnell erzählen läßt: Ein Mann fährt mit seinem Motorrad durch eine große Stadt, die er als eine Folge vertrauter Erscheinungen an sich vorbeigleiten sieht. Plötzlich erblickt er vor sich auf der Straße eine Frau, versucht auszuweichen, stürzt und verliert das Bewußtsein. Von jetzt ab nimmt er die Außenwelt nur noch in kürzer werdenden Intervallen wahr, weil er immer wieder in Bewußtlosigkeit versinkt. Er sieht Leute, die sich über ihn beugen, die Ambulanz, die ihn fortbringt, Ärzte und Kranken-

schwestern, Röntgenzimmer und Operationssaal, ein Bett, in dem er liegt, zwischen anderen Kranken, in einem großen Saal. Aber dazwischen drängt sich allmählich immer stärker eine andere Wirklichkeit. Er träumt. Und der Traum ist eine Sprache, die ihm in seltsamer Verkehrung sagt, daß er vom Tod bedroht ist. Die Helfer treten darin als Verfolger auf. Er muß vor den Azteken fliehen, die auf Menschenjagd gehen, um Opfer für ihre blutigen Feste zu fangen. Er hört, daß sie ihn umzingelt haben, watet durch tiefe Sümpfe, doch es ist nur das Bett, in dem er liegt. Er will sich festhalten an der Wirklichkeit des Krankenhauses, doch wieder taucht er unter in den wüsten Traum. Er hört die ekstatischen Schreie, sieht die Fackelbrände, der süßliche Weihrauch des Opferfestes ist nichts anderes als der Eitergeruch des Krankensaales. Immer wieder versucht er aufwachend sich dorthin zu retten. Aber nun liegt er auf dem Opfertisch und der blutige Priester nähert sich ihm mit einem Messer aus Stein. Im Traum hat er nur noch die Möglichkeit, die Augen vor der schrecklichen Gestalt zu schließen. Doch damit erkennt er sie auch an als Wirklichkeit und ergibt sich ihr.

Denn er wußte nun, »daß er nicht mehr erwachen würde, daß er wach war, daß der wunderbare Traum der andere gewesen war, absurd wie alle Träume; ein Traum, in welchem er über sonderbare Avenuen einer Stadt gefahren war, mit grünen und roten Lichtern, die ohne Flamme brannten, mit einem gewaltigen Metallinsekt, das unter seinen Beinen summte. In der grenzenlosen Lüge jenes Traums hatte man ihn auch vom Boden aufgehoben, hatte sich ihm auch jemand mit dem Messer in der Hand genähert, ihm, der auf dem

Rücken lag, ihm, auf dem Rücken liegend, mit geschlossenen Augen zwischen den Scheiterhaufen.«

Beide Erzählungen von Cortázar – das Verschlungenwerden des Lesers von einer fiktionalen Welt und das Versinken eines Sterbenden in seinem Todestraum – veranschaulichen Grenzmöglichkeiten von Erfahrungen, die wir mit dem Sprung machen können, der durch uns selbst verläuft und der manchmal droht, zu einer tiefen Kluft zu werden, die uns von allen Gewohnheiten und Gewißheiten trennt und in einem phantastischen, unergründlichen Abseits gefangensetzt. Denn wir nehmen teil an zwei Wirklichkeiten, einer körperlichen und einer geistigen Welt, und halten zwischen ihnen ein schwieriges Gleichgewicht. Als körperliche Wesen befinden wir uns stets an einem bestimmten Ort und in einem bestimmten Moment der Zeit. Dort kann man uns antreffen, dort finden wir uns vor. Unsere Wahrnehmung vermittelt uns diese Gegenwart durch alle unsere Sinne. Hier und jetzt sind wir leibhaftig anwesend, berührbar, verletzbar, abgegrenzt und doch eingebunden in die physische Welt. Wir stolpern über eine Schwelle, steigen einen Berg hoch, spüren die Anspannung unserer Muskeln, das Pochen unseres Herzens, atmen tief die uns umgebende Luft. Dieser lebendige Austausch mit unserer Umgebung macht die Welt unserer täglichen Wahrnehmung so unzweifelhaft real.
Und doch sind wir nicht unentrinnbar in sie eingesperrt, dank der wunderbaren Fähigkeit, uns aus ihr fort- und anderswohin zu denken, die im Allmachtstraum vom fliegenden Teppich einen märchenhaften Ausdruck gefunden hat. Wie sich die Tiere in einem

gewaltigen Evolutionsschritt aus der Ortgebundenheit der Pflanzen lösten, um Nahrung und Geschlechtspartner suchend durch den Raum zu streifen, so hat sich der Mensch seiner Gebundenheit an die körperliche Welt zum Teil entzogen, indem er sich in der Imagination und im Denken eine unendliche innere Lebensdimension erschlossen hat. Es ist die Fähigkeit, seine Erfahrungen mit sich und der Welt in Form von Bildern in sich aufzubewahren, die ihn aus der blinden Unmittelbarkeit der vitalen Lebensaugenblicke befreit. Denn er kann, unabhängig von der Gegenwart, in Phantasie, Erinnerung und Reflexion sich das Nicht-Vorhandene vor sein inneres Auge führen. Das Gedächtnis, das vergangene Erfahrungen für sein zukünftiges Handeln bereit hält, öffnet sein Leben zur Vergangenheit und zur Zukunft hin. Er begreift sich als ein Wesen in der Zeit, er bemerkt Veränderungen und entdeckt Veränderbares. Hinter dem faktisch Gegebenen kann er das Mögliche sehen. Er kann umdenken, träumen, phantasieren und alles das in Worten und Bildern festhalten und dann in einem letzten Objektivierungsschritt seine Erfahrung und ihre Reflexion in Werken der Kunst, der Wissenschaft und der Philosophie aus sich herausstellen, nicht nur um sie festzuhalten, sondern auch, um sich selbst darin aufzuheben und verwandelt zu überleben.

Doch so großartige Erfahrungs- und Erkenntnischancen dem Menschen durch seine Fähigkeit erschlossen werden, seine Vorstellungen und Gedanken von den dauernden Ansprüchen der Außenwelt zu lösen und in der Innenwelt seines Bewußtseins nach eigener Logik und Intuition weiterzubewegen, so groß sind auch die Gefahren der Entfremdung, die dabei entstehen. Das

Übersteigen des Vorgefundenen und faktisch Gegebenen führt nicht immer zu einer Erweiterung der Sicht, sondern kann auch in Verstiegenheit enden. Abgrenzung nach außen bedeutet nicht immer nur Autonomie, Konzentration, vertiefende Versenkung, sondern manchmal auch Entwirklichung. Wer in der Außenwelt scheitert oder enttäuscht wird, kann dazu neigen, sich zurückzuziehen in die illusionäre Innenwelt seiner Träume und Phantasien. Und wer sich zwanghaft festhält an den Übereinkünften, die die Außenwelt beherrschen, dem kann die verleugnete Innenwelt zu einem fremden dämonischen Bereich werden, von dem er sich bedroht fühlt. Sobald der lebendige Austausch zwischen Wahrnehmung und Vorstellung gestört wird, die dauernde Verwandlung der äußeren Welt in einen inneren Besitz und die ebenso ununterbrochene Rückvermittlung der inneren Bilder mit der Außenwelt, sobald die Innenwelt sich zu verselbständigen droht, kann eine erschreckende Verkehrung und Durchmischung der Dimensionen beginnen. Sehen durchkreuzt sich unklar mit Projektionen, das Wachsein mit dem Traum, und in mythischer Verschärfung das Leben mit dem Tod. Es beginnt die Herrschaft des Scheins, der Trugbilder und Heimsuchungen, der schockhaften Verwandlungen, der gelebten Fiktionen. Die Entfremdung wird undurchschaubar, das Subjekt zeigt sich als objektivierte Gewalt.
»Als Gregor Samsa eines Morgens aus unruhigen Träumen erwachte, fand er sich in seinem Bett zu einem ungeheuren Ungeziefer verwandelt. Er lag auf seinem panzerartig harten Rücken und sah, wenn er den Kopf ein wenig hob, seinen gewölbten, braunen, von bogenförmigen Versteifungen geteilten Bauch,

auf dessen Höhe sich die Bettdecke, zum gänzlichen Niedersinken bereit, kaum noch erhalten konnte. Seine vielen, im Vergleich zu seinem sonstigen Umfang kläglich dünnen Beine flimmerten ihm hilflos vor den Augen.
›Was ist mit mir geschehen?‹ dachte er. Es war kein Traum.«
Es war kein Traum, keine bloße Vorstellung, kein Ereignis der Innenwelt, – diese Behauptung und ihre erbarmungslos konsequente erzählerische Ausführung ist das Ungeheuerliche an Kafkas Erzählung »Die Verwandlung«. Denn daß sich jemand wie ein Ungeziefer fühlen und erleben kann, daß dies ein zwanghaftes, wahnhaftes Bild ist, in dem ein unglückselig Verstörter seiner Umgebung und sich selbst erscheinen mag, das alles bliebe verständlich und setzte unsere grundsätzlichen Gewißheiten nicht außer Kraft. Doch Kafka widmet seine grausame erzählerische Genauigkeit der Beschreibung jenes Zustandes, den wir nur als Wahnidee begreifen können, und spricht ihm alle Kriterien des Realen zu. Gregor, der Käfer, lebt weiter in seiner Familie als eine peinliche Monstrosität, wird gefüttert, geduldet und verborgen gehalten, und kann, obwohl er immer stärker von käferhaften Neigungen überwältigt wird, noch schmerzlich die Unerträglichkeit seiner Existenz begreifen und sich schuldig fühlen. Schließlich stirbt er. Aber nicht wie ein verblassendes Wahnbild, sondern als leidende Kreatur, die begreift, daß sie nicht in die Welt paßt, und verhungert.
Während Cortázars Erzählungen in der Schrecksekunde enden, in der der Mörder im Rücken des Lesers erscheint oder der operierende Arzt im Todestraum des Verunglückten sich in den aztekischen Opferprie-

ster verwandelt, beginnt Kafka mit der grauenhaften Verwandlung und hält sie fest. Das Monströse, grell Wahnhafte behauptet sich vor unseren Augen als Alltäglichkeit, so daß wir nicht wissen, sehen wir eine verrückte Welt oder sehen wir die Welt wie ein Verrückter.

Das ist auch die irritierende Zweideutigkeit vieler Gespenstergeschichten, die an zwar unheimlichen, aber doch deutlich realen Orten grausige Gestalten erscheinen lassen, die den Charakter schrecklicher Halluzinationen haben, sich aber gegen alle Zweifel skeptischer Beobachter als objektiv behaupten. Das ist der Grund eines um sich greifenden Entsetzens, denn wenn das Unwahrscheinliche sich als real zeigt, ist alles Reale nicht mehr geheuer. Im Gespenst, im Wiedergänger, der aus seinem Grab steigt, um seufzend und rumorend an den Orten seines früheren Lebens umherzuschweifen, kreuzen sich die Welten der Lebenden und der Toten. Der Tote ist nicht vollends tot, sondern bleibt durch etwas Unerledigtes ans Leben gefesselt, beginnt es zu stören und droht, es mehr und mehr in seinen Bann zu bringen. Gegen diese Heimsuchung, diese Vermischung der Sphären wehren sich die Lebenden. Sie wollen das Gespenst verjagen und in das bildlose Sein des Todes verbannen. Aber auch das Gespenst hofft auf Erlösung von dem Zwang, der es allnächtlich umtreibt. Es will seine Ruhe finden, den Abschluß seiner Geschichte, man kann auch sagen seine Identität. Das geschieht, wenn das verborgene Motiv des Toten, sein unerfüllter Anspruch von den Lebenden erkannt und verstanden wird. Dann erlischt die Erscheinung sofort wie ein schlechter Traum.

Hier liegt ein Schlüssel des Geheimnisses, eine mögliche Deutung. Das Gespenst ist der Einbruch einer verdrängten Innenwelt, die sich immer mächtiger und erschreckender objektiviert und die Außenwelt besetzt, bis die Heimgesuchten das Stichwort finden, das den Bann zerfallen läßt. In der geschlossenen Welt der Gespenstergeschichte kann freilich diese Auflösung nicht gegeben werden. Der Schlüssel liegt höchstens verborgen in einem ihrer Winkel, und es ist dem Leser anheimgestellt, ihn zu finden.

So zum Beispiel hat Henry James seine berühmte Geschichte »Die Drehung der Schraube« konstruiert. Die bösen, verruchten Gespenster, die einer puritanischen Erzieherin erscheinen, werden allmählich kenntlich als Halluzinationen einer Wahnsinnigen, die von Versündigungsphantasien und Schuldgefühlen gebeutelt wird. Während sie verzweifelt gegen die Heimsuchungen ankämpft, arbeitet sie zugleich, ohne es zu wissen, an der Objektivierung ihres Wahns. Mit wildem, zerstörerischen Eifer will sie die Menschen ihrer Umgebung zwingen, die schrecklichen Erscheinungen, die ihr Angst machen, ebenfalls wahrzunehmen. Sie will ihre Innenwelt zur Außenwelt für alle machen. Vor allem versucht sie, die beiden ihr anvertrauten Kinder in den Bann ihrer Wahnwelt zu ziehen. Denn sie glaubt, daß die Kinder das begehrte und schon behexte Objekt der bleichen Wiedergänger aus dem Totenreich sind. So muß sie in ihnen auch den Schlüssel des Zaubers finden, um die Gespenster abzuwehren. Je näher ihr die grausigen Erscheinungen rücken, um so stärker wird ihre Überzeugungskraft. Schließlich rettet sich eins der Kinder in einen verstörten Rückzug, das andere, ihr ausgeliefert, stirbt am Schock.

Doch das Fremde kann sich auch weniger dramatisch, fast unmerklich unter das Vertraute mischen. Neben den Schreckfratzen der Wiedergänger aus der Totenwelt, als mystischer Entsprechung tief verdrängter Seelenbereiche, lassen sich auch unauffällige Gespenster denken, die von den Lebenden kaum zu unterscheiden sind. Das Gespenstische an ihnen ist das Fiktive, ein täuschend nachgeahmtes Scheinleben, erkennbar nur an gewissen Starrheiten und Wiederholungen, den verborgenen Zeichen ihres Abgestorbenseins. Diesen verborgenen Toten, die verführerisch Leben vortäuschen, hat der argentinische Autor Adolfo Bioy-Casares seine tiefsinnige Romanparabel »Morels Erfindung« gewidmet.
Ein zum Tode Verurteilter ist mit einem Boot auf eine verlassene Insel geflohen, von der es heißt, daß sie der Herd einer unbekannten, tödlichen Krankheit sei, die allmählich den ganzen Körper zersetze und zerfallen lasse. Deshalb wird die Insel seit langem von allen Menschen gemieden, und der Flüchtling kann sich hier vor ihnen sicher fühlen. Es ist eine tropische Insel mit sumpfigem Schwemmland, das immer wieder vom Meer überflutet wird. Im höher gelegenen Teil der Insel stehen zwei gut erhaltene, ältere Gebäude, eine Kapelle und ein großer dreistöckiger Bau, von dem er gerüchtweise vor seiner Flucht auf die Insel gehört hat. Er wurde das Museum genannt. Aber er sieht wie ein prunkvolles Hotel aus, mit Halle, Bibliothek, großem Speisesaal, mehreren Salons und luxuriösen Gästezimmern. Alles strotzt vor Marmor, Kristall, lackiertem Holz, Stuckwerk, Spiegelglas, – pompöse, leblose Räume, durchzogen vom Verwesungsgeruch gestorbener Tiere. Der Flüchtling schlägt sein Lager unter

freiem Himmel neben dem Schwimmbecken auf. Eines Morgens wird er von Grammophonmusik geweckt, ein Zeichen, daß Menschen angekommen sind. Entsetzt flieht er in die Sümpfe.
Aus seinem Versteck heraus beobachtet er auf dem Hügel eine Gesellschaft von Sommergästen, Männer und Frauen in altmodischer Kleidung, die unbekümmert mitten im Grasdickicht tanzen, obwohl sich dort giftige Schlangen verbergen. Sie baden auch in dem Schwimmbecken, das voll ist von Wasserinsekten, Fröschen, Wasserschlangen und Pflanzen. Eine Zeitlang scheinen sie völlig verschwunden zu sein wie eine vorübergehende Täuschung. Doch dann plärrt das Grammophon wieder dieselben alten Schlager und sie sind wieder da. Dieses Erscheinen und Verschwinden wiederholt sich nach einem geheimnisvollen Rhythmus. Wenn sie da sind, haben sie eine überwältigende, unbeirrbare Gegenwärtigkeit. Einmal geht ein sintflutartiger Regen über der Insel nieder, und er sieht sie alle draußen in dem Unwetter plaudernd herumsitzen oder tanzen.
Ist er das Opfer einer Wahnvorstellung? Hat ihn das Fieber der Sümpfe gepackt? Dazu sind diese fremden Leute viel zu real. Eher ist er selbst ein irritierter Geist, der scheu und verständnislos in einer fremden Welt umherirrt. Mehr und mehr wird seine Aufmerksamkeit gefesselt von einer schönen, zigeunerhaften Frau, die nachmittags allein zu einer Klippe über dem Meer geht, um dort zu lesen oder den Sonnenuntergang abzuwarten. Sie ist ein wenig der Typ, den man auf erotischen Postkarten südlicher Länder findet, doch zugleich geheimnisvoll durch ihr unablenkbares Gleichmaß, ihr ruhiges Für-sich-sein. Heimlich folgt er ihr

überall hin und verfällt ihr immer mehr. Schließlich tritt er ihr in den Weg, um sie anzusprechen. Sie ist nicht im mindesten erschrocken über seine verwilderte Erscheinung, sondern tut, als sähe sie ihn nicht. Aus einer eifersüchtig belauschten Unterhaltung zwischen Morel, dem Leiter der Feriengesellschaft, und ihr, erfährt er, daß sie Faustine heißt. Auch Morel wirbt um Faustine, doch bleibt es unklar, ob sie ihn erhören wird. Ihn aber, den Flüchtling, der immer wieder ihre Nähe sucht, sieht sie an mit Augen, die kein Zeichen des Erkennens geben. Er weicht entsetzt aus, wenn sie so auf ihn zuschreitet.

Schließlich gelangt er in das Zentrum des Geheimnisses. Er wird heimlicher Zeuge einer abendlichen Versammlung der Gesellschaft, bei der Morel den anderen eröffnet, es sei ihm nach jahrelanger Arbeit gelungen, ein Aufnahme- und Projektionsgerät zu konstruieren, das vollkommen lebensechte Kopien der Realität zustandebrächte. Damit habe er sie alle in der letzten Woche aufgenommen, und von nun an würde sich ihr glücklicher Aufenthalt auf der Insel in alle Ewigkeit wiederholen.

Das ist es also. Der Flüchtling ist allein auf der Insel, zwischen den Projektionen einer vergangenen Zeit. Er findet Aufzeichnungen Morels, die sein Verständnis weiterbringen. Im Keller durchbricht er eine Mauer und gelangt in einen blaugekachelten Raum, in dem die Illusionsmaschinen stehen. Ein Generator, der von der Flut betrieben wird, versorgt sie mit Strom. Beim Gezeitenwechsel stehen sie manchmal still und die Projektionen erlöschen. Plötzlich sind sie dann wieder da. Als sich der Mann umwendet, um den Raum zu verlassen, hat sich die blaue Mauer hinter ihm geschlossen. Die Maschinen haben zu arbeiten begonnen und projizieren auf die realen Wände ihre unzerstörbaren Kopien. Er sitzt gefangen im Bild. Aber er überwindet seine Panik und es gelingt ihm, die Maschinen abzustellen.

Von nun an lebt er in versunkener Betrachtung der geliebten Faustine, seinem ewig gleichen, unerreichbaren Idol. Noch denkt er, das Bild sei nur ein illusionäres Relikt von ihr, und sie lebe irgendwo weiter, und es könne ihm einmal gelingen, die Insel zu verlassen und zu ihr zu gelangen. Aber dann macht er Aufnahmen mit dem Gerät und entdeckt etwas Neues. So unzerstörbar die Kopien sind, so rasch zerfällt alles, was einmal zum Bild geworden ist. Auch seine Hand, die zufällig vor das Objektiv geriet, schwebt jetzt durch den Raum, doch spürt er, daß seine wirkliche Hand abzusterben beginnt.

Das ist also der Kern des Gerüchtes über die Seuche, die auf der Insel herrscht. Alle, die hier waren, sind tot, aber die Bilder leben fort. Es scheint, daß sie eine Seele, ein Bewußtsein haben, aber nur das Bewußtsein und die Empfindungen der abgebildeten Augenblicke. Hat Morel, der wahnsinnige Erfinder, Faustine überreden können, ihn zu lieben, um dann in ewiger Wiederholung sein Glück genießen zu können? Der Beobachter geht ihrem Bild nach, aber nicht immer kann er ihr folgen, weil die Bilder verschlossener Türen undurchdringlich sind. Niemals bekommt er Gewißheit, und niemals kann er hinübergelangen in ihre verewigte Existenz. So wählt er schließlich den bloßen Schein der Vereinigung. Tagelang geht er neben ihrem Bild her als pantomimischer Darsteller des Glücks. Er tut, als spräche er mit ihr, macht Gesten der Übereinstim-

mung, schaut ihr in die Augen und so nimmt er sich zusammen mit ihr auf. Bald wird er sterben müssen. Doch angesichts des Scheins seiner ewigen Vereinigung mit der Geliebten. Freilich ist er der einzige Zuschauer dieser Wunschszene und er wird bald tot sein. »Noch kann ich mein Bild sehen, in Gesellschaft Faustines. Ich vergesse, daß es sich eingeschmuggelt hat; ein nichteingeweihter Zuschauer könnte glauben, die beiden seien ineinander verliebt und hingen einer am Gesicht des anderen. Vielleicht muß man, damit es einem so scheint, so schwach sehen wie ich. In jedem Fall ist es tröstlich, im Anblick eines so befriedigenden Resultats zu sterben.
Meine Seele ist noch nicht in das Bild übergegangen. Andernfalls wäre ich gestorben, hätte ich (vielleicht) aufgehört, Faustine zu sehen, vereinigt mit ihr in einer Schau, die keines Menschen Auge erblickt.«

Ist Morel ein Wahnsinniger? Das Paradies der ewigen Wiederkehr, das er mit seiner Erfindung geschaffen hat, ist etwas tief Zweideutiges, so erschreckend wie verführerisch, ein hermetischer Himmel, der auch eine Hölle ist. Wenn Morels Annahme stimmt, daß seine Freunde während dieser Woche auf der Insel glücklich waren, wenn Faustine seine Leidenschaft erwidert hat, dann ist die ewige Wiederholung dieser kurzen Zeit, die jedem Beobachter als eine Pantomime des Nichts erscheinen muß, für die ahnungslos darin eingesperrten Akteure die Heiterkeit des Paradieses und die ewige Seligkeit. Doch das ist nur zu haben unter der Bedingung immer neuen, völligen Vergessens, also einer künstlich erzeugten Illusion. Glück will ewige Dauer, doch zugleich Einmaligkeit, das ist sein unerfüllbares Paradox. Seine bewußte, ewige Wiederholung, die starre, unveränderliche Repetition muß es vernichten und in eine Szene der Hölle verwandeln. Glück läßt sich nicht festhalten als ewiger Besitz. Es erfüllt sich nur in der Bewegung des Werdens und Vergehens. Es treibt aus sich selbst die Notwendigkeit seiner Überschreitung hervor. Verlieren und Finden, Loslassen und Ergreifen bedingen einander. Die Kostbarkeit des Lebens, seine Innigkeit und Leidenschaft sind bedingt durch den Tod. Der Tod ist der Preis der Berührbarkeit. Die Entrückten auf der Insel sind unberührbar geworden, erfahrungslos. Sie sind in ihr kleines, zeitenthobenes Paradies eingeschlossen wie Insekten in einem Bernsteintropfen, Gefangene einer Innenwelt, in die niemand eindringen kann und aus der sie nie mehr hinausgelangen, weil ihnen das Bewußtsein fehlt, Gefangene zu sein. So trägt ihr ewiges Glück das Siegel des Wahns.

Das alles begreift der Beobachter. Trotzdem verfällt er dem Trugbild, seiner täuschenden Verlockung. Daß die Illusion der Vereinigung mit der Geliebten mit dem Leben bezahlt werden muß, ist weniger schrecklich als die Wahrheit ihrer ewigen Unerreichbarkeit. Wie der Maler sich preisgibt an das Bild der Landschaft und sie darin ganz zu besitzen wähnt, wie viele Menschen an die Illusion eines Himmels glauben, in dem alle Widersprüche, Trennungen und Leiden in einer umfassenden, seligen Versöhnung überwunden sind, so ergibt sich der einsame Flüchtling auf der Insel dem Schein der erfüllten Liebe, den er sich sterbend vor Augen zaubert, um das Glück wenigstens zu träumen. Doch wird sein Traum durchwärmt von der Hoffnung, es würde einmal ein Mensch eine noch vollkommenere

Maschine erfinden, die die unüberbrückbare Getrenntheit der Bilder, ihr ewiges Gebanntsein in einen kleinen Ausschnitt der Zeit überwinden kann. An ihn richtet er seine flehentliche Bitte um Erlösung. »Möge er nach mir und Faustine suchen und mich in den Himmel ihres Bewußtseins kommen lassen.«

Seltsamerweise gibt es diesen Menschen. Es ist der Schriftsteller Robbe-Grillet, der, angeregt durch den Roman von Bioy-Casares, mit seinem Film »Letztes Jahr in Marienbad« die Fortsetzung des Geschehens geschrieben hat. Wieder befindet man sich in einem prunkvollen Hotel, das aber viel größer ist als das Hotel auf der Insel, viel reicher und phantastischer, unwirklicher und drohender, denn nun ist man in einer pathetischen Innenwelt, einem Entrückungstraum, durch den eine suchende Stimme wandert, die Gedankenstimme eines unsichtbaren Menschen, mit dessen Augen wir die fremde, erdrückende Pracht der riesigen Räume wahrnehmen.

»Wieder – gehe ich, wieder diese Flure entlang, durch diese Säle, durch diese Galerien, in diesem Bauwerk aus einer anderen Zeit...«

Es ist ein menschenleeres Labyrinth, durch das die Stimme wandert, vorbei an dem Zierrat der Wände, dem Marmor, den erblindeten Spiegeln. Es ist dämmrig, und die Raumflucht scheint kein Ende zu nehmen, als sei sie ein Bild der Ewigkeit, das sich aus täuschenden Wiederholungen zusammensetzt.

»Reihen von Türen, von Galerien, Fluchten von Fluren, – die wieder in leere Salons führen, in Salons, überladen mit dem Zierrat einer anderen Zeit, – in schweigende Säle, wo die Schritte des Schreitenden von Teppichen geschluckt werden, so schwer, so dicht, daß das Geräusch der Schritte das Ohr des Schreitenden nicht mehr erreicht, als ob dieses Ohr selbst sehr weit fort wäre, sehr weit vom Boden, den Teppichen, sehr weit von diesem üppigen und leeren Zierrat, sehr weit von diesem verschnörkelten Fries, der unter der Decke hinläuft, mit seinen Zweigen und seinen Girlanden, altem Blattwerk gleich, als ob es noch Sand und Kies wäre ...«

Hier kehrt die verlorene Erinnerung wieder, die den einsamen Mann bisher nur als dunkle Unruhe durch das Blendwerk der riesigen Raumfluchten getrieben hat. Auf einmal hört er etwas, das die schallschluckenden Teppiche verleugnen wollen: Es ist das Geräusch seiner Schritte, aber so, als ginge er über Sand und Kies. Er weiß nun, er war einmal anderswo. Es gab eine Vergangenheit, eine unabgeschlossene Geschichte, und er ist in der zeitlosen Abgeschiedenheit dieser fremden Räume unterwegs, um sie zu suchen. Die Deckerinnerung des Schrittgeräusches birgt in sich das vergessene Leben.

So beginnt das verhaltene Drama des Films, das Robbe-Grillet in seiner Einleitung zum Drehbuch die »Geschichte einer Überredung« nennt. Was der Mann in sich festhält, diese Gewißheit, daß es einmal ein anderes Leben gab, ist das Ende des Ariadnefadens, der aus dem Labyrinth hinausführt. Die meisten Räume, die er durchquert, sind leer. Aber dann zeigt sich, daß das Schloßhotel bewohnt wird von einer Gesellschaft namenloser Gäste in festlicher Kleidung, einer Geisterversammlung von gravitätischer Leblosigkeit. Sie plaudern, spielen Karten oder Domino, tanzen, sehen zwei puppenhaften Schauspielern zu, doch alles ohne

jede innere Beteiligung, in einer vollendeten Form, die nicht die geringste Abweichung mehr zu erlauben scheint. Alles ist wie es ist auf ewig im lautlosen Ritual erstarrt. Der Mann, der befremdet diese Welt durchwandert, blickt in die höfliche Leere der Gesichter und wird immer mehr angezogen von Gesicht und Erscheinung einer jungen Frau, in der er noch etwas anderes wahrnehmen kann: – einen Rest von Leben, von Irritierbarkeit. Ihr nähert er sich, um ihr einzureden, daß sie sich kennen, daß sie eine gemeinsame, unvollendete Geschichte haben. Voriges Jahr in Marienbad seien sie sich begegnet. Sie sei seine Geliebte geworden und habe ihm versprochen, ihn hier wieder zu treffen und endgültig mit ihm zu gehen.
Die Frau erinnert sich an nichts. Für sie ist die Erzählung des Mannes nur ein Spiel, auf das sie sich neugierig und zögernd einläßt. Doch wird es durch die Beharrlichkeit des Mannes allmählich zu einer unwiderstehlichen Realität. Obwohl sie unauffällig bewacht wird von einem anderen Mann, dessen Kälte und vornehme Strenge die leblose Welt des Hotels repräsentiert, kann sie sich den leidenschaftlichen Suggestionen der Erzählung, die immer genauer, immer wirklicher wird, nicht mehr entziehen. Es ist, als erwache sie allmählich aus tiefer Selbstvergessenheit, und als erstes Anzeichen des wiederkehrenden Lebens überkommt sie die Angst. Nein, sie will nicht weiter zuhören, sie will sich nicht erinnern. Doch der Mann verfolgt sie überall und spricht immer dringlicher auf sie ein.
»Sie erwarteten nichts mehr. Sie waren wie tot ... Das ist nicht wahr! Sie leben noch. Sie erinnern sich.«
Schließlich bricht ihr Widerstand zusammen. Sie ergibt sich seiner heftigen Beschwörung und willigt ein, zu-

sammen mit ihm die Niemandswelt des Hotels zu verlassen und draußen das vergessene und wiedergefundene Leben fortzusetzen.
Das könnte der zweite Akt der Geschichte zwischen dem Flüchtling auf der Insel, Faustine und Morel sein. In ihm erfüllt sich der Wunschtraum des Flüchtlings, die tiefe Kluft, die ihn von Faustine trennt, zu überwinden und sie aus ihrer Innenwelt, ihrer ewigen perspektivenlosen Gegenwart zu befreien. Das Mittel dazu ist die Wiederentdeckung einer unabgeschlossenen Vergangenheit. Nur wer eine Vergangenheit hat, hat auch eine Zukunft. Der Bann des geschichtslosen Stillstandes kann nur gebrochen werden, wenn der verstümmelte und vergessene Text der eigenen Lebensgeschichte wiederhergestellt wird, so daß man ihn fortsetzen kann auf eine in ihm angelegte Vollendung zu. Diesen Prozeß bringt der Mann durch seine Erzählung in Gang. Doch bleibt sein Bemühen zweideutig. Es ist nicht klar, ob er der Frau hilft, sich an ihr vergessenes Leben zu erinnern und wieder zu sich selbst zu finden, oder ob er ihr seinen eigenen Wunschtraum einer gemeinsamen Vergangenheit suggeriert. Die Befreiung wäre dann in Wahrheit eine Besitzergreifung. Der alte Bann würde nur durch einen neuen abgelöst.

Robbe-Grillets Schattenwelt, aus der ein unbekannter Orpheus seine Eurydike befreien will, indem er ihr wieder zur Erinnerung verhilft, dementiert gründlich das Paradies des entlasteten Lebens und seiner ewig sich wiederholenden Gegenwart, das Morel mit seiner Erfindung zu schaffen glaubte. Denn es zeigt sich nun als das Bild einer larvierten Depression. Durch den

festlichen Schein dieser Gesellschaft, die gemessen ihren müßiggängerischen Beschäftigungen folgt, tritt die Wesenlosigkeit eines Lebens zutage, das mit Vergangenheit und Zukunft die Möglichkeit verloren hat sich zu überschreiten und sich in ritueller Leere erschöpft. Erinnerungsverlust ist ein Lebensschwund, der in Erloschenheit endet. Auch Leiden ist darin unfühlbar geworden, wie versenkt und aufgelöst in der Vergessenheit des Vergessens.
Deshalb ist das Schattenreich nicht die Hölle. Denn zu ihr gehört, wenn auch verstümmelt und verstört, das Bewußtsein. Das hat Samuel Beckett in seinem Einakter »Spiel« erschreckend veranschaulicht. Die Hölle ist das steckengebliebene Leiden, für das es keine Erlösung gibt, weil die, die in ihr festsitzen, ewig in die Grenzen ihres fragmentierten Bewußtseins gebannt sind. Becketts Modell dazu ist eine Dreiecksgeschichte, die das triviale Grundschema des Konfliktes erfüllt: Ein Mann steht zwischen seiner Frau und seiner Geliebten, und zwischen diesen drei Personen oder Positionen gibt es keine Verständigung, nur den ewigen Widerspruch der partiellen Erfahrungen, der jeweiligen Hoffnungen, Rechtfertigungen und Leiden. Doch nun sind sie tot. Eingesargt in Urnen, aus denen nur ihre Köpfe hervorschauen, stehen sie im ewigen Dunkel dicht beieinander, ohne voneinander zu wissen. Zur höllenhaften Inszenierung der Ewigkeit aber gehört ein Lichtstrahl, der ab und zu das Dunkel durchbricht und eines der Gesichter beleuchtet, das dann sofort zu sprechen beginnt wie eine Maschine, die in mechanischer Geläufigkeit ihr Programm abschnurrt. Manchmal, wenn das Licht alle trifft, sprechen alle zugleich, ohne einander zu hören, und sofort, wenn der

Scheinwerferstrahl erlischt, verstummen sie. Das Lichtverhör wird in alle Ewigkeit fortgesetzt werden und doch nie etwas anderes zum Sprechen bringen als das fragmentierte Bewußtsein der monadenhaft in ihren Innenwelten begrabenen Personen, zwischen denen es niemals eine Vermittlung gibt.
Wie in Robbe-Grillets Schattenwelt der Erinnerungsverlust das Leben auszehrt und erstarren läßt, so geht in Becketts Höllenvision aus der Trennung der Bewußtseinswelten die ewige Verdammnis hervor. Die Bewohner des Schattenreichs wissen und empfinden nichts. Die Insassen der Hölle aber werden durch das Folterlicht immer wieder aus der Nacht ihrer Selbstvergessenheit geweckt und zur Anschauung ihres Unglücks gezwungen. Ihre Krankheit ist die Verzweiflung, die durch immer neuen Schlafentzug sich grell zur Geltung bringt.
Andere Höllen gleichen dagegen einem Alptraum, aus dem man nicht erwachen kann. In ihnen herrschen trübes Halblicht oder scheinhafte, trügerische Helligkeiten, und der Verdammte wird von grotesken Täuschungen genarrt, die ihm vermummt immer wieder seine Schuld und seine Strafe zeigen. Es ist die Wiederkehr des Verdrängten als unabsehbarer gespensterhafter Mummenschanz, von dem der Verdammte, der sich gegen den Spuk zu behaupten versucht, immer wieder überrumpelt wird. Flann O'Brian, ein irischer Autor, hat mit seinem Roman »Der dritte Polizist« diese Hölle beschrieben.

Der in ihr herumirrt, ist ein Mörder. Er hat aus Geldmangel und verführt von einem Kumpan, den reichen, alten Händler Mathers überfallen, um ihm seine schwarze Geldkassette zu rauben. Sie sind auf Fahrrädern losgefahren, der Kumpan hat dem Überfallenen seine schwere eiserne Luftpumpe ins Genick geschlagen, und er hat dann auf Zuruf das Opfer wie ein Tobsüchtiger mit dem Spaten getötet. Sein Kumpan hat indessen die schwarze Geldkassette verschwinden lassen. Nach drei Jahren verrät er ihm, daß sie im Haus des alten Mathers unter einer Diele versteckt sei. Dort könne er sie jetzt holen.

Dies ist die Vorgeschichte. Der Alptraum beginnt, als der Mann in das leere, dämmerige Haus des Ermordeten einsteigt. Er findet die lose Diele, ertastet die Geldkassette und will sie hochheben. Aber sie entgleitet ihm, und da geschieht etwas Befremdliches, eine unbeschreibliche Veränderung des Lichtes, der Temperatur, der Dichte der Luft und des eigenen Zustandes. Das ist der Augenblick seines Todes. Die versteckte Kassette war eine Bombe. Sein Kumpan hat ihn in die Luft gesprengt. Doch das nimmt der Getötete nicht wahr. Nur die Kassette ist verschwunden. Hinter sich hört er ein dünnes Hüsteln, das ihm den Angstschweiß auf die Stirn treibt. In der dunkelsten Ecke des Raumes sitzt ein Mann, der ihn beobachtet. Es ist der alte Mathers, der Ermordete.

»Sein Gesicht war furchteinflößend, aber seine Augen in der Mitte des Gesichtes hatten so etwas von Kälte und Schrecken an sich, daß seine übrigen Züge nahezu freundlich wirkten. Die Haut war wie verblichenes Pergament, auf welchem Runzeln und Falten so angeordnet waren, daß zwischen ihnen ein Ausdruck bodenloser Unerforschlichkeit entstand. Aber die Augen waren entsetzlich. Bei ihrem Anblick hatte ich das Gefühl, sie seien keine echten Augen, sondern mechanische Nachbildungen, durch elektrischen Strom oder ähnliches betrieben, mit einem winzigen Nadelloch im Zentrum der ›Pupille‹, durch welches das echte Auge verstohlen und mit ungeheurer Kälte starrte... Hin und wieder senkten sich seine schweren, käseartigen Lider langsam und mit großer Mattigkeit und hoben sich dann wieder.«

Als das Gespenst ihn nach seinem Namen fragt, hat er ihn vergessen. Er ist schon fast ganz hinübergegangen in die andere Welt, denn er hat sich entschlossen, seinen Augen mehr zu trauen als seiner Erinnerung. Die Erscheinungen des neuen Zustandes werden dadurch unkorrigierbar, er ist ihnen ausgeliefert. Nur ein Motiv seines vergangenen Lebens wirkt beharrlich weiter: Er will die Geldkassette finden. Er bleibt gefesselt an seine Tat. Das Gespenst des Ermordeten gibt ihm den Hinweis, zur Revierwache der Polizei zu gehen.

Nun verdichtet sich die Welt der Täuschungen, zeigt groteske und drohende Züge, und in allen Erscheinungen verbirgt und zeigt sich die Schuld des Mörders. Schon die Revierwache sieht aus wie eine Täuschung. Er nähert sich ihr mit Herzklopfen. Es ist ein Haus auf der anderen Straßenseite, flach wie eine Reklametafel, und dilletantisch wie ein schlecht gemaltes Bild. Aber als er sich nähert, nimmt es allmählich räumliche Gestalt an, und er kann hineingehen. Drinnen empfangen ihn zwei exzentrische Polizisten, die unbeirrbar davon überzeugt sind, daß ihm ein Fahrrad gestohlen wurde. Sie verwickeln ihn in absurde Gespräche und Verhöre, nehmen ihn mit auf eine Fahndung, ziehen ein weggeworfenes Fahrrad und eine Luftpumpe aus einem Gebüsch. Sie kurbeln an einer geheimnisvollen Mangel, aus der ein fürchterlicher Schrei ertönt, sie fahren mit ihm in ein unterirdisches Labyrinth, in dem die Zeit stillsteht. Aus den eisernen Wandschränken fallen alle erwünschten Dinge heraus, aber nichts kann man mitnehmen in die Oberwelt. Im Hof des Polizeireviers ist inzwischen ein Schafott errichtet worden. Doch eine Truppe von Doppelgängern des Verurteilten hält die Hinrichtung auf. Ein geheimnisvolles Fahrrad schiebt sich immer aufdringlicher in seinen Blick und bietet sich ihm zur Flucht an. Wieder wird es Nacht. Er kommt an dem Haus des alten Mathers vorbei und fühlt sich gezwungen hineinzugehen. Ein geisterhaftes Licht, das immer vor ihm ausweicht, spukt durch die Räume. Er flieht nach draußen und wirft einen Stein durch das Fenster. Da erscheint der riesenhafte dritte Polizist, von dem die beiden anderen immer gesprochen haben, und verhaftet ihn. Es ist der alte Mathers. Von ihm erfährt er, was in der Geldkassette enthalten ist: Das sogenannte Omnium, eine Substanz, die einem die Allmacht gibt. Ein wenig habe er sich davon genommen, um das unterirdische Labyrinth in Betrieb zu halten. Aber das meiste sei in der Kassette und stünde auf dem Tisch seines Hauses. Wieder fährt der Verdammte durch die Nacht, einsichtslos gefesselt an seine Gier. Er kommt bei seinem Haus an und geht hinein. Sein Mordkumpan tritt ihm entgegen, um Jahrzehnte gealtert, ein kahlköpfiger Säufer mit hängenden Tränensäcken, der bei seinem Anblick sterbend zusammenbricht. Er flieht, weiß nicht mehr, wer und wo er ist. Sein Kumpan, jetzt tot, ist an seiner Seite. Wieder erscheint auf der anderen Straßenseite ein seltsames Haus, flach wie eine schlechtgemachte Täuschung. Sie treten ein, und das Spiel beginnt von neuem und wird sich ewig so wiederholen, denn sie sind in der Hölle.

Die Hölle ist die zerstörte Erinnerung und die Fixierung an ungelöschte, nie begriffene Schuld. Das Unerledigte, Unerkannte erscheint als Fremdes und übt einen Zwang zur mechanischen Wiederholung aus. Wie bei gewissen Kinderversen, die immer wieder an ihren Anfang zurückkehren, um aufs neue zu beginnen, spielt sich die Wiederholung leer und zeigt sich als eine Gestalt des Nichts, die alles, was von ihr ergriffen wird, entwirklicht. Einer der beiden geisterhaften Polizisten auf dem unterweltlichen Revier arbeitet mit wahnhafter Verbohrtheit an einem anderen Exempel, einer in sich verschachtelten unendlichen Reihe von Innenwelten, die dem Verdammten als beängstigendes, den Verstand gefährdendes Wunderwerk erscheint, freilich ohne daß er darin das Sinnbild seiner Verurteilung erkennt. Es ist ein Kasten im Kasten, der wiederum einen in allen Merkmalen identischen kleineren Kasten enthält, in dem sich wiederum ein kleinerer vorfindet, und so weiter, in einer fortschreitenden Verkleinerung, die längst die Grenze der Sichtbarkeit unterschritten hat, um das Verschwinden immer weiterzutreiben auf ein nicht ausdenkbares Ende zu.
Doch ist der trügerische Schein der Innenwelten nicht völlig undurchdringlich. Selbst der Verdammte, der in Flann O'Brians Roman durch die Hölle irrt, erkennt immer wieder das Unechte und Falsche, Verschrobene und Verzerrte aller Erscheinungen. Nur wird er von ihrer Übermacht gezwungen, seinen Augen mehr zu trauen als seiner Erinnerung. Mit der Erinnerung verliert er den Rückhalt seiner Erfahrung und ist dem überraschenden Blendwerk der objektivierten Phantasmen ausgeliefert. Er wird zum Gefangenen des Trugbildes. Erst ist das Haus auf der anderen Straßen-

seite flach wie ein schlecht gemaltes Bild, doch im Näherkommen verräumlicht es sich und er kann hineingehen. Drinnen erzählen ihm die bizarren Polizisten von anderen Verschmelzungen: Radfahrer werden nach ihrer Überzeugung Opfer eines geheimen materiellen Austausches. Mehr und mehr werden sie zu Fahrrädern, während sich ihr Rad im gleichen Maße vermenschlicht. Tatsächlich erlebt er später das Rad, mit dem er vor seiner Hinrichtung flieht, als ein lebendiges weibliches Wesen, was in der Logik der Höllenwelt ein Anzeichen seiner eigenen Entmenschlichung ist. Trotzdem kann er sich immer wieder, wenn auch mühsam und unvollständig, gegen die lockenden und drohenden Phantasmen abgrenzen. Nie verliert er völlig das Befremden über den seltsamen Widerspruch von Faktizität und Parodie, der allen ihm begegnenden Erscheinungen etwas Überdeutliches, Künstliches und Zitiertes gibt. So geht bei seiner ersten Wanderung durch die Höllenlandschaft der Eindruck der Fremdheit gerade von dem seltsamen Nachdruck aller Erscheinungen aus. Sie sind nicht einfach da, sondern sie zeigen sich ihm. Sie wollen sich gegen ihn behaupten wie sorgsam gemachte Kulissen, die ihn täuschen sollen.

Das Fremde aber ist das Selbstgemachte, das sich als solches nicht zu erkennen gibt. Es ist die Innenwelt, die als Außenwelt erscheint und die falsche Totalität ihres geschlossenen Systems mit dem Schein des Realen vermauert. Es ist das Gefängnis der imaginären Wände, die Morels Illusionsmaschinen auf die wirklichen Kellerwände projizieren und die im Gegensatz zu jenen undurchdringlich sind, solange man nicht den Mechanismus begreift, der sie hervorbringt. Das ist schwierig wie Selbsterkenntnis. Denn der Mechanismus der Traum- und Wahnproduktion sitzt im Subjekt selber als seine verdunkelten, abgewehrten Wünsche und Ängste, die nur im Umweg über den Schein als vermummte Phatansmen sich ihm zu zeigen vermögen. Himmel und Hölle sind die mythischen Felder ihrer trügerischen Objektivation. Erlösung kann nur heißen, beide Welten als Trugbilder zu durchschauen. Eins der Weisheitsbücher der Menschheit, das »Tibetanische Totenbuch«, das die Schrecken der Versuchungen schildert, die der Seele nach ihrem Tod begegnen, weist immer wieder diesen Weg. Alles, was der Seele mit der Gewalt und Objektivität der Außenwelt begegnet, ist in Wirklichkeit von ihr selbst hervorgebracht. Sobald sie das erkennt, zerfallen die Schrekken.

Der Höllenwanderer in Flann O'Brians Roman, der durch die Schreckbilder seiner eigenen Innenwelt kreist, dringt nicht zu dieser Erkenntnis vor, sondern bleibt gefangen in der Falle seiner Imagination. Daß ihm die Erscheinungen auf quälende Weise falsch, trügerisch und unecht vorkommen, zeigt zugleich seine Entwirklichung wie seinen ohnmächtigen Widerstand. Der Widerspruch hält ihn in der labilen Schwebe, die das Reich der Halluzinationen ist, die ein berühmter Insasse einer Innenwelt, Daniel Paul Schreber, in seinen »Denkwürdigkeiten eines Nervenkranken« als »flüchtig hingemachte Wunder« beschreibt, deren Überzeugungskraft er sich dennoch nicht entziehen konnte.

Das Modell der Psychose löst allerdings den Roman von Flann O'Brian nicht ganz ein. Der Autor hat ihm auch Züge einer versponnenen dichterischen Fiktion gegeben, indem er den Höllenwanderer als den Verfasser eines Buches über einen verrückten Philosophen vorstellt. Die Irrealität der Hölle könnte auch ein Echo seiner geistigen Verwirrung sein, in die er auf den absurden Denkwegen dieses Philosophen mehr und mehr hineingeraten ist. Andererseits sieht dessen Philosophie, die das Buch in Form von Anmerkungen durchsetzt, selber wie ein Argument der Hölle aus. Denn sie sagt durch alle ihre Verdrehtheiten und Unverständlichkeiten hindurch: Die menschliche Existenz ist eine Halluzination.

Und hier ist nun noch einmal von einer Erzählung von Julio Cortázar zu reden, die auf den ersten Blick als unscheinbar und harmlos erscheint. Denn sie handelt nicht, wie die meisten seiner Texte von einer phantastischen Verwandlung, einer erschreckenden gegenseitigen Durchkreuzung vermeintlich unvereinbarer Sphären, sondern von einem alltäglichen Befremden angesichts eines trivialen Ereignisses, das allerdings dann einen schwindelerregenden Erkenntnisschrecken hinter sich herzieht. Die Erzählung hat den Titel »Die Kapelle«. Sie erzählt von Lucio Medina, einem Intellektuellen, offenbar italienischer Abkunft, der in Buenos Aires zum Nachtprogramm in das Gran Cine Opera geht, um sich einen alten Film von Litvak anzusehen. Er kauft sich eine Zeitung und bemerkt, während er liest, nur nebenbei, daß sich die Sitzreihen mit einem für diesen Film eher ungewöhnlichen Publikum füllen: Es sind überwiegend fettleibige Damen, offenbar italienischer Abkunft, die er ihrem Gehabe und Typ nach als Köchinnen im Sonntagsstaat einschätzt. Sie sind umgeben von einer großen Kinderschar und begrüßen sich gegenseitig lebhaft mit Zurufen und Umarmungen. Er versucht sich angewidert gegen dieses Publikum abzugrenzen und liest in seiner Zeitung, bis das Licht im Saal ausgeht. In Erwartung des Films blickt er auf und sieht zu seinem fassungslosen Erstaunen hinter dem aufgehenden Vorhang, angestrahlt von allen Scheinwerfern, eine ungeheure Damenkapelle, die sofort mit gewaltigem Getöse einen Militärmarsch intoniert. Eine Schautafel nennt sie die »Alpargatas-Kapelle« und er begreift, daß er in eine Veranstaltung der Firma Alpargatas hineingeraten ist.

Lucio fühlt sich überrumpelt und wie aus den Angeln gehoben, und sein Befremden wächst immer mehr, als er erkennt, daß die Kapelle ein enormer Bluff ist. Nicht nur spielt sie entsetzlich falsch, während der Dirigent, ein junger Mensch im Frack, mit fuchtelnden Bewegungen vergeblich versucht, sie zu rhythmisieren, sondern Lucio bemerkt auch, daß nur ein Drittel ihrer Mitglieder überhaupt spielt, während die anderen mit ihren Instrumenten nur vortäuschen, sie seien an der Lärmerzeugung beteiligt, aber eigentlich nur oben auf der Bühne stehen, um ihre bunten Uniformen und ihre Schenkel zu präsentieren. Marsch auf Marsch schmettert die Kapelle, die Lucio eine »Hundertschaft kleiner Wackelpuddings« nennt, in den Saal herunter, und als er sich endlich von diesem Alpdruck erlöst glaubt, geht der Vorhang noch einmal auf, und ein neues Schild »Die Kapelle defiliert« kündigt eine weitere Steigerung des grellen, abgeschmackten Bluffs an, als den Lucio die Kapelle erleiden muß.

»Die Mädchen hatten sich im Profil aufgestellt, von dem Blech stieg ein gellender Mißklang empor, der vage an den Marsch ›El Tala‹ erinnerte, und die ganze

Band, stillgestanden auf der Bühne, bewegte rhythmisch die Beine, als ob sie defilierte. Man mußte nur die Mutter eines der Mädchen sein, um sich einzubilden, sie marschierten tatsächlich vorbei, zumal an der Spitze acht sagenhafte Puppen herumschwenkten, wobei sie diese Stöcke mit Troddeln schwangen, die herumgewirbelt, in die Luft geworfen und wieder aufgefangen werden. Der junge Deckenflügler eröffnete das Defilée, indem er voller Eifer tat, als marschierte er...«

Der Schluß ist »ein nicht endenwollendes *da capo al fine*«, das nach Lucios Eindruck fünf bis acht Häuserblocks weit schallt. Erst dann senkt sich der Vorhang »wie ein weites Augenlid, um die angeschlagenen Rechte des Halbschattens und der Stille zu beschützen.«

Der erwartete Film von Litvak wird nun doch noch gespielt. Aber Lucio kann sich nicht lösen von dem Eindruck der Kapelle, ihrer lärmenden Verlogenheit, ihrer Unechtheit, ihrem Illusionscharakter. Aber als er später bei einem Glas Wein darüber nachdenkt, vertieft sich auf einmal seine Einsicht. Die Falschheit dieser Illusionskapelle ist das wahre Bild der Realität, weil auch sie wie alles Bestimmte, alles so oder so Seiende eine Täuschung ist. Lucio begreift, daß sein befremdeter Blick auf die Kapelle ausgedehnt werden muß auf alles andere, »seinen blauen Anzug, sein Nachtprogramm, sein Büro morgen früh, sein Sparprogramm, seine Sommerfrische im März, seine Freundin, seine Reifezeit, den Tag seines Todes.« Denn das ganze Leben ist eine ebenso fremde unverständliche Inszenierung wie diese Kapelle oder »ein flüchtig hingemachtes Wunder«.

In einem Atemzug kann man hier weitersprechen, um eine Parabel von Borges zu erzählen, die »Everything and Nothing« heißt. In ihr ist die Rede von einem Mann, der in England lebte und in sich nichts als das kalte Wehen der Leere spürte. Erst glaubte er wie alle zu sein, dann entdeckte er seine Niemandsverfassung. Er ging nach London, um Schauspieler zu werden. Doch um der Unwirklichkeit zu entkommen, begann er selbst Theaterstücke zu schreiben. Kein Mensch erdachte sich je so viele Menschen wie er. Wie Proteus verwandelte er sich und nahm in seinem Geist alle möglichen Gestalten an. Nach zwanzig Jahren zog er sich auch daraus zurück, verwaltete in seinem alten Heimatort sein Vermögen und ging kleinen Geldgeschäften nach. Wenn seine alten Freunde aus London ihn besuchten, nahm er ihnen zuliebe wieder die Rolle des Poeten an. Schließlich starb er. Und als er vor Gottes Angesicht kam, sagte er, er sei so viele Menschen gewesen, nun wolle er endlich ein Bestimmter sein. Doch Gott antwortete ihm aus einem Wirbelsturm: »Auch Ich bin nicht; ich habe die Welt geträumt wie du, mein Shakespeare, dein Werk geträumt hast, und unter den Gebilden meines Traumes bist du, der wie ich viele und niemand ist.«
Das ist eine Antwort aus dem Abgrund. In der Tiefe des Seins, für die hier Gott steht, und die in anderen Sprach- und Denkzusammenhängen Natur oder Evolution, élan vital, libido oder Lebenswille heißt, in diesem Wirbelsturm, aus dem die Antwort kommt, zählt nichts Individuelles, sondern nur das dauernde gestaltenschaffende Werden und Vergehen, das die Individuen Generation um Generation in den Daseinskampf und zur Vermehrung treibt und dann durch den Tod

beiseiteschafft, um durch sie hindurch und über sie hinweg seiner subjektlosen Logik zu folgen. Gewöhnlich sehen wir das nicht. Es bleibt am Rand des Bewußtseins, in seinem verschatteten Hintergrund. Der Blick richtet sich auf die eigene Gegenwart und auf die persönliche Zukunft. Wir leben unter dem Vorrang der Nähe in einem begrenzten Handlungsraum, und wenn wir hinausblicken aus diesem Kreis, sehen wir das fremde Sterben ringsum mit gleichgültigen oder nur vorübergehend irritierten Augen, als wären wir nicht gemeint. Jeder einzelne lebt in einer Innenwelt, einer narzistischen Hülle. Sie ist zwar durchlässig für die Erkenntnis der menschlichen Verfassung, doch wirkt diese Hülle wie ein Strahlenschutz: Sie fängt die vernichtende Kraft dieser Erkenntnis ab und läßt sie nur als abstrakte durch, oder nur als kurze, schnell wieder verebbende Erschütterung. Wir wissen, daß wir sterblich sind. Doch das unbewußte Leben in uns nimmt dieses Wissen nicht an. Es schäumt nur auf an diesem Widerspruch, läßt sich von ihm hochreizen zu der luxurierenden Phantastik der menschlichen Trieb- und Wunschziele. Es illuminiert und verblendet das Bewußtsein, um den lebensnotwendigen Narzißmus aufrechtzuerhalten, von dem der Psychoanalytiker Kurt R. Eissler sagt: ... man muß bedenken, »daß er das unentbehrliche Gegengewicht zu der erschreckenden Bedeutungslosigkeit des Menschen im Kosmos ist. Angesichts der Weite des Planeten, den der Mensch bewohnt, und der unermeßlichen Größe des Firmaments, zu dem er seinen Blick erhebt, würde er ohne gesunden Narzißmus von den Unendlichkeiten zermalmt, die ihn umgeben. Wie sonst könnte der Mensch – der als einziges Wesen um den Tod weiß – das Vergehen der Zeit ertragen, das ihn unaufhaltsam dem Tode näherbringt? So hat der menschliche Narzißmus dazu gedient, dem Menschen eine Welt, in der es sich aus psychologischer Sicht nicht leben läßt, in einen Aufenthaltsort zu verwandeln, der von Gott ausdrücklich zu seiner Lust, beinahe zu seiner Unterhaltung geschaffen wurde.«

Der Mensch wäre also ein Lebewesen, das um seines Überlebens willen genötigt ist, sich seine erschreckenden Erkenntnischancen durch Illusionen zu verstellen. Sein Lebensprozeß treibt, um sich zu ermöglichen, Träume, Fiktionen, Rechtfertigungssysteme aus sich hervor, die sich in den Schattenkämpfen verkümmerter Gespräche und im blutigen Fanatismus der Glaubenskriege gegeneinander abgrenzen oder einander zu überwältigen trachten. Folgt man Nietzsches skeptischer Erkenntnislehre, dann gibt es zwischen all diesen perspektivischen Deutungen des Lebens kein anderes Entscheidungskriterium als ihre Lebensdienlichkeit. Leben ist ein Gewoge einander bekämpfender Kräfte, Aktionsarten und Interessen, dem ein ebensolches Chaos von Fiktionen entspricht. Und alle diese Spielarten von Leben, die den universellen Schein erzeugen, sind insgesamt nur anschaubar als ein ästhetisches Phänomen.

Doch ist im Begriff des selbsterzeugten, lebensdienlichen Scheins auch ein Befremden mitformuliert, welches dies alles von außen sieht. Obwohl Nietzsche die Illusion rechtfertigt, gleicht er auch dem Kinobesucher in der Erzählung von Cortázar, der vor sich auf der Bühne das falsche Defilée einer lärmenden Damenkapelle sieht und darin das Leben als eine stampfende Illusionsmaschine verkörpert findet. Dagegen gibt es für ihn keinen Einspruch. Denn hinter der grellen Unechtheit des Bildes steht die schmetternde Kraft einer Existenzbehauptung, die den Schein zur unwiderlegbaren Erscheinung des Lebens macht. Nichts ist wahrer als dieses Falsche, nichts unbedingter als diese Beliebigkeit, denn die monströse Phantastik ist universell.

So muß auch Shakespeare das Leben gesehen haben, so hat er es dargestellt. Die Leidenschaften, die die Akteure seiner Stücke in wahnhaften, blutigen und grotesken Szenen ausagieren, haben den Charakter von undurchschauten Fiktionen, von denen die Menschen getrieben und genarrt werden, und in deren Joch sie sterben, und aus dieser verworrenen und schrecklichen Poesie des Lebens gibt es kein Entkommen, außer in die melancholische Weisheit, daß wir »aus solchem Stoff wie der von Träumen« sind. Nach der tiefsinnigen Deutung von Borges, die natürlich auch eine Selbstdarstellung ist, hat Shakespeare seine Einsicht in den Traum- und Illusionscharakter des menschlichen Lebens mit einem »Gefühl von Unwirklichkeit« bezahlen müssen, mit dem »kalten Wehen« der Angst, selbst niemand zu sein, da paradoxerweise nur im Träumen, in der undurchschauten Illusion ein Gefühl von Wirklichkeit gewonnen werden kann, während der Erwachende, der den Traum als Traum begreift, auf einer abgeräumten Bühne steht. Das scheint auch Nietzsche gewußt zu haben. Es ist der treibende Grund seiner leidenschaftlichen Argumentation für »die bildende, vereinfachende, gestaltende, erdichtende Kraft« des Lebens, daß es jenseits von ihr nichts gibt als Stillstand, Leere und Depression. »Wir wissen«, sagt er, »daß die Zerstörung einer Illusion noch keine

Wahrheit ergibt, sondern nur ein Stück Unwissenheit mehr, eine Erweiterung unseres ›leeren Raumes‹, einen Zuwachs unserer ›Öde‹.«

Hier ist eine Perspektive angedeutet, die später in psychoanalytisch fundierten Theorien der Wahnentstehung ausgearbeitet worden ist: Die Illusion ist die Abwehr, die der gefährdete Narzißmus gegen unerträgliche Erfahrungen aufbaut, die Verfestigung einer Täuschung, um fundamentale Enttäuschungen zu vermeiden. Dieser Rückzug in die Irrealität ist ein Fluchtweg, der dem Menschen jederzeit offensteht. Da er sich die Welt aneignet, indem er sich Bilder von ihr macht, kann er der Verführung von Trugbildern erliegen und sich einpuppen in den Innenwelten des selbsterzeugten Scheins. Doch ist das nur die Kehrseite des positiven Aspektes, den der Schein, die perspektivische Täuschung in Nietzsches Erkenntnislehre hat. Der Schein dient der Lebenserhaltung. Er schützt gegen irritierende oder bedrohliche Erweiterungen von Bewußtsein und öffnet Lebenschancen, Möglichkeiten des Wachstums, und allein daran und nicht an transzendentalen Wahrheitskriterien bemißt sich seine Geltung.

Das kann pragmatisch ausgelegt werden als eine Theorie des Erfolges. Naturwissenschaftliche Theorien erfahren zum Beispiel ihre Wahrheitsprüfung in der Technik, das heißt in den Möglichkeiten der Naturbeherrschung, die sie erschließen. Doch ist auch eine Theorie der poetischen Erfahrung in dieser Erkenntnislehre angelegt. Sie macht den schwebenden Zauber poetischer Erscheinungen verständlich als noch unbestimmte, vieldeutige Antworten, die das fragende Subjekt von der Welt erhält. Die Welt beginnt transparent zu werden auf einen Sinn hin, der noch halb zwischen Trugbild und Offenbarung steht. Noch ist nicht ganz entschieden, ob Innen- und Außenwelt verschmelzen werden zu der plötzlichen Evidenz, daß die Welt ein Ort der Verwirklichung des Lebens ist. Dieses ahnungsvolle Suchen, in dem die innere Lebensbereitschaft nach außen drängt und die Welt der Erscheinungen durch seine Wunschtraumenergien zum Leuchten bringt, ist schon ein undeutlicher Vorentwurf für künftiges Leben. Wie eine Beschwörung zieht er die noch ausstehende Erfahrung als eine fällige Wirklichkeit an sich heran.

Bevor der junge Marcel Proust auf einem sommerlichen Spaziergang dem Nachbarmädchen Gilberte begegnet, hat die ganze Natur seine sehnsüchtige Erwartung gespiegelt, und Gilberte braucht nur noch als die endliche Einlösung in die unbestimmten Versprechungen einzutreten. Er hört einen lang angehaltenen Vogelruf und die tiefe Stille, die ihm antwortet, er sieht das schlafende Wasser eines Teiches, auf dem die Insekten schwirren, und er riecht den betäubenden Duft einer Weißdornhecke wie ein überströmendes Geheimnis, das er nicht verstehen kann, obwohl es ihn ganz gefangennimmt. »Aber ich mochte mich noch so lange vor dem Weißdorn aufhalten, ihn riechen, in meinen Gedanken, die nichts damit anzufangen wußten, seinen unsichtbaren, unveränderlichen Duft mir vorstellen, ihn verlieren und wiederfinden, mich eins fühlen mit dem Rhythmus, in dem sich seine Blüten in jugendlicher Munterkeit und in Abständen, die so unerwartet waren wie gewisse musikalische Intervalle, hierhin und dorthin wendeten; sie entfalteten für mich

auf unbestimmte Zeit hin den gleichen Reiz in unerschöpflicher Fülle, aber ohne, daß ich tiefer in ihn einzudringen vermochte, so wie es gewisse Melodien gibt, die man hundertmal hintereinander spielt, ohne in der Entdeckung ihres Geheimnisses einen Fortschritt zu machen.«
Schließlich sieht Marcel in der Weißdornhecke einen Strauch, der im Unterschied zu den anderen rosa Blüten trägt, und nun ist er dem Geheimnis näher. Er begreift in ihm schon das Mädchen Gilberte, das sich ihm mit ihrem frischen jugendlichen, fast noch kindlichen Zauber im nächsten Augenblick zeigen wird.

Schwebende Erwartungsbilder wie diese sind als nach außen projizierte Innenwelt noch unbestimmt mit Illusion vermischt, haben aber die Fähigkeit, Realität zu erschließen und vorwegzunehmen, die Ernst Bloch dem antizipierenden Bewußtsein zuschreibt und unter den Begriff des Vorscheins faßt. Klarer und bestimmter ist der Appell der utopischen Gegenbilder, die in Momenten der Lebenswende plötzlich als eine bisher verborgene Wahrheit ins Bewußtsein treten können und seine bisherigen Grenzen und Befangenheiten aufreißen, als öffneten sie eine Tür in ein anderes Leben. Das erlebt der Fürst Andrej in Tolstois Roman »Krieg und Frieden«, als er in der Schlacht von Austerlitz schwer verwundet wird und plötzlich über sich und dem Getümmel des Schlachtfeldes den unermeßlich hohen Himmel und seine langsam ziehenden, friedlichen Wolken sieht. Auch in Dostojewskis »Raskolnikow« gibt es zum Schluß einen solchen Blick ins Freie. Raskolnikow, der noch sieben Jahre im sibirischen Straflager verbringen muß, um seine Mordtat abzubüßen, kommt zu seiner Arbeitsstelle am Flußufer und hört kaum vernehmbar von der anderen Seite des Stromes ein Lied zu sich herüberdringen. Dort in der weiten sonnenüberfluteten Steppe erkennt er als schwarze Punkte die Zelte der Nomaden. Für ihn beginnt dort eine andere Welt. Es ist noch das Zeitalter Abrahams, denn die Zeit steht dort still. Das Bild erfüllt ihn mit träumerischer Sehnsucht und es wird ihm helfen, die Zeit seiner Gefangenschaft zu überstehen.

Die visionären Erfahrungen, die Fürst Andrej und Rodion Raskolnikow machen, sind Sehnsuchtsblicke ins Offene, aber in diesen Augenblicken ihres Lebens nur imaginäre Vorspiegelungen noch unerfüllbarer Möglichkeiten. Die Überwindung des alten Ichs und seines falschen Lebens wird als Forderung und Versprechen verstanden, kann aber noch nicht vollzogen werden. Was sie über sich am Himmel oder auf der anderen Seite des Flusses sehen, bleiben utopische Bilder. Sie sind nicht vermittelt mit ihrem konkreten Leben, sondern stehen ihm rein und untrübbar gegenüber. Sie halten in Bewußtsein und Gefühl einen Platz frei für eine spätere Praxis, und ihre Verinnerlichung geschieht ohne Arbeit und Schmerzen als Vorahnung eines künftigen Glücks.

Das ist anders in einer Erzählung, von der ich zuletzt sprechen möchte. Es ist die Geschichte einer Selbstüberschreitung, die nicht ein leuchtendes Geschenk, sondern eine schwere Arbeit ist. Jemand verläßt die egozentrische Innenwelt seiner Eitelkeiten, Ansprüche und gewohnheitsmäßigen Illusionen und gewinnt ein wirklicheres Bild des Lebens, in dem Moment, da er es lernt, eine narzistische Kränkung zu ertragen. Ich

meine »Die Toten« von James Joyce, die den Abschluß seiner Dubliner Erzählungen bildet.
Nach der gut begründeten und belegten Darstellung seines Biographen Richard Ellmann hat Joyce in dieser Novelle nicht nur auf Personen, Schauplätze und Ereignisse seines früheren Lebens in Dublin zurückgegriffen, sondern auch eine eigene Grunderfahrung durchgearbeitet: – seine chronische Eifersucht auf einen Jugendfreund seiner Frau Nora, den sie vielleicht nur deshalb nicht geheiratet hatte, weil er an Tuberkulose gestorben war. Eifersucht, das Gefühl einer narzistischen Kränkung, entstammt dem Bedürfnis, den egozentrischen Allmachtstraum einer wunschgemäßen, widerspruchsfreien Welt aufrechtzuerhalten, die nur der Bestätigung des eigenen Ichs dient. Daß diese prekäre Illusion sich selbst die Gespenster schaffen kann, die sie bedrohen, wird besonders deutlich, wenn der Rivale ein Toter ist. Eine letzte Anregung, dieses innere Drama durchzuarbeiten, bekam Joyce durch eine irische Ballade, die ein Wechselgesang der Lebenden und der Toten ist, deren zweite Strophe von der unerloschenen Sehnsucht der Toten nach Wiederkehr und körperlicher Existenz handelt. Dies war hinreichend beängstigend für Joyce und spiegelte seine eifersüchtige Vermutung, der tote Rivale könne noch einen Einfluß auf das Leben haben.
In der Novelle wird Gabriel, die Hauptfigur, ganz unerwartet der Erkenntnis ausgesetzt, daß es im Leben seiner Frau eine andere Liebesbeziehung gegeben hat, die seine eigenen totalen Ansprüche empfindlich begrenzt, und er muß nun in einem kurzen schmerzlichen Prozeß der Selbstüberschreitung seine Eifersucht überwinden und die unveränderliche Vergangenheit in

sein Leben integrieren. Er wird dabei aus seiner illusionären Egozentrik herausgerissen, in der man ihn zunächst gewandt und extrovertiert agieren sieht. Gabriel, der wie Joyce Sprachlehrer ist, nimmt mit seiner Frau Gretta an einer Gesellschaft teil, die seine beiden unverheirateten alten Tanten, beide Musiklehrerinnen, jedes Jahr für ihre Schülerinnen und eine Reihe von Verwandten und Freunden veranstalten. Er produziert sich auf diesem Fest als ein lebhafter, selbstgefälliger Gesellschaftsmensch, der es glänzend versteht, die Aufmerksamkeit der Gäste und das Wohlwollen seiner Tanten für sich zu gewinnen. Er tanzt eifrig, er tranchiert die Gans, er hält eine kunstvolle, etwas pathetische Tischrede und unterhält seine Umgebung mit Witzen und geistreichen Bemerkungen. Es ist das Verhalten eines Mannes, der, vielleicht aus einer verborgenen Unsicherheit, sich und seiner Umgebung zeigen will, daß er erfolgreich und glücklich ist. Ganz eingenommen von seiner Selbstdarstellung, nimmt er seine Frau während des Abends nur am Rande wahr. Er ist eher jemand, der selbst gesehen werden will, auch von ihr.

Erst gegen Ende des Festes, als die meisten schon aufbrechen, sieht er sie beim Klavier stehen und der heiseren Stimme eines erkälteten Sängers lauschen, der ein trauriges Lied singt, eine Klage über einen Toten. Gabriel nimmt an seiner Frau einen kummervollen Ausdruck wahr, sie wirkt still, schutzlos, in sich verschlossen, aber gerade an diesem Eindruck entzündet sich seine Leidenschaft. Während der ganzen Fahrt ins Hotel, bei der sie noch in Begleitung des Sängers sind, bebt er heimlich vor Erwartung, sie gleich, wenn sie allein sind, zu umarmen. Aber im Hotelzimmer wirkt sie immer noch abwesend und bedrückt, und er merkt, daß der Augenblick für seine Leidenschaft noch nicht gekommen ist. Er muß einen Umweg machen, sich unterhalten, und dabei stößt er plötzlich auf den Grund ihrer Trauer, als sie auf seine Frage, was ihr fehlt, unerwartet und zu seinem Schrecken in Tränen ausbricht. Sie sagt ihm, daß das traurige Lied sie an einen Freund aus ihrer Jugendzeit erinnert hat, der es oft gesungen habe. In plötzlichem Argwohn fragt er, ob sie deshalb heute abend den Wunsch geäußert habe, wieder einmal in ihren Heimatort zu fahren, ob sie sich mit ihm dort habe treffen wollen. Da bekommt er die entwaffnende und beschämende Antwort, der andere, ein junger Arbeiter in einer Gasfabrik, sei mit siebzehn Jahren gestorben.

Noch glaubt Gabriel, darin einen Grund für einen heimlichen Triumph zu sehen, da sagt sie: »Ich glaube, er starb meinetwegen«, und er muß in einem vagen Schrecken erkennen, daß er etwas Unbedingtem gegenübersteht, gegen das er nicht ankann. Sie erzählt ihm die Geschichte, die sie nach so langer Zeit noch bis zu Tränen erschüttert hat. Der junge Mann hatte sie geliebt, aber ihre Familie hatte sich gegen diese Beziehung gestellt. Er war darauf sehr krank geworden. Aber in der Nacht vor ihrer Abreise, die ihre Familie erzwungen hatte, war er trotzdem im strömenden Regen an ihr Fenster gekommen, um von ihr Abschied zu nehmen. Er habe ihr gestanden, daß er nicht mehr leben wolle, und sei bald danach gestorben.

Diese traurige Geschichte setzt Gabriel einem Maßstab aus, dem er sich nicht gewachsen fühlt. Er muß sich in seiner selbstgefälligen Ichhaftigkeit erkennen, seiner Eitelkeit, seinem Besitzstreben, als jemand, der überall und immer um Anerkennung seiner Person warb, auch in der Liebe. »Schamvolles Bewußtwerden seiner eigenen Person bestürmte ihn. Er sah sich als lächerliche Figur, der wie ein Schuljunge tat, was seine Tanten wollten, als nervösen, gutmütigen Sentimentalisten, der vulgären Personen Reden hielt und seine eigenen clownischen Künste idealisierte, als den jämmerlichen, eingebildeten Burschen, den er eben im Spiegel gesehen hatte.«

Dieser plötzliche schamvolle Zusammenbruch seines falschen Selbst ist eine heftige Krise, die er jedoch mit einer Anstrengung seiner Vernunft in die Hand bekommt. Er wird ruhig. Und er kann die Geschichte, die ihm seine Frau erzählt, angstlos in sich aufnehmen und sie dadurch von ihrer Trauer befreien. Schließlich schläft sie. Er sieht sie dort liegen, mit wirrem Haar und halbgeöffnetem Mund, und nimmt sie zum ersten Mal nicht mehr als eine nur auf ihn bezogene Figur seiner narzistischen Innenwelt wahr, sondern als einen eigenen, von ihm getrennten Menschen. »So hatte sie also diesen Roman in ihrem Leben gehabt: ein Mann war ihretwegen gestorben. Der Gedanke, eine wie kleine Rolle er, ihr Gatte, in ihrem Leben gespielt hatte, quälte ihn kaum noch. Er beobachtete sie, während sie schlief, als hätten er und sie nie als Mann und Frau zusammengelebt. Seine neugierigen Augen ruhten lange auf ihrem Gesicht und ihrem Haar: und als er daran dachte, wie sie damals gewesen sein mußte, in jener Zeit ihrer ersten mädchenhaften Schönheit, zog seltsames freundliches Mitleid für sie in seine Seele ein. Er wollte sich selbst nicht mal sagen, daß ihr Gesicht nicht mehr schön war, aber er wußte, daß es nicht mehr das Gesicht war, um dessentwillen Michael Fu-

rey dem Tode Trotz geboten hatte. Vielleicht hatte sie ihm nicht die ganze Geschichte erzählt.«
Ruhig und selbstgewiß übt er sich in dieser neuen Erfahrung, den anderen loszulassen. Das, was der Flüchtling auf der Insel, in dem Roman von Bioy-Casares, nicht ertragen konnte – das Getrenntsein von der Geliebten – er, Gabriel, kann es nun zugeben. Während jener sich verzweifelt in den Schein einer Vereinigung flüchtet und so dem Trugbild verfällt, wandern Gabriels Augen ruhig durch den Raum und sehen die Wirklichkeit, zu der eben auch dies gehört: Einsamkeit, Altern, Trennung, Abschied, Tod. Er weiß, es ist unumgänglich, das zu begreifen, und er hat keine Angst davor. Ernüchtert sieht er die hingeworfenen Kleider seiner Frau, ihre umgekippten Stiefel, und er versteht seine hitzige Erregung von vorhin nicht mehr. Das Illusionäre, die Ichhaftigkeit seiner Leidenschaft, ist verflogen. Aber er ist nicht gleichgültig. Ein neues umfassendes Gefühl für die schlafende Frau überkommt ihn. Er liebt sie, weil er sie verlieren wird, da sie beide, wie alle anderen Menschen, sterben müssen. Er kann das alles sehen aus der neu gewonnenen, melancholischen Distanz, die seinen Blick ungeheuer geweitet hat. In dem schmerzhaften Enttäuschungserlebnis dieses Abends hat er die große endgültige Trennung des Todes schon vorweggenommen und auch den imaginären Widerspruch zwischen sich und dem toten Rivalen überwunden. Er fühlt sich versöhnt und solidarisch mit allen Menschen, und seine Liebe zu seiner Frau ist nun eingebettet in dieses größere Gefühl. Sie ist wirklicher geworden, frei von den narzistischen Illusionen, dem egozentrischen Bann der Innenwelt.

Veröffentlichungsnachweis

Zukunft und Tod: in Literaturmagazin 3, hrsg. von Nicolas Born, Reinbek 1975
Infantilismus als Revolte: in Das Komische, Poetik u. Hermeneutik Bd. VII, hrsg. von Wolfgang Preisendanz und Rainer Warning, München 1976
Norm, Abweichung und Krise: in Darmstädter Gespräch »Realismus und Realität«, hrsg. von Heiner Knell, Darmstadt 1975
Träumerischer Grenzverkehr: leicht gekürzt unter dem Titel »Grenzverkehr zwischen Tag und Nacht«, in Die Zeit, 25. 4. 75, S. 48
Die Irrealität der Komödie als utopischer Schein: in Das Komische a. a. O.
Destruktion als Befreiungsversuch: in Akzente 3/76
Mehrere Aussagen über Wirklichkeit: in LiK 8, hrsg. von der Stadtbücherei Köln, 1977
Der Roman als Krise: in Merkur 2/79
Erkenntnisglück und Egotrip: in Literaturmagazin 11, hrsg. von Nicolas Born, Jürgen Manthey und Delf Schmidt, Reinbek 1979
Das Verschwinden im Bild: unveröffentlicht

Dieter Wellershoff

Die Sirene

Novelle. 216 Seiten. Gebunden.

Ein Mann wird in seinem Arbeitszimmer von einer fremden Frau angerufen, und damit beginnt die Geschichte einer Verführung, die sich zu einem hypnotischen Bann steigert.

»Lange ist mir gleich Faszinierendes nicht mehr in die Hände geraten. Ich habe in diesem Buch etwas gefunden, was ich in der westdeutschen Literatur dieser Jahre nur selten entdecke: eine große erregende Idee des Lebens. Diesen Fund wollte ich nicht verheimlichen. Ich denke, dies ist ein Buch nicht nur für mich.«

Christian Linder, Süddeutsche Zeitung

»Ein erstaunliches Werk, das nicht nur vom äußeren Aufbau bis in die feinsten Verästelungen durchgeformt und gestaltet ist, sondern in dem sich auch Symbol und Ereignis, Zeichen und blutvolles Leben unmerklich, aber stabil die Waage halten. Stets ist das eine vom anderen erfüllt. In der literarischen Formbewußtheit und Geschmeidigkeit wird diese Novelle vielleicht einmal zu den klassischen Erzählungen unserer Zeit gehören.«

Christel Heybrock, Mannheimer Morgen

k&w
Verlag Kiepenheuer & Witsch

Dieter Wellershoff
Die Schönheit des Schimpansen

Roman. 312 Seiten. Gebunden

»Dieter Wellershoffs neuer Roman ist außerordentlich spannend. Der Leser, Zeuge von Entstehung und Verlauf eines Verbrechens, nimmt teil an den Überlegungen und Gefühlen, mit denen Klaus Jung auf demütigende Außenweltreize reagiert. Dabei erzeugt der seelische Zustand Jungs einen permanenten Spannungsbogen, der sich auf jede neue Situation überträgt und mit seiner Suggestivkraft keinen Raum mehr zu freier Entscheidung für den Protagonisten läßt«. Stephan Reinhard in Frankfurter Rundschau/Hessischer Rundfunk

»Auch beim zweiten Lesen und dritten Nachfassen bleibt der Eindruck konstant: eine Mischung aus Faszination und Schrekken, eine Gefühlslegierung aus Nähe und Ferne. Darin zeigt sich dieses Buch selbst, unverhüllt, bildet sich seine Sprachbewegung ab. Da gibt es nichts hineinzutun oder Verborgenes auszuspähen, da ist auch nichts umzubiegen, damit man es aus unverhoffter Perspektive bei irgend etwas Hintergründigem überraschen kann. Denn das Hintergründige ist in jedem Satz oder Absatz, in jedem Dialog oder Gedankengang (...). Alles steht an seinem Platz, ist von unabweisbarer Evidenz, und jede Periode bietet sich dar als das vielfach hin- und hergewendete Produkt einer Sprache, die dem Autor nichts mehr zu verweigern scheint (...). Es ist eine Stille, die schreit, weil sie zugleich ein Land beschreibt, das ebenso selbstvergessen wie lange Zeit der Automatenaufsteller Jung vor sich hinbrütet in unruhigem Schlaf. Bis er sich selbst erkennt in seiner Sinnlosigkeit. Selten ist Selbstzerstörung so einlässig beschrieben worden.« Peter W. Jansen in Die Zeit, Hamburg

k&w
Verlag Kiepenheuer & Witsch